Relações Públicas

processo, funções, tecnologia e estratégias

Dados Internacionais de Catalogação na Publicação (CIP)
(Câmara Brasileira do Livro, SP, Brasil)

Gutierrez Fortes, Waldyr
    Relações públicas - processo, funções, tecnologia e estratégias / Waldyr Gutierrez Fortes – 3 ed. rev. – São Paulo: Summus, 2003.

    Bibliografia.
    ISBN 978-85-323-0775-0

    1. Relações públicas 2. Relações públicas – Estudo e ensino I. Título.

02-5182   CDD-659.2

Índice para catálogo sistemático:

1. Relações públicas   659.2

Compre em lugar de fotocopiar.
Cada real que você dá por um livro recompensa seus autores
e os convida a produzir mais sobre o tema;
incentiva seus editores a encomendar, traduzir e publicar
outras obras sobre o assunto;
e paga aos livreiros por estocar e levar até você livros
para a sua informação e o seu entretenimento.
Cada real que você dá pela fotocópia não autorizada de um livro
financia o crime
e ajuda a matar a produção intelectual de seu país.

Relações Públicas

processo, funções, tecnologia e estratégias

Waldyr Gutierrez Fortes

RELAÇÕES PÚBLICAS
processo, funções, tecnologia e estratégias
Copyright © 2002 by Waldyr Gutierrez Fortes
Direitos desta edição reservados para Summus Editorial

Capa: **Carlos Zibel**
Execução: **Phantomdesign / Leo Folador**
Editoração: **All Print**

Summus Editorial
Departamento editorial:
Rua Itapicuru, 613 – 7º andar
05006-000 – São Paulo – SP
Fone: (11) 3872-3322
Fax: (11) 3872-7476
http://www.summus.com.br
e-mail: summus@summus.com.br

Atendimento ao consumidor:
Summus Editorial
Fone: (11) 3865-9890

Vendas por atacado:
Fone: (11) 3873-8638
Fax: (11) 3873-7085
e-mail: vendas@summus.com.br

Impresso no Brasil

*Ao professor doutor Cândido Teobaldo de Souza Andrade,
pela sua obra ímpar no campo das
Relações Públicas, pela capacidade de ensinar e
pela tenacidade em suas realizações.*

*A todos aqueles que contribuíram,
com opiniões e sugestões,
para a revisão e atualização deste livro.*

SUMÁRIO

Apresentação 11

1 DETERMINANTES BÁSICOS DAS AÇÕES DE RELAÇÕES PÚBLICAS . 15
  Comportamento coletivo 21
  Público em Relações Públicas 24
  Desenvolvimento da opinião pública 30

2 PROCESSO DE RELAÇÕES PÚBLICAS 39
  Sistemática 45
    Definição 46
    Método 48
  Integração à estratégia empresarial 52
    Questões ambientais 54

3 DETERMINAÇÃO DO GRUPO E SUA IDENTIFICAÇÃO COMO PÚBLICO 61
  Listagem de grupos 63
  Classificação dos públicos 70
    Público interno 72
    Público misto 74
    Público externo 77
    Público em potencial 81

	Os *stakeholders*	82
	Os "novos públicos"	83
4	APRECIAÇÃO DO COMPORTAMENTO DO PÚBLICO	95
	Função de pesquisa	97
	Tipos de pesquisas	98
	Pesquisas específicas	99
	Pesquisas de apoio técnico	112
5	LEVANTAMENTO DAS CONDIÇÕES INTERNAS	121
	Crítica institucional	124
	Política de recursos humanos	127
	Estilo e estratégias	129
	Comunicação administrativa	138
	Reflexos externos	143
6	REVISÃO E AJUSTAMENTO DA POLÍTICA ADMINISTRATIVA	147
	Função de assessoramento	149
	Variáveis ambientais	151
	Políticas de responsabilidade social	155
	Função de coordenação	158
	Configurações do serviço de Relações Públicas	162
	As relações públicas reposicionadas	166
	Contribuição estratégica	171
	Relações Públicas excelentes	174
7	AMPLO PROGRAMA DE INFORMAÇÕES	181
	Função de planejamento	185
	Implantação do planejamento	188
	"Planejamento" de crises e emergências	192
	Função de execução	198
	Setores de abordagem	200
	Bases conceituais de relacionamento público	208
	Público interno	208
	Público misto	209
	Público externo	211
	Público em potencial	216

8	COMUNICAÇÃO E RELAÇÕES PÚBLICAS	217
	Comunicação de massa em Relações Públicas	220
	Veículos de comunicação de massa	226
	Acesso aos veículos de massa	232
	Comunicação dirigida em Relações Públicas	237
	Comunicação virtual em Relações Públicas	242
	Dualidade conceitual	244
	Presença no ciberespaço	248
9	VEÍCULOS DE COMUNICAÇÃO DIRIGIDA ESCRITA	253
	Tipos de veículos	255
	Informativos	255
	Correspondências	259
	Publicações	261
	Manuais	271
	Regulamentos	273
	Suportes dos veículos	275
	Transferência dos veículos	275
10	VEÍCULOS DE COMUNICAÇÃO DIRIGIDA ORAL	285
	Conversas pessoais	286
	Telefone	289
	Sistema de alto-falante	291
	Reuniões	292
	A "reunião ideal"	298
11	VEÍCULOS DE COMUNICAÇÃO DIRIGIDA AUXILIAR	301
	Recursos visuais	302
	Projetáveis	303
	Descritivos	305
	Simbólicos	309
	Tridimensionais	310
	Expositores	311
	Recursos auditivos	314
	Recursos audiovisuais	315
	Eletroeletrônicos	315
	Virtuais	318
	Ativos e vivenciados	318

    Seleção dos recursos audiovisuais 321
    Programações audiovisuais 323

12 VEÍCULOS DE COMUNICAÇÃO DIRIGIDA APROXIMATIVA 327
    Serviços de prestação de informações 329
    Visitas dirigidas 334
    Cessão de instalações e equipamentos 337
    Eventos excepcionais 339
    Extensão comunitária 340
    Patrocínios 348
    Promoção do turismo 352
    Programas de qualidade 357
    Negociação 362

13 CONTROLE E AVALIAÇÃO DOS RESULTADOS 367
    Função de controle 368
        Burocracia 371
    Função de avaliação 373
        Resultados 377

14 SÍNTESE E CONTINUIDADE 381

Bibliografia 385

APRESENTAÇÃO

Este livro apresenta os princípios básicos e específicos de Relações Públicas e enuncia precisamente as interfaces com os demais fundamentos dessa área, evitando a fragmentação de conhecimentos.

Preocupa-se em demonstrar uma visão horizontal da totalidade da aplicação do Processo de Relações Públicas, o que permite aos estudiosos do assunto perceber os campos de abrangência dessa profissão. O processo referido é configurado como ferramenta estratégica, voltada ao apoio dos objetivos econômicos e sociais de qualquer tipo de organização, ajudando-a a superar as suas limitações.

Estabelece as inter-relações já detectadas ou inéditas entre funções, tecnologia e estratégias de relacionamento público, delineando exatamente quais providências e atividades deverão ser adotadas para que a efetividade do trabalho de Relações Públicas seja uma realidade. Assimila, ainda, de modo sistemático, a revolução da informação com a finalidade de distinguir as Relações Públicas no interior dos contextos institucionais.

Inicia-se o texto com uma análise dos determinantes básicos das ações de relacionamento, destacando as formas de comportamento coletivo que mais interessam às atividades de Relações Públicas, bem como particularizando o conhecimento dos públicos que podem vir a afetar os negócios das companhias.

Na seqüência, desdobra-se, fase por fase, o processo proposto. O texto ocupa-se sobremaneira com os aspectos estratégicos que as Relações Públicas devem assumir perante a administração das empresas, com o intuito de confirmar o pleno atendimento aos públicos das organizações, em todas as suas necessidades.

Tem como destaque o estudo dos grupos e públicos, o exame dos diversos tipos de pesquisa à disposição do profissional da especialidade. Indica as formas de implantar, interna e externamente, os serviços de Relações Públicas e de sua valorização e seu reposicionamento estratégico diante das áreas funcionais das organizações.

São exaustivamente examinados os ângulos de interesse da comunicação para Relações Públicas. A comunicação de massa e a virtual são divisadas como instrumentos para atingir os públicos das empresas, privilegiando, porém, a comunicação dirigida. Desse modo, cada um dos veículos enquadrados nas categorias da comunicação dirigida (escrita, oral, auxiliar e aproximativa) é apresentado como sua principal tecnologia e conforme sua utilidade para Relações Públicas.

Por fim, são expostas as formas de controlar e avaliar os resultados dos trabalhos de relacionamento empreendidos, sempre tendo em vista os públicos das instituições que se propõem a identificar-se com o interesse público e com a opinião pública.

Com o processo aplicado, a organização estará pronta para inserir-se estrategicamente no ambiente externo. À proporção que aceita os preceitos de Relações Públicas, reage às influências recebidas, com o objetivo de aproximar as pessoas de seus interesses institucionais e de lucratividade.

Dedicado aos observadores atentos das questões administrativas e de mercado, *Relações Públicas: processo, funções, tecnologia e estratégias* traz diversas indicações e novas possibilidades de atuação de estudantes e profissionais de Relações Públicas, preparando-os para os desafios do novo século. Demonstra-se claramente aqui que o futuro das organizações, empresariais ou não, depende da presença de competentes relacionamentos com os seus públicos de interesse.

Waldyr Gutierrez Fortes

1

DETERMINANTES BÁSICOS DAS AÇÕES DE RELAÇÕES PÚBLICAS

A sociedade do conhecimento e da informação privilegia a inteligência humana e substitui a acumulação de capital físico da sociedade industrial. Congrega vários fatores que afetam direta ou indiretamente os resultados das organizações, sejam elas de qualquer natureza. O ambiente externo apresenta inúmeras situações mutáveis, evolutivas e sujeitas a influências, que determinam as possibilidades de êxito do que é empreendido. Nesse espaço complexo é que se consolidam os sistemas de relacionamento com os públicos.

Desse modo, todas as condições sociais e econômicas que podem influenciar categoricamente a empresa dizem respeito às estratégias de Relações Públicas, mesmo quando não existe uma analogia direta com os esforços de comercialização.

As questões gerenciais estão praticamente resolvidas na gestão interna das modernas unidades empresariais; restam, entretanto, numerosos fatores intangíveis, imensuráveis e dificilmente submetidos a uma análise objetiva, os quais abalam de modo decisivo os negócios estabelecidos. As Relações Públicas procuram respostas para os sérios conflitos ambientais enfrentados pelas empresas nos dias atuais.

Os maiores problemas da produção não estão no aumento da produtividade ou no incremento da eficiência nas fábricas, mas nas pessoas, que sofrem mudanças nas suas técnicas de trabalho, ou perdem os seus postos de serviço para outras pessoas mais eficazes ou para procedimentos automatizados.

Quando a empresa pretende crescer, incrementando as suas vendas por meio de inovações, as suas estratégias não se restringem ao arranjo ou ao desenvolvimento de programas, porém se baseiam nas reações de distribuidores e consumidores dos seus produtos antigos e novos.

As dificuldades financeiras de uma companhia não se encontram unicamente nas variações de seu caixa, mas nas atitudes dos acionistas ou de outros investidores. A eficácia da publicidade não se restringe aos custos da mídia ou ao tempo de duração dos anúncios, mas no estudo de métodos para alcançar a mente e o coração das pessoas e de como conservar a sua fidelidade.

A receptividade pública de uma organização ocorrerá se as pessoas entenderem que as empresas não podem ser impropriamente prejudicadas nos seus empreendimentos por limites impostos por fatores externos. Deve haver uma exaustiva demonstração de que suas operações atendem ao interesse público.

As decisões de caráter econômico, de manutenção das estruturas, tanto material como de recursos humanos, e de coordenação de diversos agentes exteriores, como os fornecedores e revendedores, precisam estar perfeitamente sintonizadas com o objetivo de atender aos desejos e às necessidades dos consumidores – e daí obter o lucro.[1]

---

1. LESLY, Philip (Ed.). *Lesly's public relations handbook*. Englewood Cliffs, Nova Jersey: Prentice Hall, 1971, p. 514.

O sucesso em satisfazer os consumidores e os demais grupos decorre das ações de Relações Públicas e das diversas áreas funcionais. Contudo, se as medidas administrativas cotidianas são insuficientes para explicar e resolver as demandas dos fatores externos à empresa, as Relações Públicas deverão ser ativadas para assegurar o retorno às operações naturais da organização afetada.

Com essa descrição, são visualizadas duas circunstâncias – uma atuação normal, sem interferências, ou a fluência do caos –, que poderiam vir em seqüência. Na realidade, os assuntos de relacionamento público estão sempre presentes. Procura-se impedir que as controvérsias assumam o volume incontrolável do conflito, para o qual providências tradicionais ou costumeiras não mais surtem efeito, trazendo sérias conseqüências aos participantes da contenda.

As Relações Públicas agem informando, por exemplo, ao empregado todas as condições locais, nacionais e internacionais existentes, possibilitando que ele adicione ao seu desempenho esses fatores que podem ajudá-lo ou lesá-lo, seja por situações materiais adversas, seja pela impossibilidade de atingir maiores aspirações na escala de necessidades. Sem isso, um funcionário leva a falta de motivação ao seu local de trabalho e ao grupo, diminuindo a competitividade e o rendimento da empresa como um todo, pelo grau a que pode chegar tal insatisfação.

Seria, então, este o instante do emprego das técnicas de convencimento, pelas quais o empregado é foco de uma tentativa de persuasão para voltar ao comportamento habitual? Alguns resultados imediatos são obtidos mas, no longo prazo, o desinteresse persiste. Cabem aqui programações de Relações Públicas com os funcionários, as quais tentam resolver as pendências, se não as contemplando, pelo menos fazendo com que o indivíduo as entenda e escolha, sem ser forçado a isso, o posicionamento que lhe pareça adequado.

Não se trata evidentemente de levar o funcionário a acomodar-se. O somatório da quantidade e da qualidade de informações à sua disposição e o auxílio para a sua análise tiram-no da alienação derivada dos processos produtivos estandardizados, que apenas o perturbam e agravam suas perplexidades. Posteriormente, devem ser desenvolvidos trabalhos preventivos de Relações Públicas, pelos quais se procura combinar uma série de indícios que, somados, revelam o que pode acontecer.

Ao estabelecer ou ampliar os fluxos de comunicação existentes, as Relações Públicas permitem que cheguem logo na organização as informações que circulam externamente. Diante de uma atitude estratégica inovadora, é pertinente observar as ameaças e as oportunidades com a finalidade de implementar ações de relacionamento apropriadas a cada configuração que o ambiente externo apresente.

Estão na abrangência da esfera de Relações Públicas os grupos que possivelmente tenham ou venham a ter curiosidade ou inquietação com uma empresa específica. Devem receber uma informação extensa, tanto em volume como em profundidade.

A reação dos grupos bem informados apresenta índices de lucidez e repercussão apuradas dos fatos, permitindo elevar o nível do diálogo a ser estabelecido. Isso reduz sensivelmente os atos demagógicos, fanáticos ou irrefletidos, patrocinados pelos grupos de pressão contrários àquilo que convém à unidade promotora do relacionamento.

Aplicar logicamente a análise ambiental efetuada pelas Relações Públicas facilita, do mesmo modo, a consideração quanto ao interesse público – aquilo que a opinião pública afirma ser de seu interesse – e impede que a empresa venha a contrariar o desejo da comunidade ou da sociedade na qual age.[2]

De um ponto de vista amplo, por mais legítimos que sejam julgados os negócios de uma companhia, se estes contrariarem o interesse público, certamente surgirão grandes resistências. O benefício particular para uma organização somente será genuíno se contiver nos seus pressupostos o respeito aos interesses presentes no contexto social.

As propostas implementadas, portanto, devem ser de largo e extenso alcance. As Relações Públicas orientam as resoluções do dia-a-dia da organização e introduzem sua tecnologia, isto é, um conjunto de conhecimentos que se aplicam e adaptam a determinado setor empresarial.

As atividades de relacionamento impedem que, pela ausência de uma administração de controvérsias competente, pequenas contendas venham a comprometer o que se está empreendendo nas organizações. Sendo uma das áreas interessadas no que ocorre nos ambientes de tarefa das empresas, reserva-se às Relações Públicas a busca de respostas para explicar algumas preocupações centrais:

- *por que* os empregados não reagem aos estímulos persuasivos praticados pelas organizações;

---

2. ANDRADE, Cândido Teobaldo de Souza. *Dicionário profissional de relações públicas e comunicação e glossário de termos anglo-americanos.* 2. ed. São Paulo: Summus, 1996, p. 68.

- *que condições* devem ser oferecidas aos fornecedores para garantir os insumos necessários à produção e à prestação de serviços, independentemente dos aspectos econômicos envolvidos na transação;
- *que tipo de apelo* precisa ser dirigido ao consumidor para que ele alerte a organização sobre suas tendências e seus hábitos de consumo, o que permite à empresa antecipar-se e acolher os novos anseios de sua clientela;
- *que motivos* seriam suficientes para asseverar uma cobertura jornalística positiva às promoções da empresa, tendo a mídia como parceira na conquista de um conceito público sólido;
- *que outros grupos* se voltariam à companhia para apoiar as suas iniciativas ou iniciar um controle rigoroso – que pode ser altamente prejudicial ao organismo –, grupos estes que dividiriam a atenção dos executivos, não focando convenientemente os esforços empresariais em nenhuma delas.

São indagações complexas, que se apresentam diante dos simples processos de comercialização de bens.

As trocas empreendidas pelas organizações, em particular as que têm finalidades de lucro, devem ser mutuamente benéficas às unidades sociais, a saber: a pessoa, a família, o grupo social e a empresa. Isso justifica e consolida a presença das Relações Públicas que "têm um papel fundamental nesse novo contexto. Construir políticas de comunicação com responsabilidade social e promover abertura de canais efetivos de diálogo serão condições indispensáveis para viabilizar o processo interativo e as mediações entre as organizações e seus públicos, a opinião pública e a sociedade em geral".[3]

Às Relações Públicas está reservado o trabalho de conhecer e analisar os componentes do cenário estratégico de atuação das empresas, com a finalidade de conciliar os diversos interesses. Para isso, procura identificar, nas pessoas e nos grupos organizados, comportamentos e formas de contato que venham a facilitar o estabelecimento do processo de relacionamento nas unidades consideradas.

COMPORTAMENTO COLETIVO

As mensagens difundidas especialmente pelo rádio e pela televisão atuam em diferentes formas de *comportamento coletivo*. Os veículos estão geralmente mais preocupados com a homogeneidade de seus usuários do que com a possibilidade de formar uma opinião real. Empregam os caminhos mais fáceis para atingir seus objetivos e suas metas.

Dessa maneira, como manifestações de comportamento, tem-se a propaganda exercendo direta influência sobre a *massa*. Quando a preocupação é verdadeiramente com a opinião, tem-se a decorrente formação de *públicos*.

A massa é composta por pessoas pertencentes a uma grande variedade de grupos locais e culturais, o que não significa que está presa aos particularismos de sociedade ou co-

---

3. KUNSCH, Margarida Maria Krohling (Coord.). *Os grupos de mídia no Brasil e as mediações das assessorias de comunicação, relações públicas e imprensa*. São Paulo: Universidade de São Paulo, 1999. Relatório de pesquisa apresentado ao CNPq, à Fapesp, à USP, p. 418.

munidade. "É um grupo espontâneo, formado por indivíduos que estão separados, porém homogêneos quanto à sua conduta como parte da massa. São, assim, indivíduos anônimos, que não estão habilitados a comunicar-se entre si, exceto por meios limitados e imperfeitos."[4]

Os consumidores estão inseridos no agrupamento elementar denominado massa. O objetivo das empresas é agir sobre as massas e estimular a comercialização de produtos e serviços, por meio de processos que alcancem o maior número possível de pessoas e satisfaçam as necessidades de seus consumidores.

Argumenta-se que os consumidores, posto que estão em diferentes localidades, recebem a mesma informação e idêntico tipo de chamamento. Na massa, as pessoas se voltam à percepção da imagem comum, e as suas reações, apesar de individuais, são controladas pelo sentido do objetivo comum, que tanto pode ser positivo (um anúncio de moda) como negativo (a violência dos filmes na TV), dependendo da forma como a mensagem é transmitida, cada um agindo conforme a ambição de quem domina ou produz a imagem comum.

Empresas e governos são arruinados por mudanças de interesses ou apreciações das pessoas. "A ação desses indivíduos é, assim, de certa forma, incerta e confusa, mas que pode ser conduzida por aqueles líderes que sejam capazes de sentir os vagos sentimentos da massa, dando-lhes expressão e calor."[5]

A formação da massa é resultante, notadamente, da exposição aos veículos de comunicação massiva e, essen-

---

4. ANDRADE, Cândido Teobaldo de Souza. *Para entender relações públicas*. 4. ed. São Paulo: Loyola, 1993, p. 11-2.
5. Idem, ibid., p. 13.

cialmente, da propaganda. Por isso, todos os esforços comerciais estão "cravados" na massa, sem perder de vista o fato de que os seus convites devem ser dirigidos ao indivíduo anônimo: os consumidores e os cidadãos em geral. Uma vez que o integrante desse agrupamento atua com base em suas próprias seleções, reagirá, aceitando ou não o conteúdo recebido.[6]

Deve-se relembrar que a *manipulação da massa* "constitui a matéria-prima por excelência dos grupos de interesse que pretendem controlar todas as atividades humanas".[7] O mundo dos negócios faz uso excepcional da propaganda para influenciar as massas, que são "conduzidas ingenuamente para a satisfação dos apetites dos poderosos, na certeza de que estão atendendo suas próprias reivindicações e aspirações. Resulta desta ascendência uma forma de sentimento coletivo público, o que pode provocar impulsos primitivos, antipatias e ódios".[8]

O exame do fenômeno da massa, de suas atitudes e reações em face do meio social, permite verificar a chamada *dissociação das aspirações*, certo distanciamento da realidade da vida que, por suas características inibidoras do raciocínio e da ponderação, torna artificiais até os valores democráticos fundamentalmente comprometidos com a movimentação das massas. O indivíduo na massa passa a valorizar imagens exteriores incompatíveis com a sua realidade socioeconômica, e "são criados desejos que, ao invés de satisfazer os anseios populares, aumentam-lhes as tensões. Estaremos, assim, provo-

---

6. ANDRADE, Cândido Teobaldo de Souza. *Para entender relações públicas*, op. cit., ibid., p. 12.
7. Id., ibid., p. 13.
8. Id., ibid., p. 13.

cando o desequilíbrio social e, conseqüentemente, gerando sociedades instáveis, e dificultando a realidade do desenvolvimento".[9]

Coerentemente, ao formar o agrupamento intitulado *público*, as funções de Relações Públicas deverão atentar para fatores apontados e a presença obrigatória dos pressupostos de liberdade de informação e de discussão. "Coisa curiosa, o último dos agrupamentos sociais a se formar e o mais em via de desenvolver-se no curso de nossa civilização democrática, ou seja, o agrupamento social em públicos, é aquele que oferece aos caracteres individuais marcantes as maiores facilidades de se impor e às opiniões individuais originais as maiores facilidades de se expandir."[10]

PÚBLICO EM RELAÇÕES PÚBLICAS

Atualmente, a sociedade exige participação verdadeira nos debates das questões apresentadas e quer fazer-se presente para contribuir efetivamente com os assuntos abordados, isto é, "influir na apreciação e resolução das controvérsias de interesse público. E isso somente será factível com a transformação das massas em genuínos públicos".[11]

Como o propósito de estudo das Relações Públicas são os públicos, é preciso verificar as condições para que ocorra a sua formação. Essa concepção é primordial para situar devi-

---

9. AMARAL, Caio Augusto do. *Filosofia de vida ou ciência do equilíbrio social*. Rio de Janeiro: [1985], p. 67.
10. TARDE, Gabriel. *A opinião e as massas*. São Paulo: Martins Fontes, 1992, p. 45.
11. ANDRADE, Cândido Teobaldo de Souza. *Psicossociologia das relações públicas*. 2. ed. São Paulo: Loyola, 1989, p. 40.

damente a atividade de Relações Públicas, que possibilita dar forma ao *público autêntico* e, seqüencialmente, constituir a opinião, não se restringindo ao encaminhamento de informações à massa, mas promovendo o debate das diferentes formas de encarar a questão controversa.

Formam-se públicos "quando pessoas, que enfrentam questões similares, reconhecem que um problema existe e se organizam para fazer algo a respeito. Se não há assunto comum para conectar pessoas de alguma forma, tais pessoas *não formam um público* (são *não-público*). Quando pessoas enfrentam um tema comum, mas falham em reconhecê-lo, elas são, então, um *público latente*, um problema potencial de Relações Públicas que pode vir a acontecer. Uma vez que se identificam e têm uma questão comum, elas se tornam *público informado*. Quando se organizam para fazer algo a respeito de um assunto, se tornam *públicos ativos*".[12]

Desse modo, quando se examinam as características das quais depende a constituição dos públicos,[13] constata-se *a presença de pessoas ou grupos organizados de pessoas*, que estejam dispostas a iniciar o diálogo com a empresa, *com ou sem contigüidade espacial*, pois as discussões dos grupos não dependem da proximidade física, e "os debates podem ser efetuados com o uso dos veículos de comunicação".[14]

Na seqüência, prevê-se a obrigatoriedade da *existência da controvérsia*, aqui definida como "motivação, origem da

---

12. DOZIER, David M.; EHLING, William P. Evaluation of public relations programs: what the literature tells us about their effects. In: GRUNIG, James E. *Excellence in public relation and communication management*. Nova Jersey: Hillsdale; Erlbaum, 1992, p. 170-1.
13. ANDRADE, C. T. S. *Psicossociologia...*, op. cit., p. 40.
14. ANDRADE, C. T. S. *Para entender...*, op. cit., p. 14.

opinião pública. Espécie de questão ou caso que é objeto de apreciação, discussão ou decisão por parte de um público".[15] A presença da controvérsia é ponto fundamental para a estruturação dos públicos, sem a qual não serão emitidas opiniões válidas.

As controvérsias serão convenientemente debatidas se houver *abundância de informações*, uma "exigência vital de conhecer o que se passa no mundo. No mundo atual, a necessidade de informação se torna cada vez mais notável, devido à sua crescente complexidade e ao aparecimento de fatos novos que colocam o homem num estado de desorientação, apenas superável com o conhecimento mais completo possível de seu ambiente e de seus semelhantes".[16]

As sociedades têm rechaçado qualquer tipo de controle às informações, ampliando-se as possibilidades de inserção das pessoas nos temas que as incitam. A falta de informações "provoca nos indivíduos e nos grupos uma situação de suspense, de inquietação ou de angústia, geradora dos boatos, das intrigas e falsas notícias e, no caso extremo, dos pânicos, motins e 'grandes temores'. Só tem um remédio: uma informação exata e rápida que apazigue as necessidades dos espíritos por meio da verdade".[17]

Mesmo com abundância de informações, se estas não fossem competentemente reconhecidas pelos diversos grupos, em última instância, não estaria havendo comunicação. "Quando alguns dos pontos de vista acerca da questão em debate forem impedidos de se apresentarem publicamente

---

15. ANDRADE, C. T. S. *Dicionário*..., op. cit., p. 40.
16. XIFRA-HERAS, Jorge. *A informação*: análise de uma liberdade frustrada. Rio de Janeiro: Luz, 1974, p. 277.
17. Id., ibid., p. 278.

ou venham a sofrer alguma forma de discriminação quanto à possibilidade de serem argüidos, a discussão pública pode tornar-se estéril, senão contrária aos verdadeiros interesses da coletividade. A eficácia do debate depende, essencialmente, do uso honesto e eqüitativo da informação."[18] Somente dados não bastam: a informação deverá comunicar alguma coisa fundamental, o que facilita o seu entendimento.

Os grupos precisam ter *oportunidade de discussão*, para que o público a ser formado tenha condições de encaminhar suas reivindicações. Não se pode restringir a participação individual ou conjunta pelas interferências externas daqueles que detêm o poder, lembrando-se de que a "participação é a forma mais apropriada da solução dos numerosos problemas sociais ou de inadequação no que toca a melhores métodos de produção, distribuição de renda, e assim por diante".[19]

A participação, como uma função estritamente utilizada no processo de planejamento, requer, por parte das empresas, "a responsabilidade de fomentar a participação, por intermédio de um autêntico trabalho de 'participação programada', que é uma das primeiras atribuições da atividade de Relações Públicas, nas organizações públicas ou privadas".[20]

Na constituição de públicos, outra particularidade é o *predomínio da crítica e da reflexão*, pois "as relações de conflito estão presentes no público, desde que os seus integrantes

---

18. ANDRADE, Cândido Teobaldo de Souza. *Curso de relações públicas*: relações com os diferentes públicos. 5. ed. São Paulo: Atlas, 1994, p. 18.
19. TRUJILLO FERRARI, Alfonso. *Fundamentos de sociologia*. São Paulo: McGraw-Hill do Brasil, 1983, p. 135-6.
20. ANDRADE, Cândido Teobaldo de Souza. Participação programada para o diálogo. *Comunicação & Sociedade*, São Bernardo do Campo, v. 6, n. 12, p. 119, out. 1985.

ajam por meio de discussões e interpretações. Em conseqüência, os componentes do público estão sempre predispostos a intensificar as suas habilidades de crítica e reflexão".[21]

Existe a constante *procura de uma atitude comum* na formação dos públicos, o que vai dar o caráter de unidade ao grupo diante de uma controvérsia. Não se trata, evidentemente, de uma "ditadura da maioria", mas a ponderação das diversas opiniões presentes e analisadas, predominando o consenso, que deve existir sempre no público autêntico. Isso faz com que haja uma *decisão ou opinião coletiva*, o que legitima as manifestações dos públicos.

Essas peculiaridades da formação dos públicos constituem a base do trabalho de Relações Públicas para qualquer organização que esteja preocupada com o interesse dos grupos que as circundam. Como uma forma de comportamento coletivo, é também preciso lembrar que o *indivíduo no público* "não perde a faculdade de crítica e autocontrole, está disposto a intensificar sua habilidade de crítica e de discussão frente à controvérsia, age racionalmente através de sua opinião, mas disposto a fazer concessões e compartilhar de experiência alheia".[22]

Os públicos formados encaminham as suas conclusões mediante a *ação conjugada*, que é "orientada para a consecução de um ou mais objetivos comuns a todos ou a uma parte deles".[23] A ação conjugada está ligada ao conceito de *reforma social*, que é o "movimento geral, ou qualquer resultado concreto do mesmo, que procura eliminar ou mitigar os males

---

21. ANDRADE, C. T. S. *Para entender...*, op. cit., p. 14.
22. ANDRADE, C. T. S. *Curso de...*, op. cit., p. 17.
23. DICIONÁRIO *de sociologia*. 8. ed. Porto Alegre: Globo, 1981, p. 4.

derivados do funcionamento defeituoso do sistema social ou de qualquer parte do mesmo".[24]

À vanguarda da ação conjugada, as Relações Públicas contemplam a precaução crescente das organizações em melhorar o seu relacionamento com os diversos grupos de interesse. Evidentemente, as Relações Públicas fazem com que as informações externas tenham a correta recepção interna, que medidas corretivas sejam providenciadas e a resposta seja encaminhada ao debate dos públicos, no formato de uma comunicação realmente embasada, com o objetivo de legitimar, diante da opinião pública formada, o empreendimento social.

Isso será possível se a organização tiver a visão integral sobre os seus públicos. Nesta era industrial, as possibilidades de sucesso ligam-se rigorosamente ao reconhecimento do talento humano, e a empresa deve inquietar-se em ter como estratégia a capacidade de atrair o interesse dos grupos formais, dos informais e do cidadão para facilitar o diálogo a ser estabelecido.

Diante do exposto, salienta-se: para que ocorra o debate e dele resulte um público, é imprescindível haver o denominado *universo de debates*, ou seja, os componentes do grupo devem possuir uma linguagem comum e habilidade de concordar no significado dos termos fundamentais. Não podem, porém, adotar posições dogmáticas ou fanáticas, o que, então, inviabilizaria o debate.[25]

O universo de debates alia-se à *comunicabilidade*, como uma função geral da sociedade. "Para alcançar integração

---

24. DICIONÁRIO *de sociologia...*, op.cit., p. 288.
25. ANDRADE, C. T. S. *Para entender...*, op. cit., p. 15.

efetiva nas relações sociais, torna-se necessário que as pessoas se comuniquem entre si de modo sistemático e adequado."[26] As propostas e a comunicabilidade dos diálogos estabelecidos por Relações Públicas permitem o aparecimento do público, e cada questão pública comporta o interesse de pessoas ou grupos distintos de indivíduos, ansiosos por apresentarem suas opiniões e para receber contribuições.

Portanto, compete estrategicamente às atividades de Relações Públicas nas organizações formar públicos e contribuir para o surgimento da comunidade de públicos em lugar da sociedade de massas, "pela elevação do pensamento coletivo, mediante apelos dirigidos à razão e à reflexão. A Humanidade só poderá viver em harmonia se existir ampla e livre comunicação".[27]

Para formar um público devem ser estabelecidas e mantidas programações de Relações Públicas com as pessoas e os grupos que têm pontos de convergência diretos ou indiretos com uma instituição, por intermédio do desenvolvimento de um processo que atinja esse objetivo.[28]

DESENVOLVIMENTO DA OPINIÃO PÚBLICA

Ao lado do trabalho de formação de públicos, as Relações Públicas se voltam para o estudo da opinião pública, porque esta se forma "no calor da discussão dos componentes do público e corresponde a uma situação em que se apresen-

---

26. TRUJILLO FERRARI, op. cit., p. 106.
27. ANDRADE, C. T. S. *Curso de...*, op. cit., p. 21.
28. ANDRADE, C. T. S. *Para entender...*, op. cit., p. 89.

tam diferentes, contrárias atitudes sociais acerca de uma questão que interessa, de alguma maneira, à comunidade".[29] Na realidade, a opinião pública "é causa e efeito das atividades de Relações Públicas. O poder da opinião pública afeta decisões gerenciais e é função dos profissionais de Relações Públicas identificar esta opinião e comunicá-la e explicá-la para a administração".[30]

Quanto ao aspecto econômico, as grandes empresas esforçam-se para garantir que os bens vendidos sob seu logotipo não contrariem a opinião pública e alcancem a reputação de confiabilidade, dado que o único guia mensurável para consumidores sobre o valor do produto é a segurança da marca. As decisões tomadas são confiáveis quando os públicos acreditam que servem aos seus interesses.

Fortemente influenciada pela proliferação dos veículos massivos, a opinião pública passou a perceber a sua energia moral e o poder de julgamento. Decorre das massas que, tendo um objetivo de observação, expressam seu apoio ou sua discordância durante a análise das proposições controvertidas. O sentimento coletivo ou público pode voltar-se contra ou a favor de uma organização, motivado por fatores marcadamente insignificantes ou por causas altamente relevantes.

Determinante para a sobrevivência dos organismos empresariais, a opinião pública veio substituir as intensas demonstrações das multidões instadas por oradores brilhantes que, por meio da retórica e de símbolos, determinavam o

---

29. ANDRADE, C. T. S. *Dicionário...*, op. cit., p. 83.
30. GRUNIG, James E. A situational theory of publics: conceptual history, recent challenges and new research. In: MOSS, Danny; MACMANUS, Toby; VERCIC, Dejan. *Public relations research*: an international perspective. Boston: Thomson, 1997, p. 4.

comportamento coletivo desejado. Internamente, nas organizações também não é mais aceitável o convencimento fácil, embasado na emoção do grupo; o que se espera são medidas concretas que permitam a ação conjugada, na direção do interesse comum ou público, este sim, indicador preciso para o sucesso da empresa singular.

Na presença dessas contingências, são consideradas duas probabilidades: as pessoas adquirem, primeiro, a informação e, em seguida, pensam nas suas implicações, decidindo quem ou o que favorecem? Ou decidem inicialmente a quem ou a que são favoráveis, procurando, então, as informações e os argumentos que corroboram essa posição?

A resposta a tais questões básicas do comportamento da opinião pública vem confirmar que primeiro existem as opiniões e, depois, as informações e as razões.[31] Com isso, o processo de interação perante a opinião pública torna-se complexo; as organizações precisam estar necessariamente atentas às manifestações coletivas, porque estas podem ser vigorosamente contrárias aos seus interesses, cabendo, desse modo, maiores esforços para alterar essa situação.

Confirmam-se os cuidados que as organizações devem ter com a opinião pública. Algumas empresas, no momento em que se instalam, são "contempladas" com uma opinião pública oposta aos seus interesses, trazendo graves consequências à sua rotina; outras, muitas vezes incompreensivelmente, contam com a boa vontade dos grupos que as cercam, tirando disso várias oportunidades e diminuindo as ameaças.

---

31. LANE, Robert E.; SEARS, David O. *A opinião pública*. Rio de Janeiro: Zahar, 1966, p. 120.

Não se pode considerar, ainda, a opinião pública como algo distante, vago, diluído; se a contrariedade for intolerável, demonstrará contundentemente a sua força. A opinião pública exerce o *controle difuso*, "que procura reprimir ou prevenir formas de comportamento que não se chocam propriamente com os costumes e as instituições destinadas à sua defesa, mas que encontram a repulsa mais ou menos decidida dos componentes do grupo".[32]

Importa, nessa configuração, a racionalidade do ser humano, sempre acessível a novas informações, quer estas o confortem, reforçando as suas impressões pessoais, quer o magoem, induzindo a atitudes ativas que tenham a finalidade de acabar com aquilo que o desequilibra. Isso autoriza o indivíduo a procurar com diligência a informação referente às adversidades que o afetam, não restringindo essa busca aos fatos que confirmem a sua opinião.

Essa assertiva explica por que, sem ter pelo menos uma noção do tipo de educação que oferecem, os pais mandam seus filhos a determinadas organizações de ensino: a opinião pública sustenta a imagem de que essas são excelentes instituições. Sem ter discernimento sobre os serviços que prestam, muitas pessoas aderem a organismos desconhecidos porque a opinião pública comenta que executam propostas de alto valor. Vota-se em um candidato definido, compram-se produtos e justificam-se certas instituições porque a opinião pública faz com que se tornem de confiança.[33]

Tudo isso resulta do sentimento coletivo vigente na sociedade de massa. Para que a opinião pública reflita a opinião

---

32. DICIONÁRIO, op. cit., p. 82-3.
33. SIMON, Raymond. *Public relations*: concepts and practices. 2. ed. Columbus, Ohio: Grid Publishing, 1980, p. 34.

dos públicos, a aptidão de raciocinar do participante é essencial, importando a discussão racional das pendências de grande interesse público ou privado, mediada pela administração de controvérsias. "Quando os costumes e leis gozam de aceitação geral e operam de forma completa, não existe opinião pública a respeito das questões que são abarcadas por esses sistemas de pensamento e sentimento. Somente quando os costumes e a lei são postos em dúvida, começa a funcionar a opinião pública como processo."[34]

Assim, a ação conjugada, que resulta do público formado, dispõe de um suporte significativo, porquanto a opinião pública[35] não comporta uma opinião unânime, semelhante ao sentimento coletivo, tão próprio da massa; a opinião predominante não será, obrigatoriamente, a opinião da maioria, com feições de uma ditadura de valores aceitos como normais e desejáveis, mas gerados fora dos valores individuais em consenso.

A opinião pública será rica em idéias porque o seu resultado vai diferir da opinião cabal de cada elemento do público, embora não exclua nenhuma contribuição. Quando os valores positivos das concepções ou dos posicionamentos concorrerem para os termos finais da opinião pública, existirá o predomínio de opiniões compostas. Será, da mesma maneira, dinâmica, evolutiva, estando em contínuo movimento de formação, consentindo que novos componentes sejam admitidos e participem do processo implantado, consensualmente, sem nunca estar completa ou estratificada.

Nesse contexto, os indivíduos devem igualmente isolar as pressões advindas de grupos de interesse para minimizar as in-

---

34. DA VIÁ, Sarah Chucid. *Opinião pública*. São Paulo: Loyola, 1983, p. 87.
35. ANDRADE, C. T. S. *Curso de...*, op. cit., p. 19 e ss.

coerências. Distingue-se o valor de cada fonte de informação, e a opinião que é firmada contém todos os elementos concernentes, mesmo que determinados enfoques não atendam às perspectivas pessoais dos participantes.

Trabalhar com a opinião pública, apesar das situações adversas, é para o profissional de Relações Públicas uma das razões de sua existência no processo social. Com o sentido de ajustar e correlacionar as informações que circulam no ambiente externo, sem distorcê-las para ajustá-las a categorias previamente arranjadas, o zelo com a opinião pública assume um lugar de destaque nas organizações, em especial nas empresariais, sendo analisada pelas Relações Públicas nos seus conteúdos incisivos que contrariam os interesses visados.

Uma pane no sistema de alerta das configurações da opinião pública conduz a um exame superficial das demandas dos grupos de interesse. Ao longo de certo período, a movimentação da opinião apresenta três fases claramente identificáveis em seu crescimento.

Insensibilidade

Quando a pendência é reconhecida por relativamente poucas pessoas. Identificada nesse ponto, poderá naturalmente ser encerrada mediante ações individuais das empresas. Por exemplo: se uma fábrica é poluidora, a instalação de equipamentos resolve o problema.

Desenvolvimento da opinião

A contenda passa a ser investigada nos jornais e na televisão, e há estímulos aos debates abertos. Nesse estágio, iniciativas voluntárias de auxílio mostram-se úteis. Organismos empresariais, habitualmente refratários aos apelos dos sindicatos dos empregados, ao abarcar as medidas solicitadas, impedem o agravamento da crise.

Ação institucional

Ocorre quando os poderes públicos fazem sentir a sua força e, normalmente, é tarde demais para que o setor privado exerça muita influência. Entretanto, nessa etapa a maioria das empresas "passa a enxergar" por completo o que está acontecendo, e tenta de modo desajeitado uma atitude ativa. Nesse estágio, a persuasão não mais será suficiente para convencer o consumidor das qualidades de um produto, ou seja, se este é feito num processo que prejudica as questões ambientais. Reclamações aos legisladores poderão originar regulamentos estritos e leis favoráveis do interesse público.[36]

Aceitando a premissa de que a opinião pública é poderosa, os administradores se voltam para as Relações Públicas, visto que programas bem-sucedidos da área provaram ser eficazes no trabalho de formar os públicos. Ao estruturar a opinião dos públicos e a opinião pública, compreendem a natureza e a maneira como são formadas, quais os métodos destinados a medi-las e os modos realistas para antecipar seus cursos futuros.

Além disso, "o objetivo especificado para a maioria dos programas de Relações Públicas é afetar a opinião pública. Esse é um conceito importante, mas, surpreendentemente, poucos profissionais de Relações Públicas compreendem a

---

36. NOLAN, Joseph. *Proteja sua imagem pública com o desempenho*. COLEÇÃO Harvard de Administração. São Paulo: Nova Cultural, 1986, v. 14, p. 77-95.

natureza dos 'públicos' ou das 'opiniões' e até mesmo têm um modo prático de identificar os públicos e mensurar suas opiniões".[37]

O conhecimento dos grupos espontâneos ou formais que estão, direta ou indiretamente, interessados na organização constitui, portanto, a primeira preocupação para o estabelecimento do processo de Relações Públicas, visando à "importante tarefa de formação de públicos junto às instituições, facilitando a discussão e fornecendo todas as informações que são as características fundamentais e indispensáveis à criação de um verdadeiro público".[38]

Nas empresas modernas não serão permitidos os *controles sociais* (preceitos morais, crenças, costumes, tradições, usos e convenções) que padronizam comportamentos, a censura, as posições irrefletidas e emocionais, ou tolerados os sentimentos egoístas da individualidade inconseqüente que procura sua própria sobrevivência. Isso porque esses fatores dificultam ou inviabilizam a formação de opiniões legítimas.

As Relações Públicas deverão ter como base de trabalho os diferentes objetivos de cada um dos sistemas de relacionamento da companhia, considerando as minúcias e os destinos dos tipos distintos de mensagens, direcionadas à massa – no caso da comercialização de produtos e serviços –, ou aos públicos – quando as funções implementadas são as de Relações Públicas.

Para cumprir essa missão, o profissional da especialidade, como será mostrado a seguir, aplica um processo exato que, ao abrigar por completo as convicções e incertezas presentes nos esforços de relacionamento, assegura o pretendido: criar e manter o conceito positivo à vista dos públicos.

---

37. GRUNIG, J. E. A situational theory of publics..., op. cit., p. 4.
38. ANDRADE, C. T. S. *Para entender...*, op. cit., p. 91.

2

PROCESSO DE RELAÇÕES PÚBLICAS

Os cenários econômicos, políticos e sociais da atualidade estão mudando. As novas disposições e atitudes sucedem-se velozmente e decorrem das profundas alterações ocasionadas pela evolução tecnológica das telecomunicações e pelos procedimentos hodiernos do comércio e do fluxo de capitais. Estão sendo dissolvidos os fundamentos da antiga ordem, na qual prevaleciam os valores nacionalistas, o estatismo imobilista e o corporativismo, substituídos pelo reconhecimento dos direitos civis, das questões sociais, ecológicas e éticas na chamada "Era da Informação".

As empresas, como todas as organizações complexas, de maneira geral, são influenciadas por essas mudanças e geridas de acordo com os relacionamentos definidos para os diferentes grupos de interesse que as envolvem. Atingem esse objetivo ao utilizar técnicas de gerenciamento e competentes meios de comunicação apropriados a cada tipo de mensagem.

O grande sistema disponível e aplicável às organizações são as Relações Públicas, uma *função administrativa* de sustentáculo ao empresário, à cúpula diretiva e aos níveis executivos das empresas, que faz uso da comunicação para obter resultados.

Implantar programas de Relações Públicas em qualquer instituição exige o estabelecimento de um processo adequado, porque o seu exercício, conforme sua definição operacional, "requer ação planejada, com apoio na pesquisa, na comunicação sistemática e na participação programada".[1]

Isso significa que as Relações Públicas não podem ser deixadas ao acaso. Não são atividades que acontecem por si sós, mas como decorrência de esforços deliberados, contínuos e estrategicamente insertos em contextos amplos e relevantemente decisivos para os resultados conceituais, para as políticas de responsabilidade social e de lucratividade do empreendimento.

A *natureza e o papel* das Relações Públicas é alterar uma situação presente, talvez desfavorável, para um posicionamento futuro mais coeso com a direção dada ao objeto social que se pretende modificar. Com um processo, empregado metódica e sistematicamente, o profissional tem o instrumental necessário para efetivar diálogos duradouros com os diversos grupos de interessados na organização.

A atuação das Relações Públicas deve cumprir sua meta-fim de desenvolvimento da instituição, dos grupos sociais e da comunidade, processada ao fornecer compatibilidade aos interesses genuínos, para "estabelecer e manter a compreensão mútua entre uma organização e todos os grupos aos quais está, direta ou indiretamente, ligada".[2]

---

1. ANDRADE, Cândido Teobaldo de Souza. *Para entender relações públicas*. 4. ed. São Paulo: Loyola, 1993, p. 42.
2. Id., ibid., p. 41.

Vigora um sistema que assevera a participação total, pois não são todas as pessoas que têm iguais possibilidades de desfrutar de ampla liberdade e volume compatível de informações para atuar positivamente nas questões de seu interesse.

Com essa visão, as Relações Públicas assumem uma posição política fundamental na moldagem empresa/públicos e públicos/empresa. Suas atividades elevam "o nível de entendimento, solidariedade e colaboração entre uma entidade, pública ou privada, e os grupos sociais a ela ligados, num processo de interação de interesses legítimos, para promover o desenvolvimento recíproco e da comunidade a que pertencem".[3]

No relacionamento com uma organização, os agrupamentos desejam relações de reciprocidade que devem ser atendidas pelas Relações Públicas, especialmente ao formar conceitos e ao solicitar a cooperação deles para efetivar seus esforços. Isso porque "as pessoas *constroem* atitudes e comportamentos. Então, elas controlam ativamente seu próprio pensamento e comportamento e não podem facilmente ser persuadidas pelos outros. Pessoas que normalmente poderiam não estar em um público tornaram-se membros dos públicos quando alguma questão as afeta diretamente".[4]

O grupo de *funcionários* tem interesse pela companhia como fonte de remuneração, por esta lhes oferecer condições de trabalho satisfatórias, oportunidades de crescimento e estabilidade. Produtividade, lealdade e dedicação para com a

---

3. ANDRADE, C. T. S. *Para entender...*, op. cit., p. 42.
4. GRUNIG, James E. A situational theory of publics conceptual history, recent challenges and new research. In: MOSS, Danny; MACMANUS, Toby; VERCIC, Dejan. *Public relations research*: an international perspective. Boston: Thomson, 1997, p. 20-1 e 15.

empresa são fatores conseqüentes do relacionamento introduzido, que afetam diretamente a produção e a qualidade.

Os *fornecedores* se interessam por negociações eqüitativas e razoáveis, desde que seus produtos possam ser comercializados sem prejuízo para a sua marca. Uma programação das Relações Públicas, mediante o fornecimento de informações, acompanha as providências destinadas a adquirir novas e melhores matérias-primas, a um preço vantajoso.

Os *intermediários* franqueiam um relacionamento de longo prazo, a começar pelo recebimento preciso do que foi acordado comercialmente, mantidos os preços competitivos e firmadas parcerias bem-sucedidas com as empresas participantes. Isso permite a regularidade de investimentos internos, tanto em equipamentos como em recursos humanos.

Os *consumidores* procuram bens apropriados às suas necessidades, com preços justos. Destaca-se a crescente atenção dos usuários em saber qual empresa produz determinado bem, para ter certificadas a sobrevivência de um produto, sua qualidade e a garantia de reposição, e não exclusivamente aquelas vagas intenções oferecidas no ato da venda.

A *comunidade* se interessa pelas instalações empresariais como integrantes da vida comunitária e contribuintes do progresso geral, ou seja, origem de riqueza e emprego.[5]

Atentando-se para as características de cada um desses grupos, distingue-se a existência de vários públicos que, "por meio do poder, da opinião e do comportamento, podem influenciar os objetivos da empresa. Assim, antes de tudo, bom

---

5. SZTUTAMN, Guilherme. O papel das atividades de relações públicas no mix da comunicação. *Conrerp Informa*, São Paulo, v. 6, n. 4, jul. 1984. Cadernos de Relações Públicas.

produto, bom atendimento, casa em perfeita ordem, portas abertas etc. são a condição primeira de Relações Públicas".[6]

Se a organização não transaciona apenas produtos ou serviços, mas interage da mesma forma com recursos humanos, materiais e outros insumos provenientes do ambiente no qual se insere, novos elementos devem ser acatados: o uso inteligente das Relações Públicas *agrega valor* aos esquemas de vendas. Tentar compreender a decisão de compra somente pelo estudo dos hábitos do consumidor não traz as respostas condizentes com suas peculiaridades.

Ponderam-se essas variáveis na ocasião em que se nota que as Relações Públicas são "um processo intrínseco entre a organização, pública ou privada, e os grupos aos quais está direta ou indiretamente ligada por questões de interesses".[7] São praticadas pelas empresas as quais se valem de todas as atividades que desenvolvem, competindo ao especialista orientar as ações e capacidades das companhias, dirigindo-as ao interesse público.

Instaurar um processo de Relações Públicas é posicionar uma organização em direção de seus objetivos maiores, de maneira coerente e sistematicamente racional, à procura de resultados concretos estabelecidos com antecedência. As Relações Públicas ajudam a delinear os negócios do amanhã que "são baseados em conhecimento, na capacidade de relacionamento com outras empresas e com as comunidades que as rodeiam, no empreendedorismo em estado puro, nos talentos

---

6. SIMÕES, Roberto Porto. A variável relações públicas no processo de marketing. *O Público*, São Paulo, jan./fev. 1981, p. 3.
7. SIMÕES, Roberto Porto. Relações públicas, antes de tudo, um processo. *O Público*, São Paulo, ago. 1979, p. 4.

em abundância e na capacidade de transformar idéias inovadoras em valor".[8]

Efetiva-se, com as atribuições das Relações Públicas, o *conceito público* da organização, ou seja, "o juízo que se forma de modo consciente em torno de uma instituição ou empresa, num determinado espaço de tempo, por meio de informações, idéias, contatos e acontecimentos. É um processo lento, pois os resultados estão condicionados ao tempo exigido para estes conhecimentos".[9]

Implementar o processo de Relações Públicas, em auxílio ao comando das organizações, conduz às seguintes expectativas:

- possibilitar um *comportamento sinérgico* entre os níveis funcionais e os objetivos da organização, tornando possível edificar, de modo participativo, o rumo a ser seguido pela empresa;
- permitir à empresa manter *integração com o ambiente*, buscando uma evolução de desempenho, mais reagente, amoldável e inovadora, o que assegura o sucesso e a sobrevivência no longo prazo, bem como a ascensão da companhia no mercado;
- transformar a organização reativa em uma *entidade proativa*, com o fito constante de negociar com o seu ambiente, alocando recursos para corrigir os erros que possam comprometer os esforços já delineados;

---

8. CORREA, Cristiane. Criando os negócios do amanhã. *Exame*, São Paulo, ano 36, n. 10, p. 166, maio 2002.
9. ANDRADE, Cândido Teobaldo de Souza. *Dicionário profissional de relações públicas e comunicação e glossário de termos anglo-americanos*. 2. ed. São Paulo: Summus, 1996, p. 35.

- envolver a *participação das diversas esferas* da empresa, incentivando a prática da colaboração de todos, coordenada por um organismo central;
- cristalizar as *vantagens competitivas*, direcionando a empresa para modelos organizacionais flexíveis e, portanto, compatíveis com os ordenamentos ambientais atuais e futuros.[10]

Essas considerações refletem o modo de pensar estratégico, o que dá origem a uma engenhosidade específica na implementação das tarefas empresariais e sociais, com a organização sempre preocupada com o seu ambiente interno e externo.

SISTEMÁTICA

Existem entendimentos distintos a respeito do tema "processo de Relações Públicas".

Divisa-se nas várias abordagens existentes um grande cuidado com o planejamento de atividades, procurando-se uma clara enunciação dos objetivos das propostas de Relações Públicas, antes de tomar qualquer resolução. No entanto, os procedimentos limitam-se a rotinas específicas, aplicáveis em determinadas circunstâncias, o que não permite generalizações.

Existe também a inquietação de alguns praticantes com os aspectos do planejamento administrativo, o que se explica

---

10. VASCONCELOS FILHO, Paulo; FERNANDES, Marcos Antônio da Cunha; DIAS, José Maria A. M. *Planejamento empresarial*: teoria e prática. Rio de Janeiro: LTC, 1982, p. 83-95.

pelo fato de que, nas grandes organizações, os resultados esperados são demarcados em termos de metas quantitativas.

Predominaria não a formação do público fidedigno, mas a centimetragem publicada, a quantidade de pessoas presentes numa comemoração e as incontáveis situações em que o profissional de Relações Públicas age como desdobramento de uma extensa política organizacional que não foi por ele definida e, entretanto, é obrigado a cumprir. Familiarizar-se, então, com os processos de planejamento daria maior *status* perante o *staff* da grande organização.

Nas pequenas e médias empresas, por outro lado, a preocupação é com um trabalho integral, no pressuposto de não haver tempo livre destinado a criar planos detalhados, visto que os recursos são escassos e a recepção da opinião dos públicos, mais urgente.

Logo, o processo a ser observado deve proporcionar uma sistemática capaz de atender às organizações em sua totalidade, partindo do conhecimento pleno dos seus grupos de interesse e do autoconhecimento, para acolher os desejos, as aspirações e necessidades de seus públicos.

Definição

O processo de Relações Públicas mais adequado às organizações em geral é aquele articulado por Andrade,[11] pela sua praticidade e pelo caráter global das atividades propostas e desenvolvidas, que prevê seis fases para a sua implementação, assim estabelecidas:

---

11. ANDRADE, *Para entender...*, op. cit., p. 89-101.

1ª fase: Determinação do grupo e sua identificação como público.
2ª fase: Apreciação do comportamento do público.
3ª fase: Levantamento das condições internas.
4ª fase: Revisão e ajustamento da política administrativa.
5ª fase: Amplo programa de informações.
6ª fase: Controle e avaliação dos resultados.

Esse processo é perene, adaptável e sensível ao tempo, admite a flexibilidade, simultaneidade e correlação entre as suas fases por privilegiar, basicamente, *o completo estudo dos públicos* – finalidade principal das Relações Públicas. "Todas as atividades de Relações Públicas, como ações humanas, caracterizam-se pela sua extrema flexibilidade. O profissional de Relações Públicas tem de acompanhar a ação das Relações Públicas e adaptá-las às circunstâncias emergentes. É claro que o grande elemento condicionante é sempre o público ao qual as Relações Públicas se destinam."[12]

Para orientar a efetividade das ações de Relações Públicas, o processo integra-se ao desenvolvimento das *funções básicas*, quais sejam:

- pesquisa;
- assessoramento;
- coordenação;
- planejamento;
- execução;
- controle;
- avaliação.

---

12. PENTEADO, J. R. Whitaker. *Relações públicas nas empresas modernas*. 3. ed. São Paulo: Pioneira, 1984.

Essas funções básicas de Relações Públicas subdividem-se em outras funções específicas, concordes ao tipo de organização na qual estão sendo insertas e à característica do trabalho a ser empreendido.[13]

As funções básicas têm caráter estratégico, pois suportam os relacionamentos estabelecidos e necessários para bem situar a organização perante seus públicos e ambientes. Incrementar essas funções consigna às Relações Públicas uma ativa participação no processo estratégico das organizações, entendendo que devem ser conseqüentes, ter objetivos minuciosos e amparar permanentemente as diretrizes da empresa.

Método

As seis fases do processo de Relações Públicas e as sete funções básicas são agrupadas em *quatro momentos* correlatos e não se confundem, mas pressupõem uma ação contínua e formam um conjunto dinâmico de variáveis. Analisam, com detalhes, os passos que um profissional da área deve seguir, para obter um desempenho efetivo que venha ao encontro dos desígnios da empresa.

Primeiro momento

Inicialmente, perscrutam-se completamente as carências e pretensões dos públicos.

Na fase de *determinação do grupo e sua identificação como público* é verificada a questão do relacionamento públi-

---

13. ANDRADE, Cândido Teobaldo de Souza. *Curso de relações públicas*: relações com os diferentes públicos. 5. ed. São Paulo: Atlas, 1994, p. 32-4.

co, ao identificar e localizar os grupos de interesse, apreendendo todas as possibilidades de transformá-los em autênticos públicos e assentando, habilmente, o conceito da organização.

Na *apreciação do comportamento do público*, avalia-se o grau de repercussão das providências de relacionamento (passadas e presentes) com os grupos interessados na empresa.

A função básica característica do primeiro momento é:

- *pesquisa*, que proporciona os instrumentos amoldados para conhecer os "segmentos de públicos" – porções bem delimitadas, destacadas do conjunto –, e para entender suas condutas.

Principia-se o momento por meio de pesquisas com os funcionários e, paulatinamente, com outros grupos de interesse destinados a constituir os públicos da organização.

Segundo momento

Na seqüência, examina-se plenamente a empresa, revista em termos das modificações exigidas pelos públicos. De nada adianta "apoderar-se" dos grupos que envolvem a organização se estes não são bem atendidos.

A fase do *levantamento das condições internas* permite estudar as estruturas e os hábitos administrativos. É indispensável que se faça uma perícia de tudo quanto aconteceu na empresa – sua vida, maneira de ser, seus problemas, êxitos e suas dificuldades – e se tenha interface com o objetivo de relacionamento definido.

Enfatiza-se a relevância do conhecimento absoluto da organização, do mesmo modo que se devem conhecer os seus públicos, para alcançar uma sinergia irrepreensível com os esforços das Relações Públicas. Somente a partir disso será elaborado o plano de comunicação, tendo em vista os objetivos pretendidos.

Na *revisão e no ajustamento da política administrativa* são feitas as intervenções no patamar corporativo. Essa interferência é exercida pelo profissional de Relações Públicas ao auscultar e representar os públicos diante da alta administração da empresa. Cuidados são tomados em especial quando os gestores escolhem medidas economicamente positivas aos seus interesses, mas negativas para os desejos de seus públicos.

As funções básicas abrigadas no segundo momento são:

- *pesquisa*, particularmente a institucional que promove a crítica interna, compondo uma base de dados para o prosseguimento do processo de Relações Públicas;
- *assessoramento*, consolidado pela função de pesquisa, para que o trabalho de relacionamento não fique restrito a reproduzir o que existe;
- *coordenação*, dirigida a estruturar o serviço de Relações Públicas, sistematizar os seus compromissos, assim como designar o pessoal a ser utilizado para que se efetivem as propostas.

Esse é o momento de maior aproximação do processo de Relações Públicas com a tomada de decisões por parte dos administradores das organizações.

Terceiro momento

É quando se opera mutuamente com a informação e com a comunicação aos públicos.

A fase do *amplo programa de informações* é embasada numa informação completa e na liberdade de discussão dos públicos, conceituando afirmativamente a organização conforme o seu relacionamento público.

No terceiro momento prepara-se (pela *função de planejamento*) e pratica-se (pela *função de execução*) a comunicação com os grupos, devidamente planejada, apoiada pela *função de pesquisa*. São, portanto, três funções básicas:

- *planejamento*, construído por vários planos, que são premissas de decisões a serem tomadas no futuro, como a extensão, os objetivos e as metas, tencionando definir os espaços de tempo, podendo ser de curto, médio ou longo prazos. De acordo com as prioridades de relacionamento, preceitua as atividades de Relações Públicas que serão realizadas e dispõe sobre e os veículos necessários. Acompanha e integra-se ao orçamento, ancorado a um plano-diretor, composto de alternativas financeiramente acessíveis;
- *execução*, harmoniza-se com a política geral da empresa e deve ser exeqüível com as possibilidades econômicas e sociais da organização. Abarca os métodos e materiais empregados, abaliza o pessoal e prescreve cronogramas. Vai constituir-se pelo envolvimento cabal dos funcionários nos programas de Relações Públicas;
- *pesquisa*, apóia a implementação da fase e verifica quais experiências têm sido realizadas com sucesso para escudar os projetos pretendidos.

Esse momento só será realizado se as fases anteriores do processo estiverem perfeitamente equacionadas, com o intuito de fundar corretos relacionamentos com os públicos voltados para uma corporação.

Quarto momento

Nesse último movimento está contida a análise ininterrupta de todo o processo, estudando os fatores que podem vir a comprometer os benefícios esperados.

Pela fase do *controle e da avaliação dos resultados* são aquilatadas as variáveis internas e externas presentes e atuantes em qualquer organização. Essa fase é conduzida pelas funções de:

- *controle* das contingências ambientais;
- *avaliação* das atividades levadas a efeito;
- *pesquisa*, especialmente a de avaliação, facultando o reinício do processo sempre que houver um novo público a ser formado ou quando houver alguma situação ou assunto controverso.

Essa última fase conclui o desenvolvimento do processo e posiciona as Relações Públicas no contexto empresarial, ajudando o empresário a encontrar com facilidade as respostas funcionais necessárias aos programas de relacionamento da organização.

INTEGRAÇÃO À ESTRATÉGIA EMPRESARIAL

Pela descrição de seu papel e de suas incumbências no planejamento das empresas, as Relações Públicas permitem que a administração conheça o pensamento dos públicos, o que viabiliza e legitima as ações implementadas.

Os desafios no mundo empresarial são enormes, "não apenas em amplitude, mas também em tipos: estão, na maior parte, fora do alcance da empresa – grupos de interesse, ativistas, minorias, grupos femininos, governos, tribunais, intelectuais, meios de comunicação. Estes são intangíveis, não sujeitos a mapeamentos ou quantificações dentro de uma disciplina administrativa; parecem ser imprevisíveis e irracionais; e não parecem responder a nenhuma das habilidades que empresários experimentados desenvolveram".[14]

Pela dinâmica socioeconômica da atualidade, mais e mais pessoas se interessam pelas questões públicas. Por isso, o mais acurado processo de Relações Públicas não levará a empresa a lugar nenhum se não considerar as situações contemporâneas que geram públicos. As Relações Públicas contribuem decisivamente com as estratégias empresariais quando integram os vários sistemas administrativos e alicerçam as operações que serão desenvolvidas pelos grupos e indivíduos em uma organização.

Mediante essa fórmula, o profissional de Relações Públicas, ao programar as suas funções específicas, coleta subsídios para pormenorizar as expectativas de mudanças nos ambientes e participa ativamente na elaboração de objetivos e estratégias. Se esses fatores não são considerados, as Relações Públicas afastam-se dos pressupostos de lucro, meta de qualquer empreendimento, para continuar existindo o retorno do capital investido.

Externamente, a dinâmica social trouxe desafios até então não vivenciados pelos executivos. A atual interdependência global exige uma tecnologia avançada para lidar com esse cenário mundial emergente, o qual precisa ser incansa-

---

14. LESLY, Philip (Coord.). *Os fundamentos de relações públicas e da comunicação.* São Paulo: Pioneira, 1995, p. 22.

velmente monitorado. Por isso, o processo de Relações Públicas e o planejamento da organização devem ser diligentes para assegurar, com a sua implementação, que prolifere uma mentalidade participativa nas empresas.

Questões ambientais

As instituições percebem uma série de oportunidades e ameaças, no momento em que elaboram as suas propostas estratégicas. Dependendo das condições internas e da atuação da companhia, com o fito de melhor acolher os seus clientes, esses fatores podem auxiliá-las ou prejudicá-las cabalmente.

Existem dois grandes blocos de questões que influenciam as organizações em geral. Algumas dessas contingências são consideradas influências externas (macroambientais), que trazem modificações positivas ou negativas às empresas; outras (microambientais) resumem características internas parcial ou totalmente controláveis.

Questões macroambientais

- *interferência governamental* nos cálculos de preços de produtos e serviços, que desnorteiam as planilhas de custos das empresas;
- *carga tributária aplicada* – em muitos setores os impostos incidem em "cascata";
- *taxas de juros*, orientadas mais pela conjuntura econômica pública do que em decorrência das necessidades de mercado;

- *padrões oficiais de financiamento*, para facilitar investimentos de longo prazo;
- *situação econômica e social do país* que direciona o planejamento das empresas, ampliando ou limitando as iniciativas;
- *políticas favoráveis às exportações*, como solução para as dificuldades econômicas da nação ou como um claro posicionamento sobre a competição internacionalizada;
- *legislação orientadora das importações*, provocando reservas de mercado ou a abertura aos produtos estrangeiros;
- *equilíbrio das contas externas*, pela estabilidade dos fluxos de exportação e importação;
- *interconexão dos mercados mundiais*, visto que resoluções isoladas, no âmbito interno dos países, praticamente não têm mais sentido.

Questões microambientais

- *aprimoramento tecnológico*, que é primordial como atitude para manter o foco da companhia voltado ao mercado;
- *renovação das linhas de produtos e de serviços* no ritmo demandado pelos mercados que se abrem;
- *melhoria nos serviços prestados*, porque o usuário tende a ser mais exigente e crítico, entendendo-se protegido pelo Código de Defesa do Consumidor;
- *refinamento da segmentação* obedecida pela organização, pois o chamado "consumidor médio", na prática, não existe mais;

- *descoberta de nichos* que impulsionem um Marketing desmassificado, aperfeiçoando o atendimento aos consumidores;
- *atenção à concorrência*, especialmente quanto aos produtos substitutos – a empresa não pode ser simplesmente surpreendida pelo desaparecimento de seu mercado;
- *promoção da produtividade* como um objetivo permanente, com a racionalização das operações;
- *controle de custos e desperdícios*, evitando-se perdas, o que afiança a elevação da produtividade;
- *dedicação aos padrões de qualidade*, introjetados como uma cultura a ser levada a efeito por todos, e não somente pelos servidores subalternos da companhia;
- *eficiência administrativa*, pela eliminação de gastos e pelo ajuste de procedimentos, porquanto o sucesso no mercado não se faz unicamente pelos preços mais baixos;
- *simplificação burocrática* pela redução dos níveis hierárquicos;
- *qualificação da mão-de-obra*, preparada para absorver as atuais imposições do mercado;
- *terceirização de processos de produção ou de prestação de serviços*, pois o mercado exige a especialização, com o maior valor agregado ao bem em comércio;
- *preocupação com o meio ambiente*, particularmente quando são utilizados produtos de terceiros.

Discernir e controlar esses cenários constitui quase uma disciplina do processo de Relações Públicas. Em todos esses conjuntos encerra-se uma seqüência de interesses, aos quais se voltam vários agrupamentos, gerais e específicos, identificando os itens que lhes são favoráveis ou contrários. Desse modo, para cada grupo de contingências existem públicos dispostos ao apoio ou ao conflito.

Para enfrentar as questões macro e microambientais é preciso que as organizações empresariais tenham um comportamento inovador.

No ambiente empresarial, inovar significa aperfeiçoar as estruturas internas, modificando-as sempre que estiverem impedindo as inovações, e aprimorar a participação dos servidores nos julgamentos sobre o seu próprio trabalho e nas questões que podem afetá-los em prazos variáveis. Porém, implantar inovações não é uma tarefa de fácil solução. Existe a desconfiança de todos os envolvidos no processo, especialmente daqueles que não foram os autores do programa proposto.

O processo de Relações Públicas privilegia a administração participativa, embora as inter-relações presentes, os interesses internos e externos e os públicos sinalizem que esse encargo se reveste de dificuldades pelas inúmeras variáveis manifestas e repercussões para o futuro do empreendimento.

A sinergia decorrente do exercício do processo de Relações Públicas destaca-se como um objetivo a ser alcançado. Por julgar, entretanto, que as diferentes finalidades e os interesses dos grupos não se integram com facilidade, "o sucesso da empresa, cada vez mais, está condicionado à sua capacidade de gerar para si atenção positiva, ações de apoio e boa vontade de todos os segmentos do público com os quais interage. É aí que entra a atividade de Relações Públicas. Ela busca atingir esses objetivos pela atuação baseada na visão macro das funções empresariais e em valores claramente definidos que permeiam toda a estrutura da empresa".[15]

As Relações Públicas estão destacadamente envolvidas com as questões administrativas das empresas e buscam a sua legitimidade política e social. Por isso, não se pode confundir a funcionalidade de Relações Públicas com um simples componente do processo de comunicação social das organizações. Restringir as Relações Públicas à ação extrínseca de divulgar "se explica somente por um erro de relação entre aquilo que é global, pertinente à definição científica de Relações Públicas, e o que representa apenas uma prática, um instrumento para se chegar ao exercício pleno da atividade. Toma-se o canal pelo processo, a parte pelo todo, a forma pelo fundo, a aparência pela essência".[16]

Após ponderar todos esses fatores, o produto resultante do processo de Relações Públicas aplicado representa uma forma viável e interativa de atuar estrategicamente. Ao requerer uma abordagem conjunta entre os níveis hierárquicos e os diversos negócios da empresa, permite-se alimentar estavelmente, com informações, o sistema organizacional a partir de perspectivas das células dos públicos de interesse da companhia.

O conceito e a constatação da existência de públicos que podem afetar os objetivos das empresas fazem com que as organizações "precisem das Relações Públicas, porque seus comportamentos criam problemas que criam públicos, os quais podem envolver-se dentro de grupos ativistas que criam

---

15. IANHEZ, João Alberto. Relações públicas como ferramenta de administração. *Mercado Global*, São Paulo, n. 93, primeiro trimestre 1994.
16. SIMÕES, Roberto Porto. *Relações públicas*: função política. 3. ed. São Paulo: Summus, 1995, p. 86.

situações e tratam da autonomia das organizações. Grupos ativistas para si mesmos usam as Relações Públicas para construir públicos cônscios dos efeitos de suas situações e organizar coalizões dos públicos para trabalhar com o grupo ativista".[17]

Na seqüência, serão desdobradas as seis fases do processo de Relações Públicas, já distribuídas em quatro momentos. Serão incrementadas as funções básicas e, pela tecnologia da área, será viabilizado o intento de congregar os interesses da empresa às necessidades dos grupos sobre os quais exerce influência e pelos quais é influenciada.

---

17. GRUNIG, op. cit., p. 9.

3

DETERMINAÇÃO DO GRUPO E SUA IDENTIFICAÇÃO COMO PÚBLICO

Após fixar o processo de Relações Públicas,[1] parte-se para o exame de suas fases, aplicando-se estas nas organizações concomitantemente com as funções básicas presentes nas etapas previstas, efetivando-se um autêntico programa de Relações Públicas.

Na fase da *determinação do grupo e sua identificação como público*, "o primeiro problema reside na identificação dos vários grupos que têm relações com a instituição: o conhecimento dos grupos espontâneos ou formais, que estão, direta ou indiretamente, interessados na organização".[2]

A interação entre as pessoas de um grupo, ou entre diferentes grupos, realiza-se por intermédio de processos de comunicação. A comunicação faz com que sejam partilhadas experiências, estabelecendo-se, aos poucos, uma relativa homogeneidade de pensamento, sentimentos e atitudes.

---

1. ANDRADE, Cândido Teobaldo de Souza. *Para entender relações públicas*. 4. ed. São Paulo: Loyola, 1993, p. 89 e ss.
2. Id., ibid., p. 90.

De maneira íntima e informal, os participantes do processo de comunicação interagem com o indivíduo isolado ou com o grupo social primário (a família – unidade básica da estrutura social). Os chamados grupos sociais secundários, como sindicatos profissionais, empresas e partidos políticos, reagem em virtude de interesses comuns, que não envolvem senão um dos segmentos da personalidade. Neles, os contatos são predominantemente impessoais, formais, indiretos e, muitas vezes, obtidos por meio de instrumentos, pelo seu elevado número de componentes.[3]

Para as organizações, o objetivo de comunicação liga-se ao interesse público que esse tipo de relacionamento deve ter. "Desse modo, a determinação do interesse público está na dependência da oportunidade da constituição de públicos, frente às controvérsias apresentadas. Poder-se-á dizer que o interesse público é o interesse do público, expresso pela opinião pública."[4]

Quanto a determinar o interesse público, "não se pode esquecer, igualmente, que esse interesse público está sendo constantemente redefinido pela opinião pública, o que pode dificultar ainda mais a sua identificação e delimitação".[5]

Para contemplar o interesse público, necessidade incontestável ao se tratar das organizações sociais, "é imperativo criar um sistema capaz de captar e interpretar os anseios sociais e promover, por todos os meios, o diálogo, estabelecendo um universo de debates que conduzisse à ação conjugada,

---

3. DICIONÁRIO de sociologia. 8. ed. Porto Alegre: Globo, 1981, p. 161-2.
4. ANDRADE, Cândido Teobaldo de Souza. Psicossociologia das relações públicas. 2. ed. São Paulo: Loyola, 1989, p. 15.
5. ANDRADE, C. T. S. Para entender..., op. cit., p. 91.

e determinasse aquilo que levaria ao progresso social, que é, realmente, o interesse público".[6]

Percebe-se imediatamente que existem diversos interesses e grupos distintos. Assim sendo, para cada um deles deverão ser instituídas possibilidades para o fornecimento das informações indispensáveis a criação, conquista e permanência dos públicos. Deduz-se, nesse caso, que listar os grupos e classificá-los como públicos é fator imprescindível.

LISTAGEM DE GRUPOS

Na questão da taxionomia dos públicos, o primeiro ponto que surge é quanto ao próprio conhecimento de quais públicos interessam a determinada organização, "porque não existe o público, mas sim vários públicos, todos com características diversas".[7] Os programas de Relações Públicas devem ser adaptados às características que distinguem cada um dos públicos, e precisam abranger os diversos públicos.[8]

De qualquer modo, e por uma questão prática, "grupos" são denominados "públicos", mas serão verdadeiramente públicos *somente após o efetivo trabalho de Relações Públicas*.

Vários articulistas manifestam a preocupação de arranjar os públicos sem, entretanto, estabilizar as freqüências de atributos básicas para identificá-los. Exibem em geral listas de grupos, como a seguinte:

---

6. OLIVEIRA, Celso Feliciano de; VASCONCELOS, Antônio Telles de. Um processo para determinar o interesse público. *O Público*, São Paulo, mar./abr. 1981, p. 1.
7. ANDRADE, *Psicossociologia das...*, op. cit., p. 75-6.
8. Id., ibid., p. 76.

- acionistas; administração superior; associações culturais;
- bancos;
- comércio; comunidade empresarial; comunidade local; concessionárias de serviços públicos; concorrentes; consumidores; credores;
- distribuidores, representantes ou revendedores;
- empregados; entidades assistenciais e beneficentes; entidades de classe e profissionais; escolas e universidades;
- forças armadas; fornecedores;
- governo;
- imprensa e outras mídias de massa; indústrias;
- órgãos governamentais; órgãos oficiais de fiscalização;
- países; pequenos negócios; público em geral; públicos internacionais;
- sindicatos;
- transportadores.

Além das listagens, são apresentados como públicos indivíduos e grupos que têm interesse real ou potencial e podem afetar, por exemplo, uma universidade: fundações, alunos matriculados, pais de alunos, corpo docente, conselho universitário, estudantes em perspectiva, ex-alunos.[9] Esse rol fornece as prioridades de relacionamento em termos econômicos, destacando especialmente os que contribuem para o sucesso financeiro da entidade.

Os públicos são também relacionados pelas áreas de convivência. O "público interno" abrange os empregados e seus familiares e os "públicos externos" são assim considerados:

---

9. KOTLER, Philip; FOX, Karen F. A. *Marketing estratégico para instituições educacionais*. São Paulo: Atlas, 1994, p. 43.

- "comerciais (revendedores, clientes diretos, consumidores, fornecedores e entidades de classe);
- financeiros (bancos, estabelecimentos de crédito, grupos financeiros e agentes);
- governamentais (órgãos federais, estaduais e municipais dos Poderes Executivo, Legislativo e Judiciário);
- comunitários (grupos organizados, de ação ou de pressão – sociais, religiosos, estudantis, culturais, minorias etc.);
- educacionais (docentes e discentes de nível universitário, secundário e fundamental);
- comunicação (imprensa, rádio, TV e cinema);
- trabalhistas (sindicatos e entidades de classe de categoria de empregados)".[10]

Observa-se a dificuldade que se tem para qualificar os públicos no próprio trabalho profissional de Relações Públicas. Por exemplo: "fornecedores e revendedores, às vezes, estão afetos aos Departamentos de Marketing. Quanto ao público interno, em alguns casos, ele é prioritário dos Departamentos de Relações Públicas, ou às vezes é considerado público de Relações Industriais, ou do Departamento Pessoal, ou até mesmo do Departamento Jurídico. Então, nesses casos, todas as atividades que envolvem o público interno são desenvolvidas pelo departamento específico ao qual pertencem".[11]

Nesse caso, a classificação dos públicos como interno ou externo assemelha-se à definição de grupo, pois são tratados

---

10. WEY, Hebe. *O processo de relações públicas*. São Paulo: Summus, 1983, p. 65.
11. Id., ibid., p. 66.

apenas pelas suas adjacências formais ou comerciais e não como autênticos públicos.

Com freqüência, há uma inversão de procedimentos, configurando-se prioritariamente o programa para depois fixar o público a ser atingido, sem verificar os seus interesses. "Por exemplo: num programa de Relações Públicas no âmbito comercial, o público pode ser dividido em: público interno, incluindo a administração, a junta de diretores, empregados e acionistas; público comercial, que são os clientes, os revendedores, os fornecedores, credores e competidores; e o público externo, que são a comunidade, o governo e o público em geral."[12] À vista desse exemplo, poder-se-ia concluir que alguns públicos seriam mais importantes do que outros, ao desconsiderá-los em determinadas ocasiões.

Diante da disparidade das classificações de públicos, existe o *critério de proximidade*, que "começa com o público interno, constituído por aqueles grupos humanos que têm contato mais próximo com a entidade e movimenta-se, de dentro para fora, através de círculos, quando a intimidade com a organização vai diminuindo gradativamente".[13]

Para ilustrar: numa proposta de Relações Públicas para introduzir uma programação de aprimoramento do pessoal da empresa, "a que público se destina *esse* trabalho? A resposta óbvia é: ao pessoal da empresa. Todavia, essa resposta não soluciona o problema principal: por onde começar o trabalho de Relações Públicas? Pelos chefes, por todos os empregados,

---

12. OLIVEIRA, José Xavier. *Usos e abusos de relações públicas*. Rio de Janeiro: Fundação Getúlio Vargas, 1971, p. 51.
13. PENTEADO, J. R. Whitaker. *Relações públicas nas empresas modernas*. 3. ed. São Paulo: Pioneira, 1984, p. 149.

por alguns empregados, pelos diretores, pelos quadros técnicos da empresa, pelos auxiliares de escritório, pelos vendedores, pelos operários qualificados, pelos trabalhadores braçais, pelos motoristas da empresa, pelo pessoal da contabilidade, pelos engenheiros, pelos mecânicos, pelos eletricistas – por onde começar?"[14]

Esse esquema, embora traga certa tranqüilidade prática, pois "é possível trazer ordem ao caos de classificação e da seleção dos públicos em qualquer trabalho de Relações Públicas",[15] não resolve a preocupação de encontrar parâmetros de constância de um ajustamento sistemático ou requisitos únicos para metodizar a classificação dos públicos. Além disso, este esboço não verifica previamente quais são suas reais necessidades, isso como um princípio que deve ser praticado.

Pelo que se pôde observar, reconhece-se a necessidade da transformação dos grupos em públicos, sem que, no entanto, sejam firmadas as disposições mínimas para a existência do público, a não ser excepcionalmente. É preciso caracterizar propriamente os públicos, considerando sempre que:

- não existe a entidade "público", pois público é um mito;
- não há um, mas vários públicos;
- os assuntos criam seus próprios públicos;
- a natureza específica de uma empresa pode, normalmente, criar seus próprios públicos;
- organizações com propostas e objetivos similares têm públicos similares;

---

14. PENTEADO, J. R. Whitaker. *Relações públicas...*, op. cit., p. 153.
15. Id., ibid., p. 153.

- os públicos mudam quando mudam as organizações;
- os espectadores devem ser tratados com muito cuidado.[16]

Sem tais cuidados, aparece somente a *clientela*, isto é, "mera agregação de pessoas, sem possibilidade de chegar a uma decisão coletiva, que viesse a dar condições para a ação conjugada",[17] atitude natural de sua própria resolução ou opinião comum. "Não se pode, pois, falar em públicos, desde que aqueles grupos continuam sendo simples clientelas."[18]

Pesquisadores internacionais de Relações Públicas desenvolvem a *teoria situacional de públicos*,[19] isto é, a formação de públicos depende do *grau de envolvimento* que cada pessoa e grupo têm diante do tema ou assunto e do *comportamento apresentado* posteriormente. São encontrados quatro segmentos:

- pessoas e grupos que participam de todos os assuntos ou temas formam *públicos ativos* de todos os assuntos ou temas;
- pessoas e grupos que não dão atenção a nenhum assunto ou tema formam *públicos apáticos*;
- *públicos ativos* que se interessam por temas que afetam apenas uma pequena parte da população (a mor-

---

16. SIMON, Raymond. *Public relations*: concepts and practices. 2. ed. Columbus, Ohio: Grid Publishing, 1980, p. 128.
17. ANDRADE, C. T. S. *Psicossociologia das...*, op. cit., p. 80.
18. Id., ibid., p. 82.
19. Compilado, traduzido e adaptado livremente de: GRUNIG, James E. A situational theory of publics conceptual history, recent challenges and new research. In: MOSS, Danny; MACMANUS, Toby; VERCIC, Dejan. *Public relations research*: an international perspective. Boston: Thomson, 1997, p. 13.

te de baleias ou a controvérsia sobre a venda de alimentos industrializados para bebês em países do Terceiro Mundo) formam *públicos de assuntos singulares*;
- *públicos ativos* que se interessam por temas simples que envolvem a população inteira e têm recebido ampla cobertura da mídia (faltar gasolina ou dirigir embriagado) formam *públicos de assuntos quentes*.

Para o profissional de Relações Públicas, o conhecimento dos públicos, sua classificação e o relacionamento com cada um deles são prementes.

Deve ser sempre a meta do trabalho mesmo quando as condições são adversas, pois "não existe por parte das empresas em geral a preocupação de determinar um diálogo planificado e duradouro, a fim de garantir um universo de discussão, quando os interesses da empresa e da clientela pudessem ser debatidos com abundância de informações, oportunidades de livre discussão, com predomínio da crítica, à procura de uma atitude comum, que interpretasse, com fidelidade, a coincidência de ambos os interesses".[20]

Em decorrência desse juízo de valores, deduz-se que "a prática de Relações Públicas consiste principalmente na educação dos grupos, a fim de proporcionar ao público informações suficientes que o habilitem a formar opiniões lógicas sobre problemas controversos. No seu papel de divulgar informações ao público, o profissional de Relações Públicas ocupa uma posição-chave na formação de uma opinião pública esclarecida".[21] Esse zelo indica os caminhos para con-

---

20. ANDRADE, C. T. S. *Psicossociologia das...*, op. cit., p. 81-2.
21. CANFIELD, Bertrand R. *Relações públicas*: princípios, casos e problemas. 4. ed. São Paulo: Pioneira, 1987, p. 41.

verter os grupos em públicos e a conseqüente melhoria da opinião pública ou opinião do público.

Em suma, confirma-se que "público é qualquer grupo que tem interesse ou impacto real ou potencial sobre as condições de a empresa atingir seus objetivos".[22]

Por essa concepção de público, percebe-se que não se trata de simples agrupamentos de pessoas. Logo, "o que interessa é o momento em que os grupos se voltam para cada organização, com o desejo de apresentar e defender suas opiniões".[23] É preciso ministrar as condições mínimas para constituir os públicos. "Procura-se assim determinar a identidade de cada grupo nas suas relações com as instituições pelo interesse público que os deve unir."[24]

CLASSIFICAÇÃO DOS PÚBLICOS

A classificação dos públicos "é ponto crucial para o profissional de Relações Públicas",[25] e não pode ser confundida com as análises de sua formação e com a constatação de sua importância.

A classificação decorre dos níveis de contigüidade espacial e de relacionamento empresa/grupo e grupo/empresa. O grau de aproximação é o somatório do trato financeiro e social, da conformação jurídica, do objetivo do negócio para o sucesso

---

22. KOTLER, Philip. *Administração de marketing*: análise, planejamento, implementação e controle. 5. ed. São Paulo: Atlas, 1998, p. 586.
23. ANDRADE, C. T. S. *Para entender...*, op. cit., p. 92.
24. ANDRADE, C. T. S. *Psicossociologia das...*, op. cit., p. 78.
25. SIMON, op. cit., p. 128.

dos grupos atraídos, e da maior ou menor interferência nos destinos da organização.

Os grupos se voltam às instituições quando divisam que os seus interesses podem ser afetados, estabelecendo os pontos em discordância, e as organizações se dirigem aos grupos, por meio do diálogo planejado e permanente, para criar e manter conceitos estáveis que balizem suas metas econômicas e comerciais.

Deve ficar claro que um grupo somente será considerado público se houver um programa deliberado de Relações Públicas projetando esse desígnio. Resulta que os funcionários de uma empresa, por exemplo, vão constituir o seu público interno quando for posta em prática uma programação de Relações Públicas dedicada a essa meta; sem isso, continuarão sendo um simples agrupamento amorfo, seguirão sendo somente funcionários. Adota-se procedimento idêntico com os demais grupos de interesse de qualquer instituição.

Dessa maneira, adota-se a classificação dos públicos em interno, misto e externo,[26] classes estas que ponderam o tipo de envolvimento presente no relacionamento a ser mantido com cada um deles. Não se trata, evidentemente, de uma simples distribuição física de grupos mais ou menos próximos da empresa, mas do enquadramento em uma ou outra categoria pelo seu grau de dependência em relação ao organismo promotor do relacionamento e na sua capacidade de causar impactos favoráveis ou desfavoráveis no destino dessa mesma instituição. Assim, os grupos são ajustados em categorias distintas de públicos.

---

26. ANDRADE, Cândido Teobaldo de Souza. *Dicionário profissional de relações públicas e comunicação e glossário de termos anglo-americanos*. 2. ed. São Paulo: Summus, 1996, p. 97-8.

Público interno

Agrupamento espontâneo, com ou sem contigüidade física, perfeitamente identificável, originário das pessoas e dos grupos ligados à empresa por relações funcionais oficializadas, que caracterizem um "empregador" e o "empregado". Mesmo que o contato cotidiano seja insignificante, todo e qualquer contratado será enquadrado como público interno.

Administração superior

Considerada "público interno especial" para o profissional de Relações Públicas sempre que forem necessários seu convencimento e a conquista para causas de interesse público.

Empregados

A aderência é, no início, predominantemente pecuniária e egoísta – a empresa precisa de mão-de-obra e os empregados de salários regulares e compatíveis com suas capacidades. São segmentados em:

- *funcionários fixos*: executivos de infra-estrutura (recursos humanos, finanças, administração, jurídico, informática etc.); grupos de escritório; quadros técnicos das diversas profissões e operacionais (qualificados e braçais); funcionários de filiais e/ou subsidiárias; vendedores; vendedores externos com vínculo empregatício; quadros de pessoal ligados ao transporte, pessoas que trabalham em suas residências; representantes em outros países – nas instituições de ensino, seu corpo docente e servidores administrativos;

- *funcionários fixos que prestam serviços em outras organizações*: nas mesmas categorias dos funcionários fixos, mas "colocados" no espaço físico de seus clientes – assessorias, consultorias e fornecedores de peças e componentes da indústria automotiva costumam usar esse tipo de trabalhadores;
- *funcionários com contrato de trabalho temporário*: nas mesmas categorias dos funcionários fixos, mas vinculados direta e temporariamente à organização;
- estagiários, *trainees* e bolsistas remunerados pela empresa.

Os funcionários já aposentados e os ex-empregados, bem como suas associações e seus clubes, embora não próximos, são igualmente lembrados pelas programações de relacionamento com o público interno da empresa.

Familiares e dependentes

Nessa mesma linha, os familiares e dependentes de todos os grupos aqui listados são acatados como público interno até mesmo por questões de sobrevivência: qualquer deliberação empresarial favorece ou abala direta e profundamente o seu modo de vida.

Funcionários terceirizados

Embora possam atuar no espaço físico da empresa, compõem o público interno do fornecedor contratado.

A terceirização acelera a rotatividade da mão-de-obra. "Um jovem que ingressa na força de trabalho em 2000, com a perspectiva de possíveis 50 anos de trabalho à sua frente, tem poucas expectativas e praticamente nenhuma possibilidade de trabalhar para a mesma empresa daqui a dez anos, e não pode contar com a perspectiva de uma ascensão tranqüila pela hierarquia de uma mesma empresa."[27]

Dado o grande número de empresas que delegam parcelas significativas de suas operações a empresas prestadoras de serviços, as quais assumem os relacionamentos em nome da contratante, é preciso haver, manifestamente, programas de Relações Públicas que diminuam eventuais lapsos funcionais e sociais percebidos pelos empregados de ambas as organizações. Os atos de Relações Públicas devem ser obrigatoriamente partilhados entre quem contrata e quem fornece a mão-de-obra.

Essa é uma questão delicada, pois o terceirizado "fala" em nome da organização e as pessoas não conseguem distingui-lo dos funcionários fixos. Qualquer informação incorreta ou falta de atenção será consignada como falha da empresa, o que pode comprometer o seu conceito público. Portanto, a principal preocupação com os terceirizados é o treinamento constante, especialmente sobre os valores e a cultura da instituição que os recruta, embora eles nunca venham a ser "público interno" da organização.

Público misto

Agrupamento oriundo do grupo-clientela, perfeitamente identificável, que tem, ao mesmo tempo, feições de público interno e de público externo. Resultados vantajosos ou

---

27. DRUCKER, Peter. E-ducação. *Exame*, São Paulo, v. 34, n. 12, p. 65, 14 jun. 2000.

desvantajosos das parcerias estabelecidas, embora isolados, podem criar novas oportunidades ou comprometer o seu desempenho.

Investidores

Tanto os individuais como os institucionais dependem de uma empresa específica como fonte de remuneração e lucro do capital investido, mas não somente dela – a organização singular é uma das preocupações de um acionista, que acompanha a lucratividade de outras empresas.

Parceiros de negócios, quando ocorrem permutas de qualquer espécie (tecnologia, mão-de-obra, matérias-primas, instalações, redes de distribuição etc.), são mutuamente favorecidos como uma categoria de investidores.

Bancos, estabelecimentos de crédito, grupos e agentes financeiros, se detiverem posições econômicas fortes na empresa, poderão render uma linha de investidores.

Provedores, doadores e contribuintes (institucionais e/ou individuais) de entidades assistenciais e beneficentes são tidos como público misto dessas instituições.

Fornecedores

Normalmente, os fornecedores prestam seus serviços a diversas empresas. São organizações que providenciam e/ou fornecem matérias-primas, máquinas, equipamentos, transporte, mão-de-obra, de serviços externos e/ou terceirizados, até quando trabalham no mesmo espaço físico da empresa contratante.

Pessoas físicas, como vendedores autônomos, transportadores sem vínculo empregatício, autônomos que trabalham em suas residências são fornecedores de produtos e serviços. Agências de propaganda, assessorias externas de Relações Públicas, consultores são fornecedores de serviços. São também fornecedores as concessionárias de serviços públicos (água, luz, telefone, internet).

Intermediários*

Organizações colocadas ao longo de um canal de distribuição indireta, delegada pelo fabricante que transfere algum controle sobre como e a quem os produtos são vendidos. Incluem o sistema de franquia, quando a integração determinará aos parceiros uma política de "ganha-ganha".

Assim como os fornecedores, servem como "ponte" entre várias empresas e, destacadamente, entre a empresa e os seus consumidores. Os tratos administrativo e econômico entre empresas e seus intermediários têm caminhado para a informatização total de procedimentos, e os sistemas implantados permitem dar respostas muito rápidas às demandas de mercado e de consumidores individuais.

---

* Os *intermediários* compreendem: agentes, atacadistas (geral, de linha, especializado, marketing direto, despachante, superatacado), casas-comissárias, comissários, concessionários, consignadores, consórcios, corretores, distribuidores, leiloeiros, representantes comerciais, revendedores e varejo.
O *varejo* divide-se em: bancas, bazares, feiras livres, hipermercados, magazines, mercados, *shopping centers*, supermercados e lojas.
As *lojas* apresentam-se como cadeia diversificada, cadeia especializada, departamentalizada em cadeia ou única, de descontos, de mostruário, de vendas pelos correios, de vendas eletrônicas e o pequeno comércio varejista.
O *pequeno comércio*, por sua vez, abriga açougues, bares, bodegas, confeitarias, empórios, farmácias, livrarias, mercearias, padarias, quiosques, quitandas, sapatarias, "vendas".

Além da informática, porém, ações de relacionamento devem acontecer para assegurar o alcance do objetivo de bem atender os públicos. Quanto mais a empresa conhecer, manter um relacionamento regular e instruir os intermediários "a respeito de sua organização e de seu setor, mais eles se lembrarão de sua marca. Mais falarão sobre ela aos seus clientes. E, conseqüentemente, mais venderão seus produtos".[28]

Cooperados

Grupos, sociedades ou empresas erigidas por membros de entidades econômicas ou sociais que cumprem, em benefício comum, atividades de caráter amplo ou restrito, como os filiados a federações e confederações sindicais e esportivas.

Reúnem-se em cooperativas de produtores, de consumo, de compra, de serviços, de beneficiamento, de financiamento. São assemelhados os lojistas de um *shopping center*.

Público externo

Agregado perfeitamente identificável proveniente dos grupos que têm expectativas em uma instituição, com o qual é estabelecida uma rede de relacionamentos dependente dos interesses mais ou menos prementes.

Comunidade

Aglomerado de pessoas que, vivendo numa região, tem essencialmente uma coesão consistente, baseada no consenso

---

28. PADUAN, Roberta. E aí, parceiro? *Exame*, São Paulo, v. 36, n. 11, p. 80-1, maio 2002.

espontâneo de seus integrantes, que é traduzida por atitudes de cooperação, em face de vantagens e ambições comuns.

São estabelecidas as *Relações Públicas Comunitárias*, uma aplicação da tecnologia de relacionamento com a finalidade de transformar a comunidade próxima num público favorável ao que importa à organização.

Grupos organizados

Sobressaem-se especialmente nas relações com a comunidade, e são divididos em grupos de ação ou de pressão, de lideranças comunitárias, de membros de comunidades, grupos sociais, religiosos, estudantis, culturais, minorias, organizações não-governamentais e, atualmente, têm grande relevo os formadores de opinião ambiental.

Originários de outros grupos de interesse (empregados, investidores, fornecedores, intermediários, educadores, imprensa em geral, legisladores, órgãos governamentais, ambientalistas e crianças), pelos papéis multifacetados que cada um deles ocupa na sociedade, podem formar um segmento do público externo dedicado à discussão de questões que afetam a comunidade da qual dependem para viver.

Sindicatos e entidades representativas

Estão nessa categoria as entidades industriais, empresariais, de negócios, de classe e profissionais patronais e trabalhistas (associações, federações, confederações, conselhos, ligas, ordens, sindicatos), de todas as categorias de relacionamento da organização, isto é, seus empregados, fornecedores, intermediários, investidores e empregados dos fornecedores, intermediários e investidores.

Celebridades

Na atualidade, artistas, intelectuais, desportistas e profissionais de várias áreas e de gêneros distintos, que desfrutam de notoriedade local, regional, nacional ou internacional, também são previstos como receptores de mensagens institucionais.

Empresas ligadas ao ramo da moda, do turismo, da hotelaria, de academias, de lazer, de cosméticos, mobiliário, automobilístico são exemplos de organizações que podem desfrutar desse tipo de relacionamento.

Escolas

Instituições, públicas e privadas, do ensino fundamental e médio, faculdades isoladas e universidades, instituições, organismos e centros de pesquisa, de tecnologia e de pós-graduação etc. A comunidade acadêmico-científica, direta ou indiretamente ligada aos objetivos da empresa, deve constar de suas preocupações de relacionamento.

Imprensa em geral

De massa (jornais, revistas, rádio e televisão, em âmbito local, estadual, nacional e global), alternativa e da mídia virtual das áreas de negócios e das publicações (livros de negócios e de material de referência) voltadas ao ramo.

Governo

Órgãos federais, estaduais e municipais da administração direta e indireta dos Poderes Executivo (autoridades), Legislativo (lideranças, membros, comissões e autores de projetos no Congresso, nas assembléias e nas câmaras municipais) e Judiciário (tribunais e fóruns), incluindo as forças armadas, órgãos oficiais de arrecadação e de fiscalização.

Outras empresas concessionárias de serviços públicos e agências reguladoras dos setores privatizados da economia nacional estão incluídas nessa categoria.

Concorrentes e competidores

Instituições que atuam competitivamente no mesmo segmento, almejando objetivos análogos.

Consumidores

De produtos tangíveis e de serviços, são decisivos à sobrevivência das organizações com finalidade de lucro.

Provenientes da massa, são também considerados consumidores: alunos ou ex-alunos de escolas ou universidades, pais de alunos, estudantes em perspectiva; sócios de clubes de lazer ou esportivos, de associações culturais, de um partido político, de um sindicato ou conselho profissional; fiéis de religiões e credos, e demais grupos afigurados que constituem, para a instituição considerada, o foco primordial das atividades por ela desenvolvidas.

Reunidos em associações ou outros tipos de organizações, merecem os cuidados da empresa promotora do relacionamento.

Países e grupos internacionais

Os poderes públicos, as autoridades políticas e empresariais são concebidos como público externo nas empresas globalizadas, sendo novamente divididos em interno, misto ou externo e competentemente segmentados.

Público em potencial

Proveniente da massa, o público em potencial é composto por aquelas pessoas ou grupos organizados que têm pouca ou nenhuma expectativa. Encontram-se adiante do público externo, a empresa não os conhece, e seus "componentes" mantêm um tipo de indiferença ou desconhecimento relativo à empresa.

Pessoas ou grupos organizados voltam-se à organização por motivos esporádicos, o nível de aproximação inicial é tênue, mas exigem bom atendimento para, daí, buscar um relacionamento pleno.

São exemplos de pessoas ou grupos que podem constituir o público em potencial: associações culturais, autoridades religiosas, bancos, bibliotecas, candidatos a vestibulares, clubes, consultores, consumidores em potencial, curiosos, entidades assistenciais e beneficentes, futuros empregados, organizações não-governamentais, partidos políticos, pessoas isoladas.

Catalogar os públicos, portanto, tem o seu valor, dado que "a complexa constelação das questões socioeconômicas está a aguardar a criação generalizada de públicos em lugar das sedentas massas consumidoras, para que eles possam discutir as controvérsias públicas, a fim de encontrar soluções que devam satisfazer a evidência que os legítimos públicos esperam e têm direito de esperar".[29]

Relevante para pôr em ordem os públicos é o fato da heterogeneidade dos seus componentes, tendo em vista que um mesmo cidadão pode estar perante diversas controvérsias, pertencendo a uma ou a outra tipologia de público.

---

29. ANDRADE, Cândido Teobaldo de Souza. Relações públicas na ótica econômica. *O Público*, São Paulo, junho 1989, p. 4.

OS *STAKEHOLDERS*

Os atuais grupos de relacionamento das organizações passaram a se comportar como se fossem os "novos proprietários" da empresa, os quais não compreendem somente os donos da companhia, investidores institucionais e individuais e credores, mas igualmente todos os indivíduos e grupos de interesse que exercem pressão sobre os procedimentos estratégicos das corporações e estão sujeitos a serem afetados de diferentes maneiras pelas decisões do comando das organizações.

No cenário delineado pelos "novos proprietários", os controladores do capital da empresa "são os primeiros a exigir a transparência da gestão, mas não são os únicos. Os clientes, a imprensa, a sociedade, as ONGs também passam a demandar informações claras. Mesmo que a empresa atenda os acionistas, a insatisfação dos demais públicos pode afugentar o capital, que possui muitas opções de destino. Por que arriscar-se num empreendimento que, mesmo lucrativo, poderá ser contestado pelos consumidores e pela sociedade?"[30]

Essas "partes interessadas" (*stakeholders*) nos destinos da organização questionam a legitimidade das empresas, que é conseguida somente quando as controvérsias públicas são administradas pelas Relações Públicas e as demandas apresentadas são atendidas.

Os *stakeholders** abrangem: empregados, empregados em potencial e ex-empregados, sindicatos, fornecedores, intermediários, poderes públicos, comunidade, ONGs, fábricas, es-

---

30. APSAN, Paulo. Verifique seu modelo. *Exame*, São Paulo, v. 34, n. 26, p. 27, dez. 2000.
* O termo *stakeholder* (parte interessada) é um trocadilho em língua inglesa com *stockholder* (acionista).

critérios e varejo da vizinhança, líderes comunitários, ecologistas e grupos de interesse ambiental, mídia de negócios, associações industriais, comerciais e profissionais, instituições educacionais, parceiros e concorrentes dos produtos e serviços da companhia.

Compete às Relações Públicas, como objeto de seu trabalho, a tarefa de formar os públicos das organizações para elevar o estado de entendimento entre uma instituição e os grupos sociais, estancando o desinteresse das pessoas em relação às contestações e às polêmicas. "O desencanto crescente com relação à empresa deixou algumas administrações intrigadas, mas convencidas de que a solução do problema seria 'explicar' a empresa para o público."[31]

OS "NOVOS PÚBLICOS"

Classificar os públicos e conhecer o seu comportamento requer um alto grau de competência, porque os públicos autênticos comporão a opinião pública, equilibrando o interesse privado com o interesse público, em mútua compreensão.

As mudanças de opinião são monitoradas por intermédio de pesquisas aguçadas ou "por meios secundários ou indiretos que detectam qualquer mudança de opinião. Antes de essas mudanças se tornarem óbvias, elas podem ser detectadas a partir de histórias, artigos em revistas nacionais e de opiniões em publicações especializadas".[32]

---

31. ANSOFF, H. Igor; DECLERCK, Roger P.; HAYES, Robert L. (Org.). *Do planejamento estratégico à administração estratégica.* São Paulo: Atlas, 1987, p. 53.
32. SIMON, op. cit., p. 45.

Fundamentam-se os relacionamentos estratégicos quando a empresa tem capacidade de adaptar suas políticas e seus desempenhos às tendências emergentes, adiantando novos julgamentos sobre a sua personalidade social. Nesse papel renovado, será sensível às necessidades e às aspirações das pessoas, estará ligada aos valores humanos e vigilante às exigências por um melhor equilíbrio entre o homem e a natureza.

Ao atentar que deve haver sinergia nos programas e nas ações de Relações Públicas com os objetivos da empresa, determinados fatores, já delineados e outros ainda sem contornos plenamente visíveis nos ambientes externos das organizações, vão influenciar profunda e constantemente a opinião pública e, por efeito, a administração das empresas.

Movimentações e comportamentos inéditos, advertem os administradores, decorrentes do conjunto de atitudes e reações dos indivíduos, começam a surgir, o que recomenda esforços para que os novos tempos não tragam resultados catastróficos às companhias.

Cabem, nesse caso, uma análise dinâmica de cenários, o planejamento de atividades, a execução de amplos programas de relacionamento público e a constante avaliação das impressões nos públicos em conseqüência das providências adotadas pelas organizações.

Demandas inéditas por produtos e serviços inéditos suscitam simpatias iniciais e, por conseqüência, interesses e opiniões que geram públicos distintos. Compete ao profissional de Relações Públicas observar esses movimentos sociais e econômicos e ver em cada um deles a possibilidade de emergir um "novo público", que poderá vir a interferir no alcance dos objetivos da organização.

Frisa-se que, quase como uma tendência, a velocidade das mudanças aumenta continuamente. Cada vez mais os clientes e empregadores dos profissionais de Relações Públicas "vão esperar que possamos prever eventos e tendências futuras, ao invés de apenas lhes informar o que aconteceu ontem, ou mesmo o que irá acontecer hoje. Por isso, nós teremos de ser cada vez mais percucientes e bem informados, para detectar as 'descontinuidades' – as quebras de rotinas, os prenúncios de mudanças – nos assuntos nacionais e internacionais".[33]

Os "novos públicos" materializam-se no Brasil quando são examinados os dados do censo do ano 2000. Dentre outros indicadores, houve aumento da renda média, o analfabetismo caiu, ampliou-se o número de domicílios atendidos por serviços básicos, aumentou a idade média da população, reduziu-se a taxa de crescimento demográfico, elevou-se o nível de escolaridade da população. O censo aponta que também aconteceu uma modernização nos costumes da sociedade brasileira, decorrente principalmente do acesso à educação, com melhorias significativas das oportunidades no mercado de trabalho, renda mais alta, maior poder de compra e mais acesso à informação.[34]

Está claro que esses indicadores do censo delineiam vastas possibilidades de ações de Relações Públicas para que as organizações acompanhem, com sucesso, essas transformações. Assim, são listados alguns eventos e algumas manifesta-

---

33. NOGUEIRA, Nemércio. Relações públicas no Brasil: onde estamos e aonde vamos. In: KUNSCH, Margarida Maria Kronling (Org.). *Obtendo resultados com relações públicas*. São Paulo: Pioneira, 1997, p. 147.
34. SOARES, Lucila. A nova cara do Brasil. *Veja*, São Paulo, v. 35, n. 19, p. 82-3, maio 2002.

ções cotidianas, tanto no Brasil como em outros países, que, não sendo prematuramente avaliados, podem vir a surpreender os executivos e moldar comportamentos diante da opinião pública.

Moradias

Um negócio que parecia promissor, para acolher famílias numerosas, acabou não se materializando. As pessoas alteram os hábitos "normais" da vida, adiam o nascimento de filhos e reduzem o seu número.

Por outro lado, uma grande parcela da classe média brasileira está migrando para os chamados "condomínios fechados". Detentores de faixas de renda privilegiadas, seus novos hábitos e costumes amoldam novos comportamentos conceituais que devem ser acompanhados. As empresas que têm funcionários vivendo em condomínios preocupam-se, pelo menos, com o transporte diário e com os eventuais impactos na produtividade dessas pessoas que se afastam dos grandes centros urbanos.

Gente que trabalha em casa

As moradias também estão sendo adaptadas para que sirvam de local de trabalho para parcelas significativas da população empregada pelas corporações. O teletrabalho implanta-se pelas facilidades proporcionadas pela informática, mas as experiências têm sofrido várias restrições, e a principal delas é que não há aumento da produtividade do funcionário isolado dos demais companheiros. Por si só, essa é uma questão típica de Relações Públicas, qual seja, o relacionamento com o público interno da organização.

Família transformada

Os grupos sociais primários tradicionais estão se transformando, e as incidências disso são identificadas especialmente nos países economicamente evoluídos:

- casamento tardio: a mulher prefere concretizar a carreira profissional e existem mais esposas assalariadas;
- diminuição dos casamentos formais: experiências conjugais prévias reduzem a possibilidade de erros e de complicações jurídicas posteriores;
- elevação da taxa de divórcios: a família é mantida como uma solução somente quando satisfaz inteiramente o casal – não havendo compatibilidade, o rompimento é simples e rápido, com poucas repercussões nos grupos próximos.

A sociedade cria uma vasta faixa de cidadãos mais conscientes de suas carreiras profissionais e novos modos de encarar a vida conjugal, o que, para as empresas, pode significar inúmeras pessoas buscando soluções para o novo estilo de vida. O conceito será positivo ou negativo conforme a resposta oferecida pela organização.

Grupos familiares distintos

A união civil tradicional recebe conformações adicionais ao modelo usual. Homens e mulheres, solteiros, divorciados, viúvos, procuram parceiros para ter possibilidade de constituir uma nova família ou para ter a chance de um recomeço; com essas características, são incluídas as uniões civis de pessoas do mesmo sexo.

A formação de grupos familiares distintos abriga uma série de oportunidades de relacionamentos e de negócios, facultando trocas de experiências pelas visões diferenciadas dos ambientes que os cercam.

Crianças e adolescentes

Como finalmente se compreendeu que elas influenciam os costumes e gastos de suas famílias, são compostos prestigiados nichos de mercado, especialmente nos ramos da informática e do entretenimento. Além da marca do chocolate, do refrigerante e do sorvete, as crianças decidem as compras de roupas e de calçados, determinando a marca ou a loja preferida. Influenciam sobremaneira o roteiro de férias e de programas de lazer das famílias.

Há, infelizmente, uma diminuição do período considerado "infância" e a antecipação da adolescência, situações favorecidas pela oferta de produtos indistintos no mercado de consumo de bens para essas faixas populacionais.

O tranqüilo "choque de gerações" agora professado encaminhará o futuro consumidor a absorver questões éticas e ambientais, além da valorização do indivíduo. Isso exigirá um aperfeiçoamento das rotinas praticadas pelas empresas, no seu intento de conquistar esses públicos.

Gente que mora sozinha

A opção pelo singular está consolidada – a meta da constituição de uma família, após atingir a maioridade, não está mais tão cristalizada. Concomitante a essa realidade, moradores solitários provêm também de casamentos desfeitos, que não pensam em estruturar uma nova união.

Terceira idade

Não se pode desconsiderar esse segmento populacional – desconhecê-lo significa perder chances de mercado e, igualmente, abandonar a construção de sólidos conceitos públicos das organizações voltadas a suprir as suas necessidades.

Preparo físico

Destacam os que se conservam em forma e os que querem readquirir uma performance abandonada. Aqui, as modificações são pródigas, estão em expansão e são grupos muito sensíveis: um conceito público positivo será efetivamente um aval às iniciativas das empresas que visam esses mercados.

Os "novos doentes"

Paulatinamente, a vida nas cidades acaba por gerar versões modernas de doenças antigas ou o aparecimento de quadros próprios dos aglomerados humanos. A obesidade infantil é um dos exemplos mais explícitos dessas questões.

A pesquisa aplicada norteia as realizações empresariais nesse campo, e produtos inéditos são colocados continuamente para tais consumidores e estão sob severo controle de órgãos oficiais – por esse motivo, impedir a ocorrência de fatos contraproducentes é de fundamental relevância.

Minorias

Alguns países estão percebendo que as suas "minorias", raciais ou não, estão crescendo em número e poder aquisitivo; se isso facilita a entrega de produtos e serviços oportunos a esses grupos, pode acarretar graves conseqüências, quando a tolerância deixa de orientar o comportamento das pessoas nas empresas, atraindo, então, dificuldades conceituais.

Urbanização das populações

Com a urbanização da população das zonas rurais, as exigências da cultura formal aprofundam-se. Despontam ocupações profissionais inovadas, como os médicos especializados e as pessoas que se dedicam a projetar, escrever e testar programas de computador apropriados aos agronegócios.

Nas regiões já urbanizadas, cientistas sociais encontram novos campos para a pesquisa, profissões tradicionais são alteradas, e aparecem serviços de saúde e serviços pessoais altamente sofisticados. Até mesmo as formas de lazer e de turismo tendem a ser um contraponto às facilidades da urbanização, com as pessoas optando por possibilidades mais desafiadoras ou exóticas. Como decorrência negativa, a banalização da violência prescreve a demanda por serviços de proteção individual e familiar.

Grupos de pressão

Os ativistas assinalam causas locais e específicas. Sempre haverá alguém interessado em saber as decorrências ambientais de um processo produtivo, por mais simples que seja, e que, aparentemente, passa despercebido até pelos funcionários da organização.

Grupos locais e comunitários e o aprimoramento da democracia representativa deixarão menos espaços para as empresas que desconsideram seus ambientes de tarefa e agem com impunidade.

Poder da imprensa

Com o acelerado movimento de urbanização das populações, as organizações em geral ficam mais expostas devido à existência de maior número de órgãos de imprensa nas megacidades que se formam. Jornais, revistas e emissoras de rádio e de televisão buscam também espaços e nichos para atuar, o que pode originar tanto o jornalismo investigativo, benéfico em termos de esclarecimento à opinião pública, quanto o jornalismo predatório, que pode destruir reputações pessoais e empresariais com muita facilidade e rapidez.

Relacionamento social

As pessoas estão transferindo o foco de suas idiossincrasias que, nos anos 60 e 70, se concentravam na autogratificação e auto-realização. Agora, surge uma "sociedade-do-nós", mais coletiva. Os indivíduos têm múltiplos interesses, o que permite um futuro brilhante para produtos e serviços de "relacionamento social", que aumentam a comunicação direta entre os seres humanos, como clubes de saúde, férias e jogos.

O conceito público apresentado será determinante para a permanência da organização no mercado, que precisa ganhar a confiança de seus consumidores e usuários, quando a "lealdade institucional", naturalmente desejada, é um bem patrimonial em declínio.[35]

Todas essas possibilidades, reunidas como passíveis de atenção pelas Relações Públicas, especialmente esta última,

---

35. Partes adaptadas de KOTLER, Philip. *Administração de marketing*: análise, planejamento, implementação e controle. 5. ed. São Paulo: Atlas, 1998. p. 143-60; e LINNEMAN, Robert E.; STANTO JR., John L. *Marketing de nichos*. São Paulo: Makron, 1993, p. 53-4.

demonstram que os relacionamentos entre as organizações e os seus grupos de interesse sofrerão sérios impactos. A visão de mundo de cada pessoa, anteriormente limitada ao seu meio social, tem mudado de maneira acelerada, exprimindo características distintas e, eventualmente, de difícil identificação; são pendências que erguem desafios à criatividade do homem de empresa.

Do mesmo modo, produtos tradicionais podem ser afetados pela influência dos ambientes que peculiarizam o comportamento dos consumidores. Os novos tempos são, precipuamente, de domínio das questões de relacionamento e de atendimento aos desejos e às necessidades de vários consumidores e usuários, havendo uma clara tendência para identificar e depurar microssegmentos.

A empresa que, por descuido ou negligência, não acompanhar cuidadosamente seus ambientes correrá o risco de não mais encontrar condições idênticas àquelas nas quais operava com sucesso. "A transformação da sociedade contemporânea se apresenta, principalmente, por intermédio das tendências de substituir a centralização pela descentralização, o rígido pelo flexível, o poder pela participação, o dogma pela controvérsia, a tradição pela experimentação, o padronizado pela criação, a ação individual pela atividade em equipe, a quantidade pela qualidade, a imagem pelo conceito, o formal pelo espontâneo, a complexidade pela racionalização, o trabalho penoso pelo trabalho satisfatório, o radicalismo pela tolerância, o conformismo pela reivindicação, e, em resumo, o egoísmo tacanho pelo egoísmo esclarecido."[36]

---

36. ANDRADE, Cândido Teobaldo de Souza. Relações públicas na sociedade em mudança. *Comunicarte*, Campinas, v. 2, n. 3, p. 23-8, primeiro semestre 1984.

As mudanças estão ocorrendo, e os esforços de relacionamento devem estar atentos às sutis e profundas alterações nos cenários costumeiramente observados. Portanto, a perfeita determinação dos grupos de interesse, identificados como possíveis públicos diante das controvérsias levantadas, sendo classificados no instante em que se voltam para a organização, inicia o trabalho de Relações Públicas em qualquer circunstância.

Com base na seriação dos públicos, dá-se continuidade à prescrição do processo de Relações Públicas com o conhecimento detalhado desses agrupamentos. Na próxima fase, de *apreciação do comportamento do público*, são discutidos os tipos de pesquisas à disposição do profissional de Relações Públicas. As pesquisas sustentam a tarefa de verificar os anseios dos públicos e de firmar um conceito positivo da organização que pretende ter uma posição consolidada no mercado de consumo.

4

APRECIAÇÃO DO COMPORTAMENTO DO PÚBLICO

Com os grupos determinados e identificados como públicos, na fase da *apreciação do comportamento do público*, "deve-se procurar conhecer as aspirações, atitudes e opiniões desses grupos, mediante constantes pesquisas e análises, para se saber o que pensam e esperam da instituição e para apreciar também os seus comportamentos em face das diretrizes e políticas traçadas pela organização".[1]

A empresa não pode prescindir do interesse de conhecer os problemas de todos os públicos e tentar ajudá-los. Os resultados das pesquisas fornecem esse sustentáculo estratégico ao processo de Relações Públicas, visto que permitem:

- "conhecer em que extensão os públicos estão informados a respeito da responsabilidade e limites das atividades de uma organização;
- saber como pensam e reagem os públicos ante as decisões tomadas pelas organizações;

---

1. ANDRADE, Cândido Teobaldo de Souza. *Para entender relações públicas*. 4. ed. São Paulo: Loyola, 1993, p. 90.

- prever qual será a atitude dos públicos em relação a ações que estão sendo planejadas pela organização;
- julgar o que os públicos pensam e esperam da organização;
- apreciar quais são as necessidades dos públicos e que medidas devem ser adotadas pela organização a fim de satisfazer essas necessidades;
- avaliar a atitude dos públicos frente a certos setores da organização;
- admitir e delimitar as 'áreas de ignorância' dos públicos sobre os problemas socioeconômicos;
- indagar se os públicos estão dispostos a pagar mais por melhores serviços e por melhores produtos de uma organização;"[2]
- "obter as impressões dos diferentes públicos aos programas implementados e outros atos da empresa que os afetam, corrigindo distorções e revendo posições junto à alta administração".[3]

Com os resultados de uma pesquisa obtêm-se informações para as programações de relacionamento e julgam-se os seus resultados para que haja adesão recíproca entre a empresa e os públicos. "O elemento ativador e organizador do processo é a informação, ou seja, a qualidade dos dados, com significado e utilidade para as partes, com a verdade e reduzindo a incerteza em face da necessidade de resposta a uma pergunta. A informação é a *matéria-prima* que produz 'a rea-

---

2. ANDRADE, C. T. S. *Para entender...*, op. cit., p. 94.
3. IANHEZ, João Alberto. Relações públicas como ferramenta de administração. *Mercado Global*, São Paulo, n. 93, primeiro trimestre 1994.

ção química' no sistema, levando à ação cooperativa entre as partes."[4]

Portanto, percebe-se que, em Relações Públicas, praticamente nada poderá ser feito sem os achados de uma pesquisa. "A informação contribui diretamente para a propagação de conhecimentos e, por conseguinte, para a formação dos indivíduos. Por isso se configura como uma *liberdade individual* que se concretiza no direito do homem a emitir, expressar e receber informações."[5]

FUNÇÃO DE PESQUISA

A segunda fase do processo de Relações Públicas confunde-se com o desdobramento da *função básica de pesquisa* e é executada mediante o emprego dos diversos tipos disponíveis ao profissional.

Não basta localizar os grupos de interesse do organismo empresarial; deve-se tentar estudá-los para que o processo a ser desenvolvido tenha consistência e congregue os esforços concretos para transformar os agrupamentos em autênticos públicos.

A função de pesquisa cumpre os seguintes objetivos:

- verificar o alcance dos objetivos da empresa perante os públicos;
- traçar o perfil dos públicos da organização;

---

4. SIMÕES, Roberto Porto. *Relações públicas e micropolítica*. São Paulo: Summus, 2001, p. 60.
5. XIFRA-HERAS, Jorge. *A informação*: análise de uma liberdade frustrada. Rio de Janeiro: Luz, 1974, p. 27.

- estabelecer uma base de dados para sustentar a decisão de programações;
- detectar modificações no ambiente interno e externo das organizações;
- fornecer diagnósticos administrativos à direção da organização;
- levantar determinado conhecimento solicitado pela cúpula da companhia.

Dos objetivos listados, "verificar o alcance dos objetivos da empresa junto aos públicos" é o mais disseminado. Isso pode indicar certo nível de especialização dos profissionais e também o fato de estarem marcadamente voltados para o uso dos instrumentos de comunicação, apenas acatando e não participando ou mesmo formulando questões estratégicas amplas que afetam as organizações.

Os demais objetivos, que se aproximam do processo estratégico, são menos destacados, especialmente quando se verifica que o ambiente externo não é observado detidamente, prejudicando as pretensões da função de planejamento de Relações Públicas.

As pesquisas em Relações Públicas são aproveitadas com finalidades particulares e específicas em todas as fases do processo de Relações Públicas, e estão classificadas em categorias distintas que atendem à necessidade técnica de embasamento das propostas de relacionamento.

TIPOS DE PESQUISAS

As Relações Públicas fazem uso de várias modalidades de levantamento de dados e de informações. Algumas das pesquisas aqui listadas são típicas dessa atividade profissional, outras foram assimiladas pelas suas características e contribuições para o embasamento das ações de relacionamento público. São divididas em três grupos apenas para facilitar a observação do tipo de aplicabilidade em Relações Públicas.

Pesquisas específicas

São aquelas que, pelos seus resultados, determinam as providências e ações a serem empreendidas durante a aplicação do processo de Relações Públicas.

Pesquisa institucional

Pesquisa aplicada internamente aos dirigentes da organização, levanta as competências internas da companhia para efetivar o *diagnóstico organizacional*, que é destinado à formulação de propostas estratégicas do trabalho de Relações Públicas.[6]

Ao angariar os dados provenientes das condutas administrativas, um dos intentos da pesquisa institucional nas organizações é comparar seus próprios desempenhos, por períodos fixados de tempo, para verificar eventuais afastamentos dos objetivos estabelecidos.

Consente, ainda, cotejar o desempenho de seus vários subsistemas ou das unidades de negócios (podendo ser realizada em cada uma delas), tentando descortinar com precisão os pontos problemáticos que prejudicam a estratégia global.

---

6. FORTES, Waldyr Gutierrez. *Pesquisa institucional*: diagnóstico organizacional para relações públicas. São Paulo: Loyola, 1990, p. 21 e 27.

Essa pesquisa possibilita levantar elementos *quantitativos e qualitativos*, servindo de apoio aos métodos administrativos, tanto para compreender as estruturas internas como para observar o ambiente externo. O somatório desses fatores suporta confrontar a organização com outras empresas do mesmo setor ou de setores concorrentes, determinando, então, se a companhia está realmente crescendo ou simplesmente cumprindo suas proposições iniciais.

Constrói-se uma sólida base de dados dedicada ao assessoramento e à tomada de decisões, resultando concomitantemente num padrão de análise e roteiro de sugestões coerentes à prática de Relações Públicas.

Pesquisa de motivação

Emprega testes psicológicos em um grupo pequeno de pessoas. Em Relações Públicas, é uma pesquisa qualitativa instaurada quando for relevante discernir atitudes, intenções, motivos e hábitos especialmente do público interno.

As motivações estão sempre presentes e admiti-las é fundamental para que se chegue ao escopo do relacionamento pretendido. Essa pesquisa depreende as motivações que levam uma pessoa a agir de maneira peculiar por efeito de certos acontecimentos, a expressar opiniões específicas ou aderir a uma reformulação da empresa, ocasionando uma instância profunda de ajuste com o grupo de funcionários.

Os comportamentos individuais, embora não divisados plenamente, influenciam os programas de Relações Públicas, conquanto se considere que o sucesso dessa atividade está sujeito ao conjunto de cidadãos conscientes de seus atos e com liberdade de reflexão ilimitada.

Pesquisa do clima organizacional

Incrementada no público interno para averiguar: a percepção que os grupos de empregados têm sobre as políticas praticadas pela empresa; o grau de confiança nas informações sobre os números e planos da companhia; e o nível de reconhecimento da liderança dos dirigentes da empresa. "Em geral é uma série de entrevistas, a fim de determinar a cultura e os valores da organização em relação à comunicação. Também é usada para identificar os efeitos de personalidades individuais e definir o conteúdo de cargos e funções."[7]

As informações colhidas por esse levantamento garantem uma verdadeira diagnose do ambiente de trabalho e, a partir dela, a empresa enfrenta os conflitos detectados corrigindo as questões contraproducentes. Caso não o faça, corre o risco de perder credibilidade e frustrar os servidores que seguramente criam expectativas de mudanças ao responder às perguntas.

Conhecida, ainda, como *pesquisa de satisfação*, os cuidados com essa espécie de inquérito prendem-se ao uso correto e adequado da linguagem, ao nível intelectual dos pesquisados, ao absoluto anonimato assegurado aos empregados e à abordagem franca e ampla de todos os aspectos positivos e negativos que podem exibir.

Os números e os pareceres normalmente demonstram que graves divergências internas, em qualquer organização, originam-se da falta de canais competentes de comunicação entre a diretoria e os seus funcionários, para que as informações geradas quanto às políticas de salários, aos planos de be-

---

7. CORRADO, Frank M. *A força da comunicação*. São Paulo: Makron, 1994, p. 229.

nefícios, sejam percebidas e acatadas sem restrições pelos interessados. Por exemplo: quando a companhia distribui bônus ou participação acionária aos empregados, isso desperta um sentimento de que fazem parte do negócio?

As empresas precisam verificar se há uma ligação consciente por parte dos funcionários sobre as vantagens oferecidas e o desempenho de cada um deles. Feito isso, evita-se o surgimento de rumores e incompreensões que dificultam a formação do público interno das organizações.

Pesquisa etnográfica

Desenvolvida inicialmente por antropólogos, estuda e descreve um ou vários aspectos sociais ou culturais de um povo ou grupo social. É uma pesquisa de campo pela qual "o observador está em relação face a face com os observados, e, em participando com eles em seu ambiente natural de vida, coleta dados. Logo, o observador é parte do contexto que está sendo observado, no qual ele, ao mesmo tempo, modifica e é modificado por esse contexto".[8]

Aplicada para fins de relacionamento com os públicos, a organização envia pesquisadores aos lares, aos locais de trabalho ou aos espaços de lazer de algumas pessoas componentes de segmentos dos públicos para que sejam anotados todos os seus comportamentos, hábitos, as rotinas e os modos de vida dos observados. Podem-se, por exemplo, verificar os meios pelos quais empregados ou consumidores recebem in-

---

8. MARTINS, Gilberto de Andrade. Metodologias convencionais e não-convencionais e a pesquisa em administração. *Caderno de Pesquisa em Administração*, São Paulo, v. 0, n. 0, segundo semestre 1994.

formações e observar quais são suas reações diante de cada conteúdo informativo recebido.

Com isso, a pesquisa etnográfica supera as entrevistas e os questionários porque, monitorando continuamente os observados, as "respostas" obtidas terão mais qualidade, não passarão pela autocrítica do pesquisado nem sofrerão construções intelectuais que normalmente procuram melhorar a opinião a ser dada ao entrevistador.

Pesquisa participante e pesquisa-ação

Realizada com vários públicos, nessa pesquisa abandona-se o esquema de transmissor e receptor, pelo qual a informação é depositada e acolhida mecanicamente. Em comunicação recíproca com o "pesquisado", as demandas são *problematizadas*, e delimitam-se as pendências internas apresentadas, os pontos de vista e objetos de estudo. Surgem o dimensionamento das dissonâncias e o encaminhamento de soluções, privilegiando, em resumo, o diálogo e os ganhos que dele advêm.[9]

Objetiva alcançar um novo caráter das Relações Públicas: fazer *com os públicos* e não *para os públicos*, como é usual nas organizações empresariais.

Difundida nas empresas, a pesquisa-ação acarreta resistências por parte daqueles que afirmam não ser possível o seu emprego. Recorrer à "participação" teria o intuito de buscar o incremento da produtividade sem que as estruturas de poder existentes sofram modificações.

---

9. THIOLLENT, Michael. *Metodologia da pesquisa-ação*. São Paulo: Cortez, 1986, p. 15 e ss.

A resposta a tal impasse reside na efetiva manifestação de todos os componentes da empresa para que, pelo consenso, manipulações fortuitas sejam impedidas. Paralelamente à disseminação de conhecimentos e habilidades estimula-se a ação conjugada do grupo abrangido.

Pesquisa de opinião

A pesquisa de opinião, empreendida com grupos de interesse da organização, é a principal técnica de coleta de dados para orientar o processo de Relações Públicas, fornecendo-lhe um complexo mensurável de informações. Utiliza o método científico, prevendo a definição do problema, o planejamento da pesquisa, a execução (coleta dos dados, processamento, análise e interpretação) e a comunicação dos resultados.

Os resultados das pesquisas de opinião ajuízam o nível da informação recebida dos públicos de uma organização, as suas reações diante das medidas por ela adotadas e a hierarquia dos desejos e anseios das pessoas relativos à empresa ou a algum setor específico.

Do mesmo modo, investigar os públicos constitui uma preocupação de relacionamento, e a sua prática proporciona uma proeminente contribuição estratégica à companhia. Essa pesquisa examina a possibilidade de uma ação conjugada dos públicos resultantes das providências escolhidas em face dos conceitos obtidos, para que o processo de Relações Públicas contenha uma base de dados real e ponderável.

Pesquisa de atitude

Semelhante à pesquisa de opinião quanto ao método, pretende levantar quais atitudes seriam tomadas pelos investigados diante de questões específicas. Os resultados dessas pesquisas, especialmente aqueles advindos dos empregados, propiciam um esquema de verificações de uma gama de assuntos, desde o clima organizacional e a segurança nas atividades desenvolvidas, até a satisfação geral com o trabalho e com a administração geral da empresa.

Tal pesquisa estima, também, a consciência sobre as escalas e os critérios de remuneração e dos benefícios exercitados, os sistemas de comunicação implantados e o seu alcance a todos os níveis organizacionais – inquirindo quais as fontes preferidas de informação dos servidores, apurando a sua credibilidade, e se entendem estar suficientemente esclarecidos.[10]

Pesquisa de avaliação

Observa os mesmos procedimentos metodológicos da pesquisa de opinião, mas é realizada com os públicos após a execução das programações de Relações Públicas para avaliar os resultados obtidos e em que medida o conceito público da organização foi influenciado. Evidentemente, de nada adianta erigir projetos de relacionamento se não forem estabelecidas as formas de circunscrever sua eficiência e eficácia.

Julgar a efetividade das ações de Relações Públicas representa uma tarefa árdua, pela complexidade e intangibilidade de seus elementos, mas pode ser quantificada por intermédio de investigações e controles internos e de explorações de campo.

Enfim, o que se vai procurar é a sustentação do diálogo e os pressupostos que alimentarão o contato da empresa com

---

10. CORRADO, op. cit., p. 228.

os públicos. Esse tipo de pesquisa está intimamente ligado à sexta fase do processo de Relações Públicas, o *controle e a avaliação dos resultados*.

Pesquisa de mercado

Particularmente produzida pelos encarregados do Marketing das unidades produtivas, interessa às programações de relacionamento quando concebe os consumidores como públicos a serem conquistados. "A pesquisa de mercado é utilizada para identificar as preferências, hábitos e costumes, perfil socioeconômico, imagem de marca, intenções de compra e análise de participação de mercado, previsão de demanda e potencial de mercado, tendências de negócios e pesquisa de imagem corporativa."[11]

Enunciadas com igual rigor científico necessário às pesquisas de opinião pública, as conclusões de uma pesquisa de mercado vão dirigir os parâmetros de relacionamento com essa seção do público externo – os consumidores – que, nos dias de hoje, mostra-se fundamental ao bom êxito das empresas. As organizações empresariais já perceberam a sua importância e solicitam às Relações Públicas uma detida atenção a esse público.

Pesquisa legislativa

Acompanha, por meio de documentos oficiais, periódicos, publicações especializadas e pela internet, as leis e os decretos federais, estaduais e municipais, gerais e específicos,

---

11. SAMARA, Beatriz Santos; BARROS, José Carlos. *Pesquisa de marketing*: conceitos e metodologia. São Paulo: Makron Books, 1994, p. 17.

que podem afetar a empresa. Serve de suporte ao *lobby*, para direcionar o trabalho de relacionamento com os poderes públicos e orientar os membros da organização para tirar proveito ou defendê-la de novas legislações.

O estudo circunspecto do material legislativo é estratégico porque a intervenção governamental se faz, habitualmente, pelos movimentos de grupos organizados. A observação contínua e a sondagem dos reclamos populares facultam à empresa antecipar-se aos fatos.

Pesquisa de tendências sociais

Tipicamente norteada para conhecer o macroambiente operacional e de relacionamento da organização, procura determinar as inclinações políticas, econômicas e sociais presentes e futuras que, na sua totalidade, compõem o meio no qual a companhia atua. São contempladas as seguintes variáveis:

- *culturais*: índice de alfabetização, níveis de escolaridade, orientação educacional, tendências educacionais, veículos de comunicação, centros de pesquisas, universidades;
- *demográficas*: densidade populacional, mobilidade populacional, índices de natalidade, de mortalidade geral e infantil, taxa de crescimento demográfico-vegetativa, estrutura familiar, proporção populacional urbana/rural;
- *ecológicas*: índices de poluição sonora, atmosférica e nuclear, conservação das áreas verdes e dos recursos hídricos, ativismo de partidos verdes, conflitos com ecologistas, índices de consciência ecológica da população e conservação de energia;

- *legais*: legislação tributária, trabalhista, comercial e corporativa, filosofia legal, sistema de jurisprudência, velocidade processual;
- *macroeconômicas*: crescimento do PIB, balanço de pagamentos, reservas cambiais, balança comercial, taxa de inflação, volume da dívida externa, custo do serviço da dívida externa, taxa de juros internos, estabilidade monetária, mercado de capitais, filosofia fiscal, distribuição da renda nacional;
- *políticas*: partidos políticos, participação política dos sindicatos, instituições religiosas, forças armadas, entidades de classe, equivalência numérica entre empresas nacionais, multinacionais e estatais, estrutura dos Poderes Executivo, Legislativo e Judiciário;
- *sociais*: estilo de vida, estrutura socioeconômica, segmentos socioeconômicos, divergências entre os segmentos, sistemas de valores, estruturas de consumo, estrutura sindical, estrutura política e ideológica, características institucionais e ideológicas vigentes, grau de participação, grupos de pressão;
- *tecnológicas*: legislação para transferência de tecnologia e de proteção de patentes, capacidade de desenvolver tecnologia, ritmo das mudanças tecnológicas e da dinâmica do processo de obsolescência, investimentos em pesquisa e desenvolvimento, qualidade do ensino superior, existência de pesquisa universitária, maturidade e volatilidade tecnológica.[12]

---

12. RASMUSSEN, Uwe Waldemar. *Manual da metodologia do planejamento estratégico*. São Paulo: Aduaneiras, 1990. p. 78-81.

Essa pesquisa se destaca nos esforços estratégicos das organizações pela sua propriedade de distinguir e simular cenários ambientais prováveis. Requer análise metódica ancorada na criatividade, imaginação e intuição.

Tem início com o isolamento de uma perspectiva – um empreendimento inédito, por exemplo; adicionam-se informações existentes, coletadas em fontes tradicionais ou não usuais. Segue-se uma identificação analítica das variáveis, ponderadas em três níveis "priorizáveis" e relacionados de tendências: *dominantes* (sociais, macroeconômicas, políticas e tecnológicas), *inevitáveis* (culturais, demográficas, ecológicas) e *imprevisíveis* (legais, opinião pública), que podem vir a trazer certezas ou abalar os ânimos das empresas dependentes dos resultados de suas ações no mercado de consumo.

Grupos de focalização

São grupos de oito a 12 pessoas de um segmento de público que, por rodadas sucessivas de discussões, lideradas por um moderador, discutem assuntos específicos. Os participantes são selecionados para criar grupos homogêneos (por exemplo: pessoas com menos de 30 anos, de 31 a 44 anos, de 45 anos ou mais velhas). O líder do grupo não pode permitir que alguns dos indivíduos dominem a discussão.

O intercâmbio que se estabelece "estimula o pensamento e leva à expressão de opiniões e atitudes mais penetrantes do que aquelas que geralmente se obtêm com questionários e entrevistas".[13] Esses grupos são habitualmente usados no iní-

---

13. LESLY, Philip (Coord.). *Os fundamentos de relações públicas e da comunicação*. São Paulo: Pioneira, 1995, p. 93.

cio da elaboração do plano de trabalho de relacionamento, mas também podem ser consultados para um teste quanto a "afinar" uma mensagem aos públicos.

Auditoria de opinião

Constituída pelo levantamento das opiniões, de conceitos e de preconceitos emitidos por lideranças, formais e informais, dos diversos públicos presentes nas esferas de influência de uma organização, e que possam influenciar, direta ou indiretamente, uma organização, um produto, um projeto ou uma decisão.[14] Essas lideranças fornecem as dimensões públicas dos temas de interesse da instituição promotora da auditoria.

A representatividade e o poder de um líder no grupo são uma variável a ser considerada e, independentemente de uma resposta favorável ou desfavorável, um fator basilar no trabalho de relacionamento externo. Se alguém é um condutor, é lógico supor que suas opiniões derivam do senso comum do grupo, pois o guia representa um grupo, uma corrente. Portanto, conhecendo a opinião do comando, aproxima-se da opinião do quadro de liderados.

A auditoria de opinião pública é preferentemente reservada a segmentos dos públicos misto e externo e, pelo seu baixo custo relativo, quando se torna difícil realizar pesquisas vastas e dispendiosas; para o público interno, uma pesquisa de clima organizacional trará eventualmente melhores resultados.

Instrumento típico das Relações Públicas, a auditoria de opinião pública revela alguma disparidade entre a imagem e a

---

14. MESTIERI, Carlos Eduardo; MELO, Waltermir de. Auditoria de opinião. In: KUNSCH, Margarida Maria Krohling (Org.). *Obtendo resultados com relações públicas*. São Paulo: Pioneira, 1997, p. 21.

realidade da empresa, e "destina-se ao levantamento do perfil real da organização pública ou privada, do nível de conhecimento e aceitação de seus produtos e serviços, do grau de satisfação de seus públicos e ao levantamento de desempenho de gestões administrativas".[15]

São consultados, afora os formadores naturais de opinião, os não-tradicionais que, por obrigação profissional, mantêm contato sem intermediários com as pessoas que procuram seus serviços. A indicação de um produto ou um comentário específico pode ter maior valor do que qualquer informação veiculada pelos meios rotineiros de comunicação massiva.

Cumpre lembrar, ademais, o papel exercido pelas diferentes autoridades, que têm prestígio perante as pessoas; por exemplo, nas relações com a comunidade, ouvir mandatários municipais é imprescindível.

A metodologia prevê a seleção de um grupo de líderes das regiões geográficas de abrangência da organização. Assim, são entrevistados em profundidade, com o auxílio de uma pauta básica, as pessoas relacionadas aos poderes públicos e religiosos, às associações locais e aos clubes, à imprensa em geral, às companhias competidoras ou não, aos serviços públicos, aos fornecedores e distribuidores, bem como outras instâncias e indivíduos identificados com as atividades da empresa ou ao problema pesquisado.

As perguntas, abordando os vários ângulos passíveis de análise, são efetuadas informalmente, devendo o pesquisador promover as alterações que se impõem quanto ao aprofundamento de questões, mudando o enfoque, detendo-se na obje-

---

15. MESTIERI, C. E.; MELO, Waltermir de. Auditoria de opinião..., op. cit., p. 21.

tividade da matéria proposta e não se envolvendo solidariamente com as afirmativas do inquirido.

A periodicidade das auditorias é resolvida em termos dos cronogramas das programações de Relações Públicas, para mensurar o seu impacto perante os líderes e liderados na comunidade, e pela presença de condutas inovadas de relacionamento que precisam ser discutidas.

Os resultados obtidos são explorados qualitativamente e subsidiam a posterior edificação de pesquisas mais extensas. Entretanto, podem ser suficientes e completos, o que facilita a indicação das ações que deverão implementar as políticas de relacionamento da organização.

Pesquisas de apoio técnico

São aquelas que embasam, apóiam e fornecem contribuições às demais pesquisas e às ações a serem empreendidas durante a aplicação do processo de Relações Públicas.

Pesquisa de mídia

Desenvolvida para identificar a eficácia dos veículos de relacionamento público, mediante o levantamento dos grupos de interesse da empresa e a melhor forma de alcançá-los.

Pode ser adquirida de um serviço específico que fornece estimativas sobre o tamanho e a composição do público-alvo e os dispêndios com os veículos, conforme algumas aferições:

- *"circulação*: o número de unidades físicas através das quais a mensagem é divulgada;
- *audiência*: o número de pessoas que está exposto ao veículo – se o veículo possui mais de um leitor por

exemplar, então a audiência será maior do que a de circulação;
- *audiência efetiva*: o número de pessoas que apresentam as características visadas como alvo e que está exposto ao veículo;
- *audiência efetiva exposta à mensagem*: o número de pessoas que apresentam as características visadas como alvo e que viram o anúncio".[16]

Quando possível, os grupos estabelecidos e localizados são contatados pelos veículos próprios das Relações Públicas e, com isso, os gastos com a divulgação tendem a ser substancialmente reduzidos.

Pesquisa do índice de entendimento

Quase um complemento da pesquisa de mídia, procura formar idéias sobre a percepção dos públicos quanto aos conteúdos presentes nas mensagens que serão veiculadas.

Pesquisa característica das Relações Públicas é empregada sempre que a organização for editar materiais impressos para os públicos e precisar minimizar o risco da perda do capital a ser despendido num veículo que, simplesmente, não seria lido nem compreendido. Pode, é lógico, ser estendida para suportes diversificados, especialmente aos audiovisuais e virtuais.

Realizada em uma amostragem do grupo a ser informado, afere a atratividade do material, se é bem decodificado, o grau de emoção decorrente da leitura e fidelidade na interpre-

---

16. KOTLER, Philip. *Administração de marketing*: análise, planejamento, implementação e controle. 5. ed. São Paulo: Atlas, 1998, p. 570.

tação da mensagem transmitida, garantindo a assimilação da imagem visual e do texto impresso. Durante a confecção do material ou quando é terminado, o entrevistado vê e/ou ouve os recursos e, posteriormente, é aquilatado o índice de lembrança e entendimento.

Essa pesquisa, como uma ferramenta, tem dois objetivos: asseverar a compreensão e evitar desperdícios de investimentos.

Pesquisa de hemerografia e clipping

Vale-se de textos noticiosos que sejam contíguos às atividades da organização, com a finalidade de atualizar os dados disponíveis dos públicos. Empreendida pela leitura diária de jornais e revistas gerais e técnicas, e das coleções de recortes destes mesmos periódicos. Por analogia, pode ser estendida ao trabalho de escutar, assistir e gravar programas de rádio e de televisão, e de seguir matérias editoriais na internet.

Após a reunião dos dados, elabora-se um documento analítico, no qual são destacadas situações que podem vir a comprometer a empresa. "O propósito deste trabalho especializado é economizar tempo e facilitar a compreensão dos centros de poder da organização quanto à conjuntura e às expectativas dos públicos e seus impactos na ação organizacional."[17]

É útil para o negócio, pois indica novas descobertas, novas vocações empresariais e experiências vividas por outras organizações, além de verificar as tendências e as parcelas de participação no mercado. A leitura de recortes dos periódicos

---

17. SIMÕES, Roberto Porto. *Relações públicas*: função política. 3. ed. São Paulo: Summus, 1995, p. 183.

permite acompanhar os editais dos órgãos governamentais e observar os movimentos da concorrência ou de instituições líderes do setor empresarial.

Pesquisa bibliográfica

Pela pesquisa bibliográfica levantam-se os relatórios de organizações congêneres, publicações feitas por empresas, pelo governo, por faculdades, universidades e fundações, estatísticas oficiais e obras técnicas e normas relativas às atividades e aos problemas da companhia. Essa pesquisa diminui despesas e tempo no momento em que encontra livros e periódicos que tratam do assunto pesquisado.

É utilizada para orientar iniciativas modernas de trabalho ou outras categorias de instruções que aparecem comumente em publicações especializadas, favorecendo uma colaboração concreta do público interno da empresa.

O especialista recolhe o material obtido e, se concluir pela sua utilidade, deve disseminá-lo na organização por meio da tecnologia de Relações Públicas.

Pesquisa virtual

Abrange todas as simulações feitas com a ajuda da informática. Alguns programas específicos povoam os computadores com "pessoas virtuais", ou agentes, deixadas livres para interagirem mutuamente. Baseando-se em fatores aleatórios do comportamento de consumidores reais, aferidos pelas informações recolhidas por empresas de pesquisa, as pessoas virtuais são geradas em *softwares* especialmente desenvolvidos para isso, a partir de códigos construídos de acordo com a idade, a renda, o domicílio, o sexo e os hábitos de consumo.

Confrontam-se os agentes com dados dos bens a serem comercializados. São inoculados parâmetros iniciais, como ter mais ou menos dinheiro para renovar as compras, os esforços promocionais, a divulgação testemunhal; após algumas horas de trabalho, o computador deduz se o item será um sucesso ou um retumbante fracasso. Esses programas sobrepujam as antigas planilhas eletrônicas que não tiram conclusões se ancoradas em aspectos imponderáveis, como as atitudes e reações humanas.

Outros programas ajudam a simular: engarrafamentos de trânsito; as conseqüências do eventual colapso de todos os computadores de uma empresa; as repercussões de políticas de governo e as conseqüências sociais caso não sejam implantadas; as condutas aquisitivas de faixas populacionais distintas.

Uma companhia pode usar a pesquisa virtual para definir se conseguirá vantagens competitivas investindo fortemente capital no treinamento de seus servidores. Nesse caso, os programas fazem uso de funcionários e chefias imaginárias, determinam regras e normas de funcionamento do ambiente virtual, escrutinam os custos e os benefícios do treinamento e o perigo de bons empregados serem atraídos por outras organizações.

Nessas simulações, o pesquisador assume o papel de "agente" e, por intermédio de comandos apropriados, faz investimentos financeiros, contrata e demite empregados, fortalece o moral dos indivíduos com promoções na carreira e, até, relaciona-se com a vizinhança da organização.[18]

Para as Relações Públicas, esses procedimentos permitem delinear perfis de públicos, no instante em que se transportam

---

18. KOSELKA, Rita. Os testes do futuro. *Exame Informática*, São Paulo, n. 137, p. 140-8, ago. 1997.

as informações disponíveis para computadores dando "vida" aos grupos virtuais. O processamento definitivo vai indicar a existência de conceitos, e se estes são positivos ou negativos.

Outras fontes de informações

Além das pesquisas mais complexas, existem formas simples para exercer a segunda fase do processo de Relações Públicas. Geralmente são técnicas singelas, não observam métodos científicos de apuração de dados e os resultados servem de embasamento para investigações posteriores mais apuradas.

Análise de arquivos

As cartas, os materiais impressos, a transcrição de conversas telefônicas e os e-mails recebidos podem delimitar o conhecimento da organização por parte de seus públicos, tendo em vista que estes procuram uma instituição para "solicitar, informar-se ou informar, reivindicar, reclamar e queixar-se, sugerir, pagar, receber, comprar, vender, permutar, acordar, visitar, convidar, doar".[19]

Decompor esses arquivos revela os fatos que são, normalmente, comunicados à empresa, os serviços requisitados, as rotinas de cobrança mal administradas, as reações às atitudes e às observações ulteriores. Estimulam-se esses contatos pela divulgação na imprensa de endereços para envio de correspondências ou mediante a disponibilidade de linhas telefônicas gratuitas, do tipo 0800. Ao final, estipulam-se as "áreas

---

19. ANDRADE, Cândido Teobaldo de Souza. *Curso de relações públicas*: relações com os diferentes públicos. 5. ed. São Paulo: Atlas, 1994, p. 57.

de ignorância" freqüentemente detectadas e adotam-se medidas para superar essas dificuldades.

Quando as análises desses arquivos voltam-se para os estudos de *sugestões, reclamações e queixas* permitem, pelo menos, "tomar o pulso" do dia-a-dia da organização.

Registros públicos

Cartórios e órgãos governamentais diversos guardam informações relevantes sobre o ciclo vital das pessoas. Pesquisa documentária pela qual se coletam dados sobre "nascimentos, mortes, casamentos, transferências de imóveis, licença para construir, acidentes, doenças, licenciamento de veículos e outros registros arquivados pelo governo".[20]

Conversas informais

Entabuladas com diversos indivíduos – clientes e, em especial, com os coletores e formadores de opinião, incluindo professores, advogados, bibliotecários, jornalistas, pesquisadores, editores de jornais e revistas, dirigentes de associações e sindicatos, funcionários dos três poderes da República e técnicos e especialistas em geral –, proporcionam uma visão consistente do conceito da organização pesquisada, autorizando uma resposta imediata às críticas e às interpretações errôneas.

Comitês consultivos

São grupos que acompanham e analisam as tendências sociais, recolhendo indícios de interesse para a organização. A empre-

---

20. CANFIELD, Bertrand R. *Relações públicas*: princípios, casos e problemas. 4. ed. São Paulo: Pioneira, 1987, p. 505.

sa solicita "a um grupo de pessoas especialmente experientes para que 'fiquem de olho' em assuntos de interesse para a organização e que ofereçam comentários e sugestões. Podem ser solicitados a dar contribuições e visões sobre assuntos específicos, assuntos públicos ou ações que estão sendo propostas".[21]

Enquetes

Levantamentos simples que fazem uso do telefone e da internet. As pessoas fazem comentários ou "votam" em propostas apresentadas, dentro de temáticas variadas colocadas à sua disposição. Cabe ao profissional de Relações Públicas monitorar as abordagens e os vários depoimentos, acionando programas de informações quando dados incorretos são levados à consideração dos internautas.

Desse modo, quando são identificados os públicos e conhecidas suas aspirações e necessidades, encerra-se o *primeiro momento* do processo de Relações Públicas, que abriga as fases de *determinação dos grupos e sua identificação como público* e de *apreciação do comportamento do público*, demarcadas pelo emprego da função básica de pesquisa.

No *segundo momento* serão pormenorizadas as condições internas, pela terceira fase do processo, *levantamento das condições internas*, para que os resultados colhidos nessas averiguações tenham reflexos intra-organizacionais, e as empresas estejam preparadas para bem atender os seus públicos.

---

21. LESLY, op. cit., p. 93.

5

LEVANTAMENTO DAS CONDIÇÕES INTERNAS

O segundo momento da aplicação do processo de Relações Públicas começa com a fase do *levantamento das condições internas*, quando o profissional averigua as "normas e métodos de trabalho usados pela organização, estudando-se também a estrutura, relações entre os empregados, instalações, material, localização, enfim, tudo que possa permitir a identificação da área ou áreas desajustadas".[1]

Mesmo diante das pressões decorrentes do processo de globalização, várias empresas persistem em conservar as estruturas organizacionais inalteradas. Suas políticas de relacionamento com os seus empregados procuram somente perpetuar o que está estabelecido, conservam instalações que não respeitam as características humanas daqueles que nelas executam suas funções e manipulam os materiais necessários às suas atribuições. Diante disso, e com o passar do tempo, não

---

1. ANDRADE, Cândido Teobaldo de Souza. *Para entender relações públicas*. 4. ed. São Paulo: Loyola, 1993, p. 90.

percebem que estão em crise, por terem mantido posições inaceitáveis perante a opinião dos públicos.

Para vencer a acomodação existente e procurar superar o que está obsoleto, prescreve-se a *pesquisa institucional* que prevê, ante a apreciação do comportamento dos públicos, a compilação de dados básicos da organização.[2]

Inicialmente, essa pesquisa determina qual é a finalidade da empresa, bem como as razões de sua criação e de seu funcionamento, pela investigação da arquitetura diretiva, da missão e da cultura organizacionais. Segue reconhecendo a natureza e a espécie das atividades principais e acessórias da instituição, compreendendo o recenseamento de seu setor de atuação, os produtos e serviços oferecidos, os preços praticados, os pontos de comercialização e a sistemática promocional adotada.

Busca, como um fundamento, conhecer os quadros da empresa e certificar-se do relacionamento formal que os funcionários têm com a organização, como política de pessoal, descrição e análise de cargos e funções, recrutamento e seleção, treinamento, salários, benefícios e avaliação de desempenho.

Após traçar o perfil dos grupos de funcionários – que poderão ser transformados no público interno –, examina quais são os processos de trabalho e o aparelhamento da organização disponível aos seus colaboradores, extraindo as questões ligadas aos métodos administrativos, à administração da produção e à qualidade do que é exibido aos consumidores.

A pesquisa institucional vistoria prédios e instalações da empresa e suas condições para executar as funções adminis-

---

2. FORTES, Waldyr Gutierrez. *Pesquisa institucional*: diagnóstico organizacional para relações públicas. São Paulo: Loyola, 1990, p. 21.

trativas e operacionais, respondendo às perguntas sobre o acesso e o transporte utilizado por funcionários e pelo público em geral, instalações, locais e postos de trabalho.

Por último, vai calcular, sob a óptica estratégica, a época e o tempo de duração dos serviços, e estimar se foram fixados conforme o interesse dos públicos, segundo as particularidades do *planejamento estratégico* da empresa: seus sistemas de informação, o estabelecimento de objetivos e o cumprimento de metas, tencionando o ambiente externo, os estudos do mercado e do comportamento dos usuários.

As averiguações de Relações Públicas partem do princípio da autocomparação da empresa. "Podemos dividir uma companhia em pequenas unidades, de modo que cada unidade esteja dentro da capacidade humana para entender e supervisionar; mas as partes ainda são apenas partes. Elas devem trabalhar juntas para a organização inteira funcionar de forma apropriada."[3]

Preparado para divisar as variáveis em conjunto e olhar a companhia com visão multiangular e multifacetada, o especialista de Relações Públicas leva à direção as pequenas e grandes falhas encontradas na compleição interna, e as lacunas de relacionamento com os grupos que, embora possam ter outros interesses, devem ser considerados, porque influem na vida institucional.

São indicados exatamente os caminhos mais curtos e os meios eficazes para sanar essas omissões, corrigir posicionamentos e evitar atitudes e transações capazes de prejudicar o conceito público da empresa, na ocasião em que as forças,

---

3. CERTO, Samuel C.; PETER, J. Paul. *Administração estratégica*: planejamento e implantação da estratégia. São Paulo: Makron, 1993, p. 123.

competências e disponibilidades congregadas de uma organização voltam-se ao enfrentamento sistemático do exterior.

A pesquisa institucional é também o instrumento adequado, de maneira complementar, para os aspectos quantitativos ao reunir dados que, isoladamente, poderiam não retratar a realidade, dificultando a tomada de decisões.

CRÍTICA INSTITUCIONAL

Os resultados de uma pesquisa institucional encaminham o profissional de Relações Públicas a um expediente de *crítica institucional*, pelo qual são julgados os pontos fortes e fracos internos e as oportunidades e ameaças externas, que sustentam ou comprometem as intenções estratégicas e operacionais da organização.

Verifica-se comumente que procedimentos mais simples, presentes em muitas instituições, são substituídos por uma administração técnica e atenta aos seus ambientes de tarefa, por causa da complexidade atual dos mercados. A continuidade do organismo empresarial estará asseverada somente àquelas prevenidas para assimilar o impacto das contingências, que nem sempre se mostram favoráveis.

Todos os itens levantados e consolidados acabam por aconselhar a existência de um equilíbrio entre a preocupação com a produção e com as pessoas, para que seja assentado um ambiente amistoso que é imprescindível ao exercício de relacionamento.

Ainda que o cuidado dos proprietários das empresas seja, naturalmente, produzir, vender e prestar serviços, devem-se estimular os valores da *cultura organizacional* e privilegiar a pessoa como "capital humano", o que resulta num ótimo padrão administrativo que acarreta o sucesso da companhia.

Coerentemente, a pesquisa institucional empreendida de acordo com as Relações Públicas ajuda a compreender as pessoas de uma empresa, não propiciando novos instrumentos de fiscalização. Vista como uma prescrição absolutamente necessária aos programas de relacionamento, a inspeção institucional enseja *uma análise voltada ao ser humano* que ocupa postos de trabalho na organização. "Portanto, é na análise de todo documento escrito, de toda palavra pronunciada que vamos encontrar o agir, o pensar, e o sentimento dos indivíduos nas organizações."[4]

A pesquisa institucional permite constatar que certos hábitos ou rotinas empresariais têm sua origem nos estudos iniciais dos processos administrativos de multiplicação da força de trabalho para produzir riquezas, quando o homem, como ente dominante, comprovou a virtude da ação grupal e do aproveitamento de ferramentas concebidas para auxiliá-lo na realização de tarefas.

A implantação das medidas recomendadas pela sondagem institucional prioriza um comportamento direcionado à globalização da economia. Os horizontes de planejamento são ampliados, o que ocasiona modificações no ambiente interno, refletidas na conduta dos empregados, independentemente do nível de subordinação de cada um deles.

As empresas, ao alargar os limites de suas atividades, estabelecem sistemas de controle que afetam imediatamente o

---

4. FREITAS, Sidinéia Gomes. Cultura organizacional e comunicação. In: KUNSCH, Margarida Maria Krohling (Org.). *Obtendo resultados com relações públicas*. São Paulo: Pioneira, 1997, p. 39.

seu funcionário, quando, na verdade, estariam precisando de empregados altamente encorajados. Uma administração aberta estimula o concurso da totalidade dos funcionários por meio de atos gerenciais humanizados. Aplica cooperativamente a mão-de-obra e o talento do quadro de pessoal, reduz as chefias intermediárias e elimina a rigidez da hierarquia e o poder de imposição dos dirigentes, cedendo lugar ao diálogo.

Ao demarcar qualquer método de crescimento, a companhia deve ponderar esses fatores, entendendo que a motivação para o trabalho evolui concomitantemente aos desafios colocados a todos os empregados na mecânica de desenvolvimento da organização. A participação dos trabalhadores na gestão empresarial, interpretada como uma vantagem competitiva, baseia-se em perspectivas de sucesso e nas possíveis repercussões para as pessoas, o que justifica a sua práxis nas organizações que pretendem aperfeiçoar a sua direção interna.

Assim, no momento em que são observados os interesses do público interno, sobrevêm avanços nas condições materiais e subjetivas dos empregados. Maior democracia no ambiente interno instiga melhores contribuições dos funcionários nas deliberações empresariais que, por sua vez, reduzem a alienação; o emprego competente dos recursos humanos, com o fito de atenuar conflitos, gera compromissos com a lucratividade e diminui efetivamente as pressões que alimentam descontentamentos.[5]

Quando a empresa concorre para solucionar os problemas sociais da comunidade, eleva o seu pessoal; e no instante em que a eficácia substitui a eficiência, pelo atendimento a

---

5. MENDONÇA, Luís Carvalheira de. *Participação na organização*: uma introdução aos seus fundamentos, conceitos e formas. São Paulo: Atlas, 1987, p. 31.

todos os personagens envolvidos no processo produtivo, existe uma representatividade equilibrada de interesses.

POLÍTICA DE RECURSOS HUMANOS

Acompanhando a linha de valorização do corpo funcional, os vários itens da pesquisa institucional aplicada pelas Relações Públicas conduzem a uma análise acurada da *política de recursos humanos* da organização. Tem por objetivo encetar relacionamentos socialmente responsáveis e estrategicamente relevantes ao sucesso econômico e social da empresa, política esta que origina e molda a missão da companhia, facilitando a sua implementação.

Ao assumir os cenários típicos de relacionamento institucional, os fatores que assinalam uma saudável política de pessoal de uma empresa harmonizam-se com os pressupostos da formação dos públicos. A coalizão de todos os componentes de um grupo em face de uma controvérsia, administrada mediante abundantes informações, compromissa socialmente a empresa com os seus empregados.

Por outro lado, se a apuração institucional dos dados indica o desrespeito contumaz aos funcionários da empresa, os prejuízos estruturais serão inevitáveis. "Em um ambiente corporativo baseado em safanões operacionais e em sopapos administrativos, forja-se uma força de trabalho servil, rancorosa, desunida. Em vez da crítica construtiva, tem-se a aquiescência medíocre. Em vez da contribuição efetiva, tem-se a retração pusilânime. Em lugar da atitude positiva, vêem-se desânimo e reações sorrateiras. Em lugar do enfrentamento dos problemas e da garimpagem de soluções, aparecem a procrastinação e a postura negativa do não-é-comigo."[6]

Portanto, o trabalho de relacionamento público é inadiável e plenamente aceitável. Ao motivar, concretiza as escalas de necessidades do indivíduo, identifica as aspirações do homem médio e imprime uma ótima situação de compreensão interna, razões essenciais ao êxito do processo de Relações Públicas que se pretende instalar.

Além disso, a premência de estimular a participação pode ser derivada de aspectos externos à organização. A nova geração que se apresenta ao mercado de trabalho experimenta a liberdade em seus lares e é coadjuvante na solvência de contratempos e da tomada de decisões familiares, nas escolas e no governo do país. Como não vivenciam a sua liberdade no ambiente profissional, esses indivíduos não estão dispostos a fazer sacrifícios pessoais pela estabilidade financeira, porque as recompensas pecuniárias, isoladamente, não os sensibilizam, o que pode vir a representar providências notáveis de relacionamento com o público interno.

Agrega-se a esse contexto uma sociedade afluente em termos materiais e culturais e com instituições decadentes, nas quais técnicas de produção arcaicas, ainda agora, ganham o espaço de muitas idéias inovadoras. Arranjos paliativos, como diminuir a jornada de trabalho, melhorar os salários ou outras compensações, não permitem uma resposta proveitosa aos anseios dos jovens aptos em ofícios distintos, que buscam a auto-realização e auto-estima, e não atividades que aniquilam a mente.

---

6. SILVA, Adriano. Fraternidade. *Exame*, São Paulo, v. 31, n. 5, p. 60, fev. 1998.

Observam-se facilmente a crescente alienação dos empregados, índices reduzidos de motivação, o tédio, a insatisfação generalizada pelo trabalho e condutas improducentes. Logo, ao reconhecer-se como válidos os argumentos em favor do progresso pessoal, faz-se premente o encaminhamento de soluções criativas que absorvam as exigências da atualidade. Por isso, é que são formuladas políticas para administrar *recursos humanos ativos*.[7]

O debate de questões integra o funcionário ao seu ambiente de tarefa e com as preocupações estratégicas da empresa, mantém os valores culturais concernentes aos objetivos superiores da organização e altera os que complicam o alcance desses mesmos objetivos.

Estilo e estratégias

Empresas de sucesso apresentam pontos em comum quanto ao tratamento conferido aos seus funcionários. Sabem perfeitamente o tipo de colaborador que deve preencher os seus quadros, destacam sobremaneira o recrutamento, pelas suas conseqüências de longo prazo. Não desprezam, antes priorizam, os valores e talentos internos, premiando o desempenho e medindo constantemente o grau de satisfação de seus servidores. Partem da aplicação de um dos benefícios decorrentes de um conceito de sucesso: recebem os melhores profissionais – e essas pessoas acarretam um maior sucesso.

---

7. FOY, Nancy; GADON, Herman. Participação dos trabalhadores: contrastes em três países. In: COLEÇÃO Harvard de Administração. São Paulo: Nova Cultural, 1987, v. 27, p. 74-5.

Para erigir uma política de pessoal orientada pelo serviço de Relações Públicas, que respeite as potencialidades latentes, prescrevem-se as estratégias e sugestões de programas de relacionamento.

Estratégia de remuneração

Estruturar uma política salarial para todos os níveis, que satisfaça as necessidades básicas dos empregados. A seguir, algumas sugestões de programas:

- demonstrar nitidamente a composição dos salários, incluindo os benefícios;
- dar existência a mecanismos de divisão dos lucros ou distribuição de ações da empresa;
- delinear formas de pagamento por desempenho;
- premiar por cumprimento de metas individuais e coletivas;
- enriquecer as funções e acertar os salários percebidos;
- programar incentivos de longo prazo, marcadamente aqueles que objetivam a superação das capacidades individuais.

Estratégia de participação

Preceituar meios para que a comunidade interna participe, direta ou indiretamente, das resoluções, sob a liderança de uma gerência comprometida com os resultados da organização. A seguir, algumas sugestões de programas:

- descentralizar o processo decisório;
- implantar a gestão participativa;

- incluir vários funcionários nos procedimentos táticos e operacionais da organização;
- coibir qualquer tipo de discriminação, principalmente a intelectual;
- insistir na parceria estável e integral dos servidores em grupos de trabalho voltados às melhorias internas, em particular nas relacionadas com a qualidade;
- fortalecer a percepção dos objetivos da empresa;
- especificar a cada empregado as possibilidades e a relevância de participação individual nos projetos desenvolvidos, e as conseqüências para os objetivos da companhia;
- fixar a doutrina interna de que o atendimento total ao cliente é responsabilidade de todos.

Estratégia de comunicação

Estabelecer canais efetivos de comunicação interna que assimilem e contemplem nas mensagens emitidas a íntegra dos estilos e padrões de comportamento. A seguir, algumas sugestões de programas:

- enfatizar a transparência e a comunicação freqüente entre a diretoria e o chão de fábrica;
- atribuir qualidade às informações gerenciais, abolindo relatórios detalhistas e inúteis;
- normatizar os meios de comunicação para conduzir os seguintes informes aos funcionários:
  - história da empresa;
  - relação dos produtos e serviços da companhia, suas utilidades e seus empregos, presença no mercado, vantagens competitivas, concorrência etc.;

- conjunto das políticas levadas a efeito pela organização, dando vulto às que afetam diretamente o corpo operativo;
- expectativa da empresa sobre o desempenho individual e coletivo dos empregados para acolher as necessidades dos públicos e sua contribuição à receita final da empresa;
- perspectivas do ramo da indústria e do ambiente externo, com informações a respeito do que facilita ou traz dificuldades à companhia.
• orientar as chefias imediatas para informar e explicar o que acontece na empresa aos empregados;
• inserir sistemas de comunicação sigilosa, como caixas de sugestões e pesquisas internas consistentes;
• incluir nos meios indiretos de comunicação com os funcionários (jornais, vídeos, folhetos) o debate de temas polêmicos e considerados tabus na empresa;
• acentuar a comunicação oral para entabular conversas, negociações, entendimento;
• avaliar continuamente a penetração dos veículos de comunicação dirigida utilizados no relacionamento com os empregados;
• polir a cultura organizacional "afinando" o grau de qualidade de participação de todos nas discussões que se instalam;
• promover eventos excepcionais internos pertinentes às comemorações de aniversários e de datas das categorias profissionais;
• gerar uma comunicação visual adaptada aos ambientes, sobressaindo o estudo das cores.

Estratégia de qualificação

Configurar programas internos de capacitação plena da mão-de-obra, para o refinamento da cultura organizacional. A seguir, algumas sugestões de programas:

- sondar a disposição dos empregados em investir suas forças para o aumento da produtividade;
- introduzir o treinamento voltado a incrementar a qualidade, sem o qual a companhia perde praticamente as chances de competitividade diante do mercado de consumo;
- pesquisar cuidadosamente as causas de acidentes de trabalho e adotar medidas para resolvê-los, elevando, então, os patamares de segurança;
- apoiar a escolarização regular dos empregados;
- oferecer material didático ao aperfeiçoamento pessoal e funcional;
- facilitar a presença de funcionários em treinamentos externos à empresa;
- instituir a obrigatoriedade do retorno das informações recebidas em cursos;
- transmitir aos empregados conteúdos relativos à ecologia, para que a filosofia conservacionista seja assimilada por todos.

Estratégia de valorização

Aprimorar os procedimentos da gestão interna, fazendo-os sensíveis aos postulados e às competências da organização. A seguir, algumas sugestões de programas:

- suprimir as grandes distâncias comprovadas nos organogramas;
- aferir periodicamente as descrições de cargos existentes;
- aquilatar a validade dos trâmites de recrutamento e seleção praticados;
- dinamizar os passos da recepção e do acolhimento ordinariamente empreendidos pela companhia, encarando a mutabilidade dos ambientes;
- precisar as hipóteses de ascensão na hierarquia, em especial quanto às aptidões que deverão ser exibidas;
- alcançar um instrumental de avaliação, pelo qual todos tenham seu desempenho estimado, tanto pelo superior e pelos colegas como pelos subordinados;
- examinar as repercussões dos programas de incentivos, mormente aquelas referentes à qualidade dos trabalhos realizados;
- confrontar as respostas aos benefícios e aos serviços sociais aplicados pela empresa e os ganhos de motivação;
- zelar pela saúde dos funcionários, incentivando metas de redução de peso, da pressão arterial e do colesterol, e eliminação do hábito de fumar e beber;
- flexibilizar as jornadas de trabalho, ajustando-as às necessidades pessoais dos servidores;
- investigar a natureza e a necessidade das atividades principais e acessórias da empresa, dos cargos e das funções existentes, observando a sua adequação à missão da companhia e às características do ambiente externo;
- inovar os processos administrativos e de produção da empresa;

- ativar ou arraigar a cultura de trabalho em grupo;
- entrosar perfeitamente os vários escalões pelo conhecimento da pessoa que ocupa um cargo.

Estratégia de renovação do clima organizacional

Harmonizar os interesses recíprocos da empresa e dos empregados, por intermédio de medidas concretas de ajustamento. A seguir, algumas sugestões de programas:

- eliminar os fatores de estresse prejudiciais ao relacionamento entre chefias e subordinados e ao cumprimento de atribuições;
- extinguir o uso de uniformes que desigualam e separam os níveis da hierarquia;
- liberalizar o aparecimento de pequenos grupos de integração durante as paradas e os intervalos;
- cancelar os esquemas de punições severas por transgressões irrelevantes;
- impedir diferenças salariais por ocupações equivalentes;
- identificar no clima organizacional a intensidade das mínimas vertentes de inquietação, para que não tragam, pelo seu somatório, problemas ao ambiente interno;
- inaugurar mecanismos para perceber divergências pessoais ou funcionais;
- proporcionar uma situação de autoconfiança e estabilidade ao empregado;
- instalar a companhia em locais e ambientes profundamente calculados quanto a suas vantagens e desvantagens aos funcionários;

- formalizar medidas de segurança patrimonial e física para os funcionários em geral;
- regularizar as condições internas às peculiaridades do trabalho da mulher;
- tolher os símbolos de *status* aparentes ou não, como estacionamento reservado, restaurante privativo da administração, banheiros exclusivos, placas nas portas.

Estratégia para a compreensão mútua

Demonstrar que a empresa efetivamente depende, prestigia e considera os seus recursos humanos, congregando-os num ambiente de tarefa compatível. A seguir, algumas sugestões de programas:

- desenvolver amiúde pesquisas de opinião e de atitude com os empregados;
- praticar uma política de portas abertas, estreitando as relações com os servidores, para flexibilizar a comunicação ascendente, prevendo-se, dentre outras, estas providências:
  - criar comissões de funcionários;
  - adotar regras para resolver as reclamações, afiançando o anonimato ao reclamante;
  - privilegiar e ordenar o encaminhamento de sugestões vindas dos empregados, ouvindo-os constantemente;
  - instituir algum tipo de premiação, desde que valiosa.
- antecipar as demandas sindicais, insistindo em que as pendências não se deteriorem e precipitem o conflito;
- firmar sistemas de alerta para detectar as agitações internas, pois incidentes menores, quando não equa-

cionados a tempo, tornam-se altamente comprometedores à obtenção dos resultados econômicos positivos esperados pela empresa;
- manter parâmetros de lealdade no relacionamento estabelecido;
- atrair os melhores talentos disponíveis – que podem estar no interior da própria organização – tanto pelo oferecimento de salários diretos e indiretos como pela constituição de um conceito público da companhia que dê garantias da continuidade do empreendimento;
- estimular o cultivo de relações pessoais entre os empregados e os seus superiores imediatos, convertendo-os em fontes confiáveis de informações;
- propiciar programas de formação cultural;
- adiantar as informações que serão levadas aos demais públicos, particularmente o conteúdo de notas que serão divulgadas pela imprensa;
- valorizar a cultura autóctone, preceito notório às companhias estrangeiras no país;
- despertar os funcionários para o sentido da cordialidade dentro e fora da empresa;
- encabeçar, no dia-a-dia empresarial, a realização de reuniões, com preparação de propostas adequadas.

Embora não ocupem o mesmo espaço físico, a integração dos familiares de funcionários aos destinos da organização representa uma *oitava estratégia*.

Proeminente quando se visa à institucionalização de novos procedimentos com os recursos humanos que, afinal, virão a compor o público interno da empresa, "a família dos empregados também deve ser considerada como aliada estratégica, uma vez que alimenta naturais expectativas de progresso da empresa e motivação natural do desenvolvimento profissional de quem trabalha nela. À família, pelo estímulo que representa aos empregados, devem ser planejados e dirigidos esforços de relacionamento e comunicação que consagrem essa parceria, incluindo visitas periódicas às instalações da empresa e o recebimento de informações especialmente preparadas para elas".[8]

Dessa maneira, as relações com o público interno instigam o espírito de modernização de comportamentos, pelo debate instalado na empresa. Esse conjunto de estratégias constitui uma forma de responder às mudanças de cenário que, se de um lado agridem e ameaçam, de outro, obrigam a companhia a ter soluções criativas e arrojadas, originando oportunidades.

Isso amplia a participação dos empregados, o fator novo e determinante para que o planificado tenha sucesso. Portanto, antes de tudo, precisam ter acesso a muitas informações, dominar amplamente as suas potencialidades e o sentido da contribuição do seu trabalho aos resultados finais da organização.

COMUNICAÇÃO ADMINISTRATIVA

Se no exame institucional das organizações ressalta a preocupação com os recursos humanos com os quais a empresa conta para cumprir os seus objetivos, a sua acuidade dirige-se à comunicação oficial ou formal no ambiente de traba-

---

8. PEREIRA, Ricardo Eduarte. Relações públicas de resultados. In: KUNSCH, Margarida Maria Krohling (Org.). *Obtendo resultados com relações públicas*. São Paulo: Pioneira, 1997, p. 86.

lho. A *comunicação administrativa* merece ser inspecionada pelos encarregados de Relações Públicas, quando têm a incumbência de estabilizar os sistemas de comunicação.

A comunicação administrativa trata dos fluxos de informações que percorrem a instituição, equilibrando o organismo interno e externo onde se implanta, por permitir que cada funcionário seja convenientemente instruído quanto às atividades da empresa e saiba situar-se no seu interior. Informado, comunica-se e relata espontaneamente os dilemas surgidos e os acontecimentos que dizem respeito aos seus companheiros.

Inteirado pela comunicação e considerado componente decisivo do conjunto, o funcionário é solidário com os colegas, expande sua criatividade, toma iniciativas e aprimora as propostas surgidas do entendimento com a equipe diretora da unidade produtiva em que atua.

Nos organismos institucionais distinguem-se três sistemas de comunicação administrativa.

Interno formal

É a própria comunicação administrativa. Tem a finalidade de transmitir as informações necessárias ao funcionamento da empresa e à integração do pessoal, de forma estandardizada, com conteúdo referente ao trabalho e com disseminação restrita e predeterminada.

Interno informal

Decorre dos ambientes de relacionamento. É utilizado pelos membros da organização para suprir as deficiências e minimizar a insegurança do sistema formal de comunicação, aprofundar as agregações do grupo formal e o seu entrosamento com a companhia, e favorecer o conhecimento coletivo.

Tem por característica não ser padronizado – os temas nem sempre são relativos ao trabalho ou à empresa – e circula por meio dos chamados *grupos informais*, tão necessários para solidificar os relacionamentos internos.[9]

Externo formal

É convencional e implica a informação fluindo nos dois sentidos, mediante o emprego de técnicas específicas, dentre elas as Relações Públicas que também devem estar presentes no interno formal para que o interno informal não prevaleça sobre o primeiro.

A comunicação administrativa pode sofrer alguns obstáculos à sua consecução. São autênticas *barreiras à comunicação* "que ocorrem dentro ou entre as etapas do processo de comunicação, fazendo com que nem todo sinal emitido pela fonte de informação percorra o processo de modo a chegar incólume ao seu destino".[10]

Algumas barreiras são: *organizacionais* (distância física entre os membros de uma empresa, alta especialização das funções internas), *interpessoais* (valores e padrões de conduta), *individuais* (hábitos, ações e inaptidões pessoais), *econômicas* (restrições financeiras para preparar a mensagem completa), *temporais* (não é dada a devida atenção à mensagem),

---

9. THAYER, Lee Osborne. *Princípios de comunicação na administração*. São Paulo: Atlas, 1972, p. 100.
10. CHIAVENATO, Idalberto. *Administração de empresas*: uma abordagem contingencial. São Paulo: McGraw-Hill, 1982, p. 454-55.

canais e meios (escolha inadequada da melhor forma para conduzir e fazer chegar a mensagem).[11]

O *boato* e o *rumor* são exemplos claros de barreiras à comunicação. Ocorrem devido à ausência ou às lacunas no sistema de comunicação administrativa e também pela falta de confiança da fonte de informação. Geralmente explanam fatos de modo distorcido ou grosseiro, mas não perdem o seu valor de impactar as pessoas. Boatos e rumores dirigem-se a um fim propositado e servem a alvos emocionais. Irradiam-se com grande velocidade, atingindo em pouco tempo lugares distantes, propagando versões não coincidentes acerca de assuntos semelhantes.[12]

Os movimentos da comunicação administrativa nas organizações, focalizados como imprescindíveis pelas Relações Públicas, têm quatro direções.

Comunicação descendente

O seu propósito é difundir mensagens e ordens de cima para baixo de forma imediata, ao longo da hierarquia.

O seu conteúdo deve ser acatado por privilegiar as informações sobre os objetivos e o andamento da empresa em todas as suas facetas – estrutura, salários, reorganizações, promoções internas, gestão, segurança.

Comunicação ascendente

Utilizada quando a participação e o comportamento dos empregados devem ser percebidos pela cúpula, possibi-

---

11. THAYER, op. cit., p. 216-22.
12. ANDRADE, op. cit., p. 111.

lita às diferentes chefias ter um contato direto com as bases operativas. O discernimento das atividades permite que os subordinados manifestem seus anseios, suas satisfações e contrariedades.

Habitualmente desconsiderada pela direção, requer um espírito associativo solidário ao desejo de informar e de tomar iniciativas. Supõe, afinal, um estado de crédito que garanta a sua sinceridade, porque um membro de determinada gradação comunica o que acredita ser de interesse para o órgão superior.

É preciso exigi-la freqüentemente, para que se torne ininterrupta como a comunicação descendente, criando excelentes oportunidades para a união e para o relacionamento interno.

Comunicação lateral

Ignorada com freqüência nas empresas, a prática da comunicação lateral é imperiosa, fundamentalmente pela complexidade e interdependência das atividades, e proliferação de agrupamentos interdepartamentais.

Serve para integrar as áreas funcionais, coordenar as diversas etapas, evitando sobretudo as repetições. Objetiva fomentar a cooperação, auxiliar o indivíduo a situar seu trabalho perante os demais, influir categoricamente no clima de diálogo existente na companhia e, por conseguinte, no êxito da informação ascendente e descendente.

A espontaneidade da circulação lateral de informações é o indicador ideal de um bom clima organizacional: os colaboradores reúnem-se à margem da hierarquia ou trocam idéias sobre ocorrências no trabalho.

Comunicação diagonal

Nessa categoria incluem-se as comissões intersetoriais e os grupos pluridisciplinares, isto é, a *organização matricial* suscitada expressamente para projetar e/ou resolver questões, aos quais a gerência confia o estudo de problemas específicos.

Permanentes ou ocasionais, os grupos de trabalho são formados independentemente das posições das pessoas nos organogramas das empresas; a comunicação diagonal presente leva em conta as habilidades dos trabalhadores para a resolução de problemas pontuais.[13]

Desse modo, por intermédio da comunicação, o escopo empresarial é naturalmente aceito, e são detectadas alternativas estratégicas razoáveis que, oferecidas à administração superior da organização, dão origem a um processo de planejamento realmente efetivo.

REFLEXOS EXTERNOS

Adicionalmente a todas as preocupações com os funcionários, procede-se à análise crítica das repercussões externas dos processos e das técnicas de industrialização da empresa. Aliam-se os pontos fortes internos às oportunidades externas proporcionadas pela correção ecológica, outro aspecto ambiental de responsabilidade da empresa.

---

13. CONDRAND, François. A informação na empresa. In: ADMINISTRAÇÃO de empresas: enciclopédia de direção, produção, finanças e marketing. São Paulo: Nova Cultural, 1986, v. 3, p. 555-7.

Na atualidade, espera-se das organizações uma atitude preservacionista plena, desde a escolha e extração de matérias-primas, passando pela aplicação de insumos e pelo emprego da mão-de-obra na fabricação de produtos. Cuida-se para que produto consumido não se transforme em lixo prejudicial ao meio ambiente.

Cabe ao profissional de Relações Públicas verificar todas as condições internas de manufatura dos bens e mesmo, em alguns casos, de prestação de serviços.

Havendo qualquer tipo de restrição aos modos de produção – como são manipulados, embalados, transportados e colocados à disposição dos compradores no mercado –, deverão ser recomendados dispositivos que minimizem ou extingam o impacto ambiental direto e indireto do comportamento cotidianamente praticado pela empresa.

As reordenações internas são o produto dos resultados da pesquisa institucional que destacam algumas providências para o "esverdeamento" completo dos produtos, que serão avaliados de acordo com as implicações ecológicas de todas as fases de seus ciclos de vida:

- reduzir os índices de utilização de matérias-primas naturais provenientes do extrativismo, substituindo-as pelo uso sustentável de recursos;
- favorecer produtos alimentícios concentrados e divulgar as suas vantagens;
- projetar produtos energeticamente eficientes, duráveis, seguros, com possibilidade de refabricação e maiores teores de reciclagem e reparo;
- criar embalagens (preferentemente usando papel reciclado) leves que comportem várias unidades, reutilizáveis ou com refil, e eliminar as desnecessárias; descar-

tadas, precisam ser compostáveis e não devem oferecer riscos aos aterros sanitários ou à incineração;
- estabelecer mecanismos que facilitem o retorno ao fabricante de produtos recicláveis;
- diminuir a especialização, desenvolvendo produtos de múltiplos propósitos;
- impedir que os procedimentos de produção ameacem o hábitat, os recursos naturais e as espécies;
- incorporar os desejos do consumidor concernentes a alta qualidade, viabilidade e conveniência.[14]

Assim, a função basilar de uma companhia destacadamente voltada ao mercado é proporcionar aos consumidores de seus bens facilidades cada vez maiores e conhecimentos verdadeiros sobre a coleção dos recursos colocados ao seu alcance e à sua apreciação.

Introduzir avanços tecnológicos, como a informática na automação de tarefas, para "encantar" os usuários, indiscutivelmente não supera as falhas na estrutura da empresa. A corrida à aquisição de equipamentos, embora apontada como um avanço, não conduz a uma clara intenção de mudar o que já está implantado, invalidando, até certo nível, os serviços inovados.

Tudo isso depende de um *conceito positivo*, capital disponível e indispensável para que a organização atinja os objetivos largos, dentre eles o respeito aos seus funcionários, o império da qualidade dos produtos e serviços oferecidos, e a preservação ambiental conseqüente.

---

14. OTTMAN, Jacquelyn A. *Marketing verde*. São Paulo: Makron, 1994, p. 18-44.

Ao término da decomposição e do reordenamento lógico, decorrentes da pesquisa institucional de Relações Públicas, a empresa terá fortalecido as suas bases gerenciais e operacionais para implementar as medidas sugeridas, assegurando a sua presença no mercado.

A próxima etapa, na quarta fase do processo, a da *revisão e do ajustamento da política administrativa*, orienta a administração superior das organizações quanto às políticas e às estratégias necessárias à permanência social e econômica do empreendimento.

6

REVISÃO E AJUSTAMENTO DA POLÍTICA ADMINISTRATIVA

A quarta fase do processo de Relações Públicas – *revisão e ajustamento da política administrativa* – interpõe o profissional entre a organização e os públicos, como seu legítimo representante, permitindo o prosseguimento das atividades de relacionamento. "É nesta fase que as Relações Públicas aparecem nitidamente, como uma função de estado-maior, colocada na alta administração, pois só nesse escalão é que se torna possível a sua intervenção na política administrativa de uma organização."[1]

Além das questões internas, essa etapa do processo de Relações Públicas introduz o aspecto da mutabilidade ambiental que deverá ser diagnosticada a tempo. As Relações Públicas estarão sintonizadas e alertas a cada um dos pontos fortes e fracos da companhia, e contarão com a colaboração e o auxílio técnico dos funcionários, para que as ações empresariais sejam constantemente monitoradas e acompanhem as renovações ocorridas.

---

1. ANDRADE, Cândido Teobaldo de Souza. *Para entender relações públicas*. 4. ed. São Paulo: Loyola, 1993, p. 95.

Estão no ambiente externo os fatores que influenciam sensivelmente as instituições. O reconhecimento das turbulências fez com que as organizações empresariais abandonassem aquela visão ingênua do futuro, das previsões baseadas no referencial histórico, abraçando uma análise que contemplasse as ameaças e as oportunidades.

A partir da constatação da realidade das mudanças, o pensamento estratégico converteu-se num processo contínuo de gestão do conjunto de negócios que compõem toda a empresa, denominado *administração estratégica*. Receitado às corporações interessadas em manter-se a par com o que sucede aos novos cenários, tais organizações enfrentam as turbulências e encaram os mercados que devem ser conquistados, porque a simples manutenção dos segmentos existentes já não é suficiente para certificar o desenvolvimento ou mesmo a sobrevivência do empreendimento lucrativo.

Externamente, a dinâmica social é implacável. O estudo de atos governamentais, de métodos e atitudes recentes dos concorrentes – que poderão vir a substituir totalmente os produtos e serviços oferecidos – elegerá mais uma atividade de Relações Públicas: preparar a empresa para essas modificações.

O profissional tem uma atuação verdadeiramente efetiva no momento em que atualiza seu desempenho, uma vez que as Relações Públicas são uma especialidade que admite constantemente novas tecnologias para a consecução de objetivos.

A operação corrente de Relações Públicas nessa fase abrange o desenvolvimento das *funções de assessoramento e de coordenação*, quando os profissionais se voltam às particularidades internas e externas das companhias, e preconizam as formas de interferência nos princípios gerais de administração e no processo decisório.

FUNÇÃO DE ASSESSORAMENTO

A *função básica de assessoramento* constitui uma intervenção, promovida pelo fornecimento de pareceres e recomendações devidamente pormenorizados, para que o sucesso empresarial seja compartilhado por todos os participantes da organização. Ter o ensejo de observar a companhia sob a ótica de Relações Públicas consiste em um exercício inovador, porquanto as capacidades dessa área superam os limites do empreendimento.

As atividades de Relações Públicas almejam compreender e ajuizar a intenção das controvérsias surgidas, assegurando, igualmente, a permanência do conceito público como apoio à manutenção dos investimentos produtivos da companhia, num trabalho de assessoramento calcado na consagração do equilíbrio entre o interesse privado e o interesse público.

As demandas ambientais decretam uma atitude aguçada por parte da administração superior das organizações, notadamente quanto à coleta de informações sobre as conseqüências do comportamento dos públicos, o campo privilegiado ao desempenho de Relações Públicas. Na função básica de assessoramento o profissional procura:

- identificar as necessidades da empresa;
- planejar, prever e propor soluções e alternativas;
- suprir a empresa de informes;
- fixar programações de relacionamento;
- indicar diretrizes e normas;
- inspirar estratégias de atuação dentro ou fora da empresa;
- interpretar tendências ante as políticas da companhia;

- prover a administração com conselhos;
- integrar idéias e conceitos de modo que se levantem atitudes;
- sugerir a reformulação de políticas;
- analisar os dados recolhidos;
- estudar processos e métodos de trabalho.[2]

Das atividades de assessoramento listadas, "identificar as necessidades da empresa" e "planejar, prever e propor soluções e alternativas" demonstram um posicionamento condizente com os pressupostos da moderna administração das organizações.

Ao "inspirar estratégias de atuação dentro ou fora da empresa" aconselha-se à companhia um sistema administrativo aberto às influências externas. Preparada para enfrentá-las, os indícios negativos calculados são inteiramente equacionados, e as oportunidades, aproveitadas.

Para "interpretar tendências ante as políticas da companhia" e "analisar os dados recolhidos" as Relações Públicas devem ser enriquecidas por uma base de dados confiável, propiciada primeiro pelas pesquisas institucional e de opinião.

A falta de informações e projetos próprios de relacionamento não habilita a uma inserção plenamente embasada no processo administrativo das organizações. Restaria às Relações Públicas a simples execução de procedimentos de comunicação que, além de tudo, não seriam por elas definidos.

Da mesma forma, está reservado ao profissional "assessorar a administração da empresa e atuar nos conflitos e nas falhas de comunicação, porventura ocorridas com um dos di-

---

2. ANDRADE, Cândido Teobaldo de Souza. *Curso de relações públicas*: relações com os diferentes públicos. 5. ed. São Paulo: Atlas, 1994, p. 42.

versos segmentos de público da empresa, buscando corrigir falsas impressões, agindo rápida e adequadamente, objetivando o ajustamento possível entre as partes; e também nos processos de negociação em assuntos institucionais com os diferentes segmentos de públicos".[3]

As Relações Públicas têm a incumbência de exibir ao empresário a sua companhia por um ângulo maior que aquele pelo qual a vê regularmente, impedido nesse intento pelas obrigações do dia-a-dia, quando seu tempo é empregado em tarefas variadas. O pessoal da empresa precisa receber suporte ordenado para bem cumprir seus encargos, e deve haver desenvoltura na percepção dos movimentos do ambiente externo.

A acuidade aos fatores internos e externos autoriza o profissional de Relações Públicas a atuar solidariamente com os administradores da companhia. Somente o conhecimento extenso do que está ocorrendo em torno da organização viabiliza a adoção de medidas retificadoras, asseverando a continuidade da empresa e o avanço em parcelas consideráveis de mercado.

Variáveis ambientais

O principal enfoque analítico da função de assessoramento de Relações Públicas é assegurar o dinamismo empresarial. Todas as transações da companhia pedem uma atenção constante e entrosada com os aspectos ambientais, determinando atualizações urgentes e, por vezes, dramáticas.

---

3. IANHEZ, João Alberto. Relações públicas como ferramenta de administração. *Mercado Global*, São Paulo, n. 93, primeiro trimestre 1994.

As organizações estão sujeitas às *variáveis ambientais*, que podem assumir valores distintos, segundo os casos particulares de cada ramo de negócios. Desse modo, uma variável traz tanto oportunidades como ameaças, dependendo das circunstâncias. Para enfrentá-las, as empresas devem congregar determinação, ousadia e inovação.

Nesse contexto existe, por exemplo, um acirramento da luta para reforçar o posicionamento e a imagem das *marcas mundiais* colocadas no comércio. Isso constitui um desafio às empresas brasileiras porque as suas marcas não têm praticamente nenhuma projeção internacional, e esforços nesse sentido constituirão uma ótima estratégia.

Independentemente do setor de atuação da companhia que está recebendo o trabalho de Relações Públicas, alguns indicadores gerais precisam ser rastreados e avaliados pelas suas possíveis repercussões no ramo de atuação da empresa assessorada. Por exemplo:

- problemas com o conceito público do setor;
- políticas de preços e de financiamento;
- inovações nas políticas de comercialização para o consumidor final;
- equivalência de marcas diante do mercado;
- demanda menos elástica obrigando a grandes investimentos em Marketing;
- estreitamento das margens de lucro;
- controle rígido dos apelos e anúncios de determinados produtos veiculados pela comunicação massiva;
- atualização do parque de máquinas e equipamentos;
- escalada progressiva da informática nos processos de produção;

- restrição de expansões de plantas industriais devido à legislação municipal de zoneamento;
- utilização de tecnologia para gerar novos produtos;
- investimentos na formação de mão-de-obra de melhor qualidade para o chão de fábrica;
- aumento ou redução do número de fabricantes e de fornecedores;
- níveis de investimentos governamentais em infra-estrutura;
- aperfeiçoamento das estruturas de transporte;
- desregulamentação e privatização do setor;
- diminuição de subsídios e desregulamentação mundial de setores econômicos;
- acordos setoriais (financeiros, de tecnologia e de estratégias de distribuição);
- predomínio de regulamentações e acordos internacionais;
- crescimento econômico estável ou recessão em termos mundiais;
- demanda mundial atendida plenamente, gerando queda nos preços;
- concorrência externa, até como fator de combate à inflação;
- consolidação de instituições líderes por meio de fusões operacionais;
- informatização definitiva dos serviços via internet;
- ascensão da internet para transações on-line entre empresas e com o mercado;
- diluição das fronteiras entre varejo e lazer;
- refinamento da economia informal;

- quantidade de pequenos, médios e grandes produtores ocupando o mercado;
- crescimento da regionalização do comércio, favorecendo empresas capazes de atendê-lo;
- investimentos nos setores primários da economia, gerando tecnologias simples e baratas, capazes de incorporar mais pessoas ao mercado de consumo de bens;
- melhores sistemas de proteção às patentes e controle ético de atividades e setores específicos;
- recrudescimento de questões éticas e de proteção ao consumidor;
- correção ecológica dos produtos;
- antecipação das exigências de preservação;
- aceleração dos movimentos e das providências para a reciclagem em grande escala.

Essas variáveis devem ser colocadas em ordem de prioridade relativa aos setores empresariais, balanceadas como pontos fortes, fracos ou neutros, oportunidades e ameaças, e a contribuição singular ao sucesso da organização, exercício este que vai originar as estratégias.

Ao aquilatar as tendências do ambiente, as mudanças no comportamento e nos interesses dos públicos, a segmentação de mercado ou posição competitiva, as Relações Públicas assentam as bases para dirimir prováveis litígios ocorridos durante o período de consolidação do planejamento global, empregando os veículos de comunicação com o intuito de promover e dinamizar o diálogo necessário, assegurando a efetividade das propostas apresentadas.

Destaca-se, nessa faceta, a preocupação organizacional com os públicos, visto que vão influenciá-la, agindo, certamente, como uma força potente de pressão.

Políticas de responsabilidade social

Usualmente, compete ao profissional de Relações Públicas recomendar *atitudes proativas* quanto às políticas normalmente edificadas pelas corporações, com o escopo de estreitar os valores da organização e de seus públicos, demarcando o conceito empresarial.

As políticas mais comuns são: relacionamento com os grupos e segmentos de públicos; divulgação institucional, sobretudo aquela conexa à imprensa; marketing; missão ou natureza do organismo empresarial; recursos humanos; administração-geral; propaganda comercial; produção e finanças.

Contudo, é a tese da *responsabilidade social* (e não somente a responsabilidade econômica) que permeia e se entrelaça com as políticas prescritas, em direção à integridade ética da organização.

Internamente, aplicam-se as normas da SA8000, uma iniciativa da Social Accountability International (SAI), um padrão que orienta e estimula as companhias e outras organizações a aplicar, desenvolver e manter práticas socialmente responsáveis nos locais de trabalho em todas as áreas que podem controlar ou influenciar. A SA8000 especifica os requisitos mínimos nas seguintes áreas:

- não empregar trabalho infantil e não admitir fornecedores que o empreguem;
- não utilizar nenhum tipo de trabalho forçado nem admitir fornecedores que o utilizem;
- praticar uma política salarial que contemple as necessidades mais básicas de renda dos trabalhadores, prevendo também os benefícios, períodos de férias etc.;

- igualar os salários de homens e mulheres em mesmas posições;
- extinguir qualquer tipo de discriminação de raça, sexo, religião, orientação política ou opção sexual nas contratações, promoções, no acesso a treinamentos etc.;
- cumprir as leis locais relativas aos horários de trabalho, nunca ultrapassando 60 horas semanais, e prevendo pelo menos um dia de descanso por semana;
- respeitar integralmente o direito de sindicalização e associação dos empregados e o direito à negociação coletiva;
- garantir a segurança e a saúde dos trabalhadores, com mecanismos de acompanhamento e treinamentos regulares;
- eliminar práticas disciplinares que prevêem castigo corporal, coerção mental e psicológica e não permitir abusos verbais;
- tornar público como a empresa aplica as leis, quais são os seus representantes, como são seus sistemas de controle interno e de fornecedores, como corrige o curso de suas ações, quais são as formas de comunicação adotadas, como dá acesso às verificações externas e como registra suas ações.[4]

Externamente, dentre outros itens de responsabilidade social, a empresa deve ter como foco a comunidade, e atuará nas áreas de educação, saúde, assistência social e ecologia, fazendo uso de instrumentos como doações, programas de

---

4. SOCIAL ACCOUNTABILITY INTERNATIONAL. *Setting standards for a just world*. Disponível em: <http://www.cepaa.org>. Acesso em: jun. 2002.

voluntariado, parcerias, programas e projetos sociais.[5] Evidentemente, não deve praticar propaganda enganosa, vendas casadas e outras práticas desonestas.

Além disso, "as organizações precisam reconhecer – geralmente a contragosto – que o tempo da 'empresa-ilha' está acabando e que agora são componentes do ecossistema social, devendo integrar-se de forma mais equilibrada com os outros participantes, que alguns autores chamam de parceiros (clientes, fornecedores, empregados, governo, comunidade etc.)".[6]

É urgente e imprescindível preparar as empresas para o que vão enfrentar. "No futuro, mais próximo do que podemos imaginar, as organizações não serão medidas apenas pela sua performance em vendas, lucros e produtividade, mas sim pelas contribuições à sociedade, pelos compromissos que têm com o bem comum. Estarão destacadas dentro dessas contribuições suas atuações sociais, não apenas benemerência."[7]

O profissional de Relações Públicas, como autêntico representante dos públicos, orientará a administração a respeito da expansão interna das questões sociais, quando essa proposição passa a ser entendida e aceita por todos os escalões, chegando aos demais públicos, os quais, diante do relacionamento estabelecido, legitimam a instituição.

---

5. MELO NETO, Francisco Paulo de; FROES, César. *Responsabilidade social e cidadania empresarial*. Rio de Janeiro: Qualitymark, 1999, p. 87.
6. BONILLA, José A. *Resposta à crise*: qualidade total e autêntica para bens e serviços. São Paulo: Makron Books, 1993, p. 96.
7. IANHEZ, João Alberto. Relações públicas nas organizações. In: KUNSCH, Margarida Maria Krohling (Org.). *Obtendo resultados com relações públicas*. São Paulo: Pioneira, 1997, p. 159.

FUNÇÃO DE COORDENAÇÃO

Concomitantemente ao trabalho de assessoramento, examina-se a *função básica de coordenação*, presente do mesmo modo no segundo momento do processo de Relações Públicas.

Coordenar compreende a impulsão e o acompanhamento "não somente das atividades propriamente ditas de Relações Públicas, mas também das próprias funções e diretrizes da organização. É preciso que haja uma disposição ordenada de toda a organização no sentido de promover a unidade na consecução de seus propósitos. E grande parte desta coordenação é de responsabilidade direta e imediata do profissional de Relações Públicas".[8]

Pela abrangência, o processo estratégico de administrar empresas mostra-se complexo na sua articulação e categórico quanto aos resultados esperados. Por isso, deve ser necessariamente coordenado, delineando-se mais um benefício das Relações Públicas, pelas quais são desenvolvidas tarefas relevantes:

- estabelecer e manter o funcionamento de atividades conjugadas de relacionamento público e de comunicação com os diversos setores, para lastrear a condução estratégica da organização;
- dirigir os trabalhos de relacionamento e sustentá-los, com orçamento, pessoal, equipamentos, arquivos etc.;
- interligar os diferentes níveis decisórios para resolver as pendências coletadas;
- facilitar o uso dos meios de comunicação, tornando-os competentes a cada um dos eventos surgidos no relacionamento interno.

---

8. ANDRADE, C. T. S. *Para entender...*, op. cit., p. 95.

O serviço de Relações Públicas alerta, pela função de assessoramento, sobre as possibilidades estratégicas das variáveis ambientais selecionadas, e, pela função de coordenação, integra as equipes de planejamento para alcançar os melhores resultados.

Nessa incumbência, o profissional inclui sua capacidade de mobilizar amparada numa aguçada intuição que perceba o que pode acontecer com a empresa. "Isso é fundamental, sobretudo, para pessoas que exercem atividades que exigem doses elevadas de intuição: estratégia e planejamento empresarial, marketing, relações públicas, recursos humanos e pesquisa."[9]

A função de assessoramento de Relações Públicas perscruta as contingências sociais, econômicas e políticas brasileiras latentes que vão nortear as análises estratégicas das organizações em geral – as companhias estudam medidas de ajuste, o que fatalmente acarretará mudanças na conduta organizacional. Por sua vez, pela função de coordenação, as Relações Públicas vão reunir grupos de trabalho que discutirão e encaminharão soluções, por exemplo, das seguintes questões:

- escolher entre o emprego da mão-de-obra intensiva menos qualificada e o número reduzido de funcionários superqualificados;
- substituir homens por máquinas;
- racionalizar os custos com os servidores, sob pena da diminuição do volume de empregados;

---

9. BLECHER, Nelson. Eureca! *Exame*, São Paulo, v. 31, n. 21, p. 29, out. 1997.

- flexibilizar os horários de trabalho, ativando demandas desconhecidas, em especial para o lazer dos indivíduos;
- abandonar a orientação exclusiva ao produto em favor de uma competitividade ascendente;
- favorecer nas empresas posicionamentos filosóficos, princípios, valores, missões e obediência aos códigos de ética;
- implantar modelos de gerência participativa;
- acelerar as respostas internas às transformações na legislação e nas influências políticas;
- empregar uma tecnologia sem efeitos colaterais ao meio ambiente;
- solucionar a crescente solicitação de treinamento apurado para trabalhos qualificados, recolocação, mudanças nas estruturas organizacionais;
- descentralizar a empresa e aproximá-la do mercado, ancorando esse processo no respeito ao público interno como forma de granjear a simpatia dos consumidores;
- adaptar as instituições à realidade mundial do século XXI, tendo como referência um capitalismo menos primitivo e predador.[10]

Logicamente, algumas das circunstâncias descritas favorecem determinados ramos empresariais, outras tendem a comprometê-los. Porém, ao apreciar-se essas contingências no

---

10. Adaptado de COBRA, Marcos. Desafios e estratégias de marketing. In: ROSSETTI, José Paschoal *et al*. *Transição 2000*: tendências, mudanças e estratégias. São Paulo: Makron, 1993, p. 187-9; e TOMEI, Patrícia Amélia. O marketing da gerência de recursos humanos dentro das organizações. *Revista de Administração*, São Paulo, v. 27, n. 4, p. 74-8, out./dez. 1992.

cenário brasileiro, nota-se que não estão completamente explicitadas, e os desdobramentos aguardados ainda não existem; portanto, as Relações Públicas devem observar tais questões sociais com ênfase idêntica às preocupações destinadas aos mercados e aos relacionamentos estabelecidos.

As empresas passam por constantes reestruturações administrativas e estratégicas, muitas vezes ditadas pelas mudanças ambientais. Viabilizar e explicar essas transformações pode ser uma incumbência de Relações Públicas pela função de coordenação.

Por exemplo: "O verdadeiro custo das reorganizações corporativas pode estar sendo ignorado por empresas que implementam mudanças sem levar em conta os efeitos negativos sobre o moral de seus funcionários. E o resultado é que muitas vezes programas feitos para cortar gastos acabam fracassando em seus objetivos financeiros. Para complicar, os especialistas e as empresas ainda não encontram soluções para alguns dos problemas causados por um ambiente corporativo sob mudanças constantes".[11]

A prática da função de coordenação em Relações Públicas "é, a nosso ver, uma das principais atribuições do assessor de Relações Públicas. A essência da coordenação reside nesta linha de conduta: ajudar os departamentos da empresa a integrar suas tarefas com as dos outros, no sentido de que haja maior cooperação entre os escalões, fomentando a criação de um espírito de equipe em direção a objetivos prefixados. Isto deve ser realizado com muito tato e sem críticas, com a mente aberta a todas as sugestões".[12]

---

11. FERNANDES, Alberto. Síndrome do sobrevivente. *Exame*, São Paulo, v. 34, n. 1, p. 108-9, jan. 2000.
12. ANDRADE, C. T. S. *Curso de...*, op. cit., p. 43.

A atividade de coordenação, dentro ou fora da empresa, tem como objetivo instituir parcerias com os setores, em todos os níveis da organização, para que mantenham as suas operações normais em conjunto com as atividades de relacionamento público e de comunicação, referendando a presença do profissional perante os desafios estratégicos da empresa.

CONFIGURAÇÕES DO SERVIÇO DE RELAÇÕES PÚBLICAS

A função de coordenação insere e distingue as Relações Públicas na esfera das empresas e pressupõe, inicialmente, um serviço organizado administrativamente e preparado para atender operacionalmente os trabalhos de relacionamento.*

A maioria das companhias concebe feitios diversificados para o seu setor de Relações Públicas. Podem ser montados conforme os serviços solicitados (planejamento, pesquisa, execução), segundo os públicos da organização (funcionários, intermediários, consumidores, comunidade), pela distribuição geográfica da empresa, por linha de produtos ou pela combinação de dois ou mais tipos.[13]

Com a mudança das regras da economia e a globalização, a organização moderna requer um *reposicionamento* das Relações Públicas, para que antecipem cenários, forneçam in-

---

* Expressões como "serviço de Relações Públicas" e "serviço de relacionamento público" são empregadas para abrigar e generalizar qualquer título (assessoria, diretoria, superintendência, gerência, departamento etc.) do órgão interno ou externo de Relações Públicas nas organizações.

13. ANDRADE, C. T. S. *Curso de...*, op. cit., p. 36.

formações à cúpula da corporação e executem as tarefas de relacionamento, assumindo um efetivo caráter estratégico.

Independentemente da lotação, os setores das empresas – Produção, Marketing, Finanças, Recursos Humanos, Jurídico, Relações Públicas – devem conquistar um papel estrategicamente significativo, para que as suas sugestões sejam entendidas com facilidade por aqueles que detêm o comando e claramente integradas ao planejamento empresarial.

Quanto às Relações Públicas, como uma atividade que abarca competências e tecnologia específicas, a disposição como "assessoria interna", freqüentemente recomendada, por mais que colabore com a direção superior da companhia, não lhe reconhece nenhum atributo estratégico.

Confunde-se, por ser um termo polissêmico, com a função de assessoramento – legítima e necessária – que acolhe os sistemas sofisticados da profissão de Relações Públicas, com o cargo de "assessor" ou com a existência de "assessorias" nas organizações.

Compreensivelmente, as "assessorias de Relações Públicas" nas empresas já têm a importância do seu trabalho inexoravelmente comprometida. Além disso, executivos de linha e até o chão de fábrica, mesmo desconhecendo as aptidões do *staff*, devotam-lhes uma profunda desconfiança, sejam quais forem as suas finalidades.

Sendo um órgão assessor, tomará ciência dos dados, dos sentimentos e das opiniões, em particular do público interno, apenas se a direção lhe facultar essas informações e, por efeito desse *status* idealizado, não há o compromisso de que a *vida da empresa passe pela assessoria*.

Em épocas de dificuldades, as assessorias são as primeiras a sofrer cortes, pois a configuração interna é reduzida aos componentes indispensáveis. Tanto a modernização quanto a crise indicam haver campo unicamente para os profissionais imprescindíveis ao sucesso do empreendimento.

O executivo de Relações Públicas precisa "estar colocado entre os altos funcionários da empresa. Se assim não acontecer faltar-lhe-á prestígio e oportunidade para atuar e acabará por se transformar em simples executante de tarefas, nem sempre compreendidas",[14] considerando-se como "altos funcionários" os que contribuem efetivamente com as suas habilidades para o incremento dos resultados econômicos e conceituais, assegurando a sobrevivência da companhia pelo aperfeiçoamento das potencialidades e do cumprimento da missão do organismo.

As Relações Públicas constituem *uma função administrativa que usa meios de comunicação* para atingir os seus propósitos.

Em face disso, restringir Relações Públicas a uma técnica de comunicação não é suficiente para atrair e incitar os públicos, se não houver o respaldo de atitudes concretas. "Não há maneira de motivar um acionista que não receba dividendos. Não se consegue resolver um problema de alto nível de *turnover*, recorrendo a festas, jornal interno e outras técnicas de Relações Públicas, enquanto a política salarial for inadequada. Existe, portanto, a obrigatoriedade da conjugação de metodologia técnica com filosofia administrativa, e isto somente será possível quando o departamento de Relações Públicas se situa no organograma em nível de tomada de decisões."[15]

---

14. ANDRADE, C. T. S. *Curso de...*, op. cit., p. 136.
15. DE SALVO, Antônio. Relações públicas não é só comunicação, é um problema administrativo, e complexo. *Marketing*, São Paulo, n. 88, p. 56-7, mar. 1981. Entrevista.

Para ser coerente com os fatos, o serviço de Relações Públicas precisa atuar como uma *área funcional* (vice-presidência, superintendência, diretoria) similar ao posicionamento das áreas de Finanças, Produção, Marketing, Pesquisa e Desenvolvimento, Recursos Humanos, ditadas pelas características intrínsecas da empresa, e com acesso à equipe de planejamento das estratégias organizacionais.

Essa proposta viabiliza-se pela inédita proliferação de companhias que originam compostos de produtos de grande amplitude e, com negócios múltiplos, voltam-se ao ambiente externo e a todas as suas influências. Logo, haverá não somente diretrizes definidas para a corporação, mas, presumivelmente, também estratégias individualizadas para cada negócio.

Para criar essa conjunção estratégica, é essencial congregar profissionais aptos; os de Relações Públicas vão levantar de modo deliberado "todos os fatores que direta ou indiretamente possam interferir no conceito da empresa no ambiente. Seu papel é estar sempre alerta, mantendo a diretoria da empresa informada acerca de tudo aquilo que vier a ocorrer – e apontar soluções. O profissional da área é fundamentalmente um equacionador".[15]

Portanto, é imperativo alocar as atividades de Relações Públicas em cargos e funções de linha, ligados à administração das organizações – destacadamente naqueles que vigiam com cuidado os seus ambientes – para que sejam inspecionadas as suas principais resoluções, levando em consideração o seu impacto público.

---

15. DE SALVO, Antônio. Relações públicas..., op. cit., p. 58.

As relações públicas reposicionadas

Apóia-se a postulação de Relações Públicas como uma área funcional quando se constata que as empresas estão em busca da simplicidade estrutural, orgânica e de seus processos. Pertencem ao passado os belos organogramas enredados, recheados de divisões, subdivisões, seções, e pretensamente corretos, porque "muitas empresas de grande porte, por todo o mundo, começaram a descobrir que estavam ficando inflexíveis, insensíveis à inovação e incapazes de responder a mudanças de toda ordem".[17]

Evidentemente, aquele tipo de compleição das empresas, imaginada há décadas, não tem nenhum sentido atualmente. O ambiente externo providenciou a resposta, ao condenar as estruturas pesadas, sem agilidade, que se perdiam nos vários estágios hierárquicos e nas complicações burocráticas.

As modernas corporações organizam-se em *unidades estratégicas de negócios* (UENs), que surgiram em oposição ao gigantismo das empresas mais tradicionais. Com o açodamento da tecnologia e da concorrência em mercados crescentemente instáveis, as grandes companhias e os conglomerados entenderam que procedimentos não corriqueiros deveriam ser empregados, preferentemente os que confirmam a participação das pessoas nas deliberações da organização.[18]

Em síntese, instaurar UENs significa *descentralizar operações*. Alguns exemplos ajudam a ilustrar os resultados esperados:

---

17. FARIAS, Luiz Alberto Beserra de. Relacionamento nas organizações. *Comunicare*, São Paulo, v. 1, n. 1, p. 143, segundo semestre 2001.
18. FORTES, Waldyr Gutierrez. *Transmarketing*: estratégias avançadas de relações públicas no campo do marketing. São Paulo: Summus, 1999, p. 79 e seguintes.

- um dos maiores laboratórios farmacêuticos do mundo dividiu os seus negócios em três unidades: farmacêutica, vitaminas e equipamentos para diagnóstico;
- uma grande construtora, depois de ser considerada, pelos seus proprietários, uma organização incompatível com as novas exigências do mercado, foi dividida em oito unidades de negócios, uma para cada mercado em que trabalha;
- uma empresa que atua no ramo de produtos químicos criou três unidades com base em mercados e tecnologia: fios, resinas e produtos químicos;
- uma grande editora de periódicos de interesse geral dividiu-se em UENs conforme as categorias de suas publicações: atualidades, negócios, estilo, alto consumo, casa e família, jovem, infanto-juvenil, turismo e tecnologia;
- uma empresa promotora de feiras e congressos criou três unidades de negócios: eventos internacionais, eventos nacionais, projetos de construção de estandes;
- um fabricante de computadores criou três unidades de negócios: *hardware*, *software* e prestação de serviços;
- uma grande mineradora brasileira, antes organizada por regiões, dividiu sua área comercial em: construção e produtos florestais, combustíveis e químicos, logística interna, siderurgia, agricultura e intermodal.

As unidades afiançam a integridade da corporação ao conduzir as suas estratégias de maneira competente, sem que nenhuma delas afete os negócios da outra. Atuam com autonomia em relação à companhia geradora, são responsáveis pelas suas estratégias de mercado e de relacionamento público, e oferecem produtos e prestam serviços a segmentos distintos de consumo.

As empresas atualizadas (ver figura) reúnem três gradações de decisões estratégicas e seu relacionamento com a hierarquia organizacional.[19]

Hierarquia de Estratégias

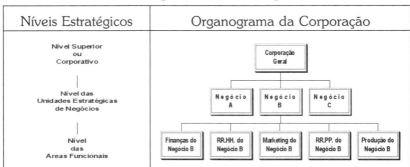

No *nível superior* ou *nível corporativo*, exemplificado pela ilustração, formatam-se as estratégias organizacionais, estimando os negócios nos quais a empresa deve entrar, preservar ou renunciar. Cabe aos administradores corporativos integrar sinergicamente cada unidade nas estratégias corporativas.

No nível intermediário estão as *unidades estratégicas de negócios* (na figura, "Negócio A", "Negócio B", "Negócio C"). Nesse patamar, o ponto central é detectar as vantagens competitivas, os expedientes para aproveitá-las e mantê-las em cada um dos negócios.

---

19. Proposta adaptada, com a inserção da área de Relações Públicas, do estudo apresentado por: SCHENDEL, Dan E. Strategic management and strategic marketing: what's strategic about either one? In: THOMAS, H.; GARDNER, D. (Ed.). *Strategic marketing and management.* Nova York: John Wiley, 1985, p. 48.

No nível das *áreas funcionais* estão os trabalhos especializados (Finanças, Recursos Humanos, Marketing, Relações Públicas, Produção), para cada uma das unidades estratégicas existentes, nos quais são executadas tarefas específicas que justificam a criação daquela UEN.

Se implantar o pensamento estratégico representa um enorme avanço, reposicionar os serviços de Relações Públicas significa torná-los uma área funcional presente em cada uma das UENs. Para isso, as Relações Públicas devem se fortalecer para o rejuvenescimento das organizações empresariais, abandonando o seu apego ao assessoramento dedicado ao topo da hierarquia.

Para as Relações Públicas, o conceito das UENs exprime uma *segmentação de interesses* concernentes à opinião pública, dos quais podem derivar controvérsias que deverão ser administradas convenientemente. Ao analisar as estratégias, ajustam-se as decisões adotadas às questões sociais envolvidas e, conseqüentemente, aos reflexos nos públicos de interesse da corporação e na opinião pública.

Evidencia-se, também, uma *segmentação de públicos* verdadeira. Não será mais um grupo de funcionários, mas indivíduos com constituição e expectativas personalizadas. Não haverá um número reduzido de fornecedores, e sim vários interesses mercantis que devem ser assegurados, prioritariamente nas negociações de preços e na aplicação de processos modernos de produção, exeqüível se houver acordos mutuamente benéficos. Não será apenas um aglomerado de consumidores para os quais os meios tradicionais de comunicação massiva surtiam efeito.

Destacadamente, os novos usuários estão preparados, exigentes e conhecem os seus direitos à qualidade, à pontualidade, à assistência pós-venda e, mesmo, aos benefícios trazidos por determinado produto ou serviço. O que se preconiza é a satisfação do consumidor, visto como um público, porque sem o consumidor e o relacionamento compulsório com ele, não há nenhuma possibilidade de tentar expansões no mercado.

As companhias já perceberam que suas condutas e disposições podem colidir com diferentes interesses, tanto no público interno como nos desejos e nas peculiaridades dos mercados cortejados.

Por isso, das necessidades estratégicas decorre o refinamento das idéias de relacionamento. "Cabe à área de Relações Públicas procurar seu desenvolvimento perfeitamente adequado aos objetivos globais da empresa, orientando seus planos de ação no contexto dos projetos mercadológicos, de expansão, de diversificação, de captação de recursos, de recrutamento de mão-de-obra. E cada um desses objetivos deve ser trabalhado separadamente, considerando-se os públicos específicos envolvidos em cada operação, para se somarem, no final, na formação do conceito público da empresa."[20]

As organizações já intuíram que as Relações Públicas precisam ser uma função de linha para estar "junto da alta administração e não 'ao seu lado', quanto aos resultados esperados".[21] Sendo uma função de linha, apesar de um aparente distanciamento no organograma ideal, as Relações Públicas tomam parte em todos os movimentos das companhias, quando estas se dirigem aos públicos e acatam a sua opinião como elemento fundamental ao julgamento das ações empresariais pretendidas. Reserva-se ao profissional o desafio de

---

20. GIANGRANDE, Vera. A contribuição de relações públicas como instrumento de gestão empresarial. *Conrerp Informa*, São Paulo, n. 10, p. 3, out. 1982.
21. GAJ, Luís. *Administração estratégica*. São Paulo: Ática, 1987, p. 130.

extrair a sua real posição diante das amplas questões e dos programas de relacionamento com os públicos.

Atualmente, os serviços de Relações Públicas apresentam-se leves e ainda terceirizam algumas atividades. Estão *pari passu* com as empresas contemporâneas que, ao fracionar-se em UENs, esforçam-se para diminuir ou eliminar os degraus de sua hierarquia, ocasionando a incessante busca por melhores desempenhos financeiros e conceituais.

As instituições que terceirizam totalmente o serviço de relacionamento público precisam conservar por completo todos os passos do processo de Relações Públicas, embora uma atuação enfocada na rotina empresarial se torne difícil, intrincada e com menor grau de segurança e efetividade, pelo afastamento do cotidiano e dos públicos da organização.

Assim, os serviços de Relações Públicas devem ser adicionados a esses centros de lucros, pois ali comprovarão sua utilidade, lembrando sempre que as UENs têm seus próprios públicos, com atitudes, posicionamentos, veículos, mensagens e pesquisas exclusivas.

Contribuição estratégica

Reposicionadas, as Relações Públicas assumem caráter operacional e estratégico. Adaptam-se ao contexto abrangente da corporação e das unidades de negócios e devem ser coordenadas com os demais níveis para asseverar a consistência das medidas adotadas.

Considera-se que nenhuma área funcional terá prevalência sobre nenhuma outra. Se houver destaque, será em razão da sua contribuição relativa para levar avante uma vantagem singular, o que pode ser aferido por intermédio das propostas estratégicas do negócio como um todo. As atividades têm por condicionante obrigatório a estratégia corporativa, recebendo orientação e alimentando-a com os dados confrontados com os ambientes interno e externo.

Por esse processo empresarial, as transações dos setores são acompanhadas solidariamente: o "Comercial", antes de concluir um negócio, consulta a "Produção" para saber de sua capacidade; o "Jurídico" verifica a viabilidade legal da transação; o "Marketing" acompanha essa movimentação; e "Relações Públicas" esquadrinha as operações para evitar que qualquer interesse seja afetado. Isso tudo sem gerar burocracia, lentidão ou entraves insuperáveis, mas, sim, para *criar valor*.

Estratégico, nesses episódios, é que os núcleos permaneçam atuantes e concatenados durante os períodos de andamento natural da organização, impedindo o aparecimento de emergências, pelo exercício perene para antecipar tendências. Nas exceções, a associação entre a identidade de propósitos e a consciência das aptidões ímpares das áreas funcionais da empresa revelará os caminhos para superar as situações impróprias.

Desse modo, em conjunturas de instabilidade econômica, haverá os préstimos de "Finanças" para captar recursos, investir, renegociar dívidas e contratos. Uma forte demanda privilegiará "Produção", bem como a retração do mercado pedirá esforços concentrados de "Marketing". Reforçam-se os "Recursos Humanos" para que contemplem a elevação dos níveis de qualidade da mão-de-obra requisitada ao aprimoramento premente. Os encarregados de "Pesquisa e Desenvolvimento" deverão procurar soluções, quando os produtos da companhia entrarem em declínio, tanto por motivos naturais de envelhecimento do item como por profundas modificações no seu padrão de consumo.

Se, além dos fatores econômicos e de mercado, o ambiente demonstrar transformações que podem prejudicar a estratégia global, a empresa salienta "Relações Públicas", que circunda a organização de públicos de apoio, os "círculos de interesses", na intenção de vencer a adversidade.

Para isso, a empresa conta, no instante apropriado e no volume certo, com os recursos de comunicação coordenados pelas Relações Públicas, num trabalho de relacionamento público genuíno e atualizado. Observa-se que os subsídios das Relações Públicas são escalonados, cumprindo gradativamente as diversas classes de relevância.

Nível 1: Estabelecer comunicação com os públicos.

As Relações Públicas utilizam as suas habilidades e seus recursos na tentativa de modificar opiniões e atitudes de seus públicos.

Nível 2: Acumular informações e estabelecer comunicação com os públicos.

As Relações Públicas informam as autoridades de linha e a direção das opiniões negativas e atitudes hostis e, subseqüentemente, utilizam suas habilidades e seus recursos na tentativa de modificar as atitudes e opiniões dos públicos.

Nível 3: Sugerir mudanças, acumular informações e estabelecer comunicação com os públicos.

As Relações Públicas sugerem alterações nas políticas, nos procedimentos e nas ações de uma organização, de acordo com as expectativas do público; informam as autoridades de linha e a direção das opiniões negativas e atitudes hostis e, subseqüentemente, utilizam suas habilidades e seus recursos para comunicar aos públicos as inovações operadas.

Nível 4: Interferir, avaliar sugestões, acumular informações e estabelecer comunicação com os públicos.

As Relações Públicas desempenham um papel inconteste no processo de reformar políticas; sugerem alterações nas políticas, nos procedimentos e nas ações de uma organização, de acordo com as expectativas do público; informam as autoridades de linha e a direção das opiniões negativas e atitudes hostis e, subseqüentemente, utilizam suas habilidades e seus recursos para comunicar aos públicos as inovações operadas.[22]

Os níveis cumulativamente descritos, ponderando o alcance de sua engenhosidade, confirmam que as Relações Públicas dispõem de uma tecnologia voltada a atender vigorosamente as necessidades gerais e específicas das organizações modernas.

RELAÇÕES PÚBLICAS EXCELENTES

Na atualidade, não restam dúvidas de que as Relações Públicas contribuem para o alcance dos objetivos das organizações, pois constroem relacionamentos com os grupos, transformando-os em públicos, bem como equacionam as controvérsias e os conflitos que emergem da relação empresa/ públicos para que possam alcançar os seus objetivos.

---

22. Adaptado de SIMON, Raymond. *Public relations*: concepts and practices. 2. ed. Columbus, Ohio: Grid Publishing, 1980, p. 15-7.

Porém, "como fazer com que as Relações Públicas contribuam para a efetividade organizacional? Qual é o valor de sua contribuição? Chegamos à conclusão de que somente programas de *Relações Públicas excelentes* contribuiriam para a efetividade organizacional".[23]

Um serviço de Relações Públicas para ser considerado *excelente* deve apresentar atributos ou "características de excelência",[24] as quais podem ser extrapoláveis para diferentes tipos de organizações.

Administração estratégica

Os programas de Relações Públicas excelentes são administrados estrategicamente. Os departamentos desenvolvem programas estratégicos de comunicação com os públicos que provêem as maiores ameaças e oportunidades para a organização. Ironicamente, lidando de modo eficaz com esses públicos estratégicos, e também com os *stakeholders* ("pessoas interessadas"), acaba-se por maximizar a autonomia da organização.

Separação de marketing

As Relações Públicas e o Marketing são essenciais para organizações. Em certos esforços, como promoção de produtos, tais funções podem ser complementares. Porém, quando uma área fica sujeita à outra, a organização perde muito do

---

23. GRUNIG, Larissa. Excellence in public relations. In: CAYWOOD, Clarke L. (Ed.). *The handbook of strategic public relations and integrated communications*. Nova York: McGraw-Hill, 1997, p. 286.
24. As "características de excelência" aqui transcritas foram compiladas, traduzidas e adaptadas livremente das propostas apresentadas por GRUNIG, Larissa. Excellence in public relations..., op.cit., p. 290-8.

valor daquela função, pois Relações Públicas e Marketing trazem perspectivas distintas para a organização.

O Marketing representa principalmente o ponto de vista dos consumidores. Relações Públicas é considerada uma disciplina mais ampla, sendo responsável por desenvolver, além dos relacionamentos com consumidores, ações com agências governamentais, com os meios de comunicação de massas e com o comércio, públicos financeiros, a comunidade, os empregados e suas uniões, fornecedores e competidores, e – o interesse talvez mais importante – com os públicos especiais ou grupos de ativistas.

Reportar-se diretamente ao administrador principal

O gerenciamento estratégico de Relações Públicas deve ser integrado à administração estratégica da organização. O encarregado de Relações Públicas deve fazer parte da coalizão administrativa, ou pelo menos ter pronto acesso (mesmo que informal) aos detentores do poder de decisão.

Departamento único, integrado

As Relações Públicas excelentes abrangem todas as funções de comunicação e, desse modo, têm a flexibilidade para aplicar os seus recursos conforme o dinamismo inerente ao ambiente empresarial da atualidade. Sendo excelentes, as Relações Públicas não podem ter funções fragmentadas ou restringir-se a fornecer suporte aos outros departamentos da empresa.

Usa o modelo simétrico de duas mãos

Esse modelo consagra o conceito da compreensão mútua, que substitui a persuasão, que deve haver entre a organização e os seus públicos para que haja o equilíbrio de interesses. Ao privilegiar o diálogo e a discussão, há o respeito à ética entre as partes que buscam atingir suas metas.

Privilegia-se, na prática profissional, a pesquisa para conhecer os públicos e utiliza a comunicação para administrar os conflitos existentes e melhorar o nível de entendimento com os públicos estratégicos.

Função administrativa e gerencial

Normalmente, os profissionais de Relações Públicas exercem dois papéis distintos nas organizações: podem ter caráter gerencial, quando se ocupam do planejamento, da coordenação e da supervisão de programas de comunicação, ou caráter técnico, quando escrevem, editam, projetam publicações, conduzem eventos especiais, e assim por diante.

Os departamentos de Relações Públicas excelentes são aqueles encabeçados por profissionais com perfil de administrador e assessorados por técnicos qualificados em vários campos.

Identidade de propósitos

As propostas do profissional de Relações Públicas devem identificar-se totalmente com o pensamento da alta administração da companhia, para que se modele um "esquema" único de Relações Públicas. Deve haver, também, um equilíbrio entre as expectativas da administração e o potencial do serviço de Relações Públicas.

Oportunidades iguais

O crescente multiculturalismo presente na mão-de-obra contratada e nos assuntos emergentes do ambiente externo às organizações obriga os serviços excelentes de Relações Públicas do futuro a ser igualmente heterogêneos, dando iguais oportunidades a homens e mulheres, de diferentes origens.

Sintonia com o ativismo

O ativismo conduz as organizações para a excelência. Lidar com ambientes turbulentos e complexos exige sofisticadas estratégias de Relações Públicas. Os grupos de ativistas fazem pressão sobre organizações; as Relações Públicas excelentes são mais bem-sucedidas no acompanhamento dessas pressões.

Contexto organizacional encorajador

As organizações excelentes são descentralizadas, têm sistemas internos simétricos de comunicação, dão autonomia de decisão a seus empregados, e o sistema de gerenciamento é o participativo, o que motiva os funcionários.

Em suma, "excelência em Relações Públicas pode ser verificada em três áreas distintas: capacidade técnica, identidade de expectativas entre a administração e o departamento de Relações Públicas, e uma cultura organizacional que privilegie a participação. A cultura de participação provê um ambiente propício aos programas de comunicação excelentes – mas só quando há a capacidade necessária no serviço de Relações Públicas e no conjunto das expectativas sobre comunicação compartilhadas com a alta administração".[25]

Corrobora-se, ao ser encerrado o *segundo momento*, a consolidação do processo de Relações Públicas. Pela quarta

---

25. GRUNIG, Larissa. Excellence in public relations..., op.cit., p. 298.

fase, *revisão e ajustamento da política administrativa*, realizada em decorrência da aplicação constante da *pesquisa institucional* na fase do *levantamento das condições internas*, e da devida institucionalização das funções de *assessoramento* e de *coordenação* nas empresas, conclui-se que será viável a continuidade desse processo.

Inicia-se, então, o *terceiro momento* do processo de Relações Públicas. Na quinta fase, do *amplo programa de informações*, com as bases institucionais estabilizadas, a informação e a comunicação serão coligadas às estratégias organizacionais para criar e manter relações com os públicos das empresas.

7

AMPLO PROGRAMA
DE INFORMAÇÕES

Antes de se alcançar a quinta fase do processo de Relações Públicas, várias providências são adotadas, levantamentos completados, resultados de pesquisas analisados.

Prestam-se apoio e assessoramento às decisões estratégicas da corporação e coordenam-se os esforços destinados a situar a companhia conforme os seus ambientes. Preocupados com a formação de públicos, os organismos empresariais começam a agir para que as questões de relacionamento não lhes tragam prejuízos, e, sim, criem um clima propício às suas transações comerciais.

As propostas de Relações Públicas, desenvolvidas durante a aplicação de seu processo, são discutidas e admitidas. As provisões de relacionamento voltam-se às reformulações aconselhadas, no nível corporativo, e são coligadas à administração estratégica da empresa, orientando a concepção dos planos táticos e operacionais.

Destaca-se o reordenamento interno proporcionado pelas Relações Públicas, a partir do momento em que as áreas funcionais passam a atuar em uníssono, sem preferências ou destaques, mas devotadas a atender às necessidades da empresa. A organização estará pronta para inserir-se estrategicamente no ambiente externo à proporção que aceita os preceitos de Relações Públicas, reagindo às influências recebidas, com o objetivo de aproximar as pessoas de seus interesses institucionais e de lucratividade.

Para concretizar todas essas exigências, a empresa investe, então, nos procedimentos de *comunicação*, incrementados quando as pendências internas já desfrutam do encaminhamento de soluções. Com isso, a comunicação será realizada mediante uma base de dados estável, refletindo obrigatoriamente a verdade dos fatos.

O diálogo, imperioso à efetividade da comunicação com os públicos, por sua vez, consiste em fornecer informações sem limites preestabelecidos, e não se permite que a persuasão substitua o entendimento almejado, sustentando o processo de Relações Públicas que se pretende administrar.

Exclusivamente diante de um quadro estratégico consolidado é possível iniciar-se a fase do *amplo programa de informações* em que as relações da empresa com pessoas e grupos serão impulsionadas pelo uso da comunicação "a fim de estimular o interesse público pela organização. Chega-se a uma função específica de Relações Públicas, pois só elas são responsáveis pela comunicação que deve haver dentro de uma organização, muito embora, às vezes, somente atuem como supervisores".[1]

Existem dois fatores que causam o sucesso ou o fracasso da comunicação das empresas com os públicos a que servem.

---

1. ANDRADE, Cândido Teobaldo de Souza. *Para entender relações públicas.* 4. ed. São Paulo: Loyola, 1993, p. 90-6.

O primeiro, a *linguagem da comunicação*, é primordial na comunicação humana. Nas organizações, as formas escrita e oral determinam o andamento de todas as tarefas e exigem "clareza, exatidão, concisão e bom emprego do idioma".[2] O fracasso advém, em várias ocasiões, da falta de conhecimento do repertório das pessoas para as quais as mensagens são dirigidas.

O segundo, a *seleção dos veículos*, escolhe os veículos de comunicação, "isto é, dos melhores meios para levar as mensagens, de molde a assegurar o pleno recebimento das informações por parte dos diferentes tipos de públicos".[3] Para isso, existem cinco pontos a serem analisados.

Inicialmente, a escolha ou seleção de veículos depende *dos públicos a serem atingidos*. Os públicos são sensibilizados pela comunicação trazida por uma série de fontes de informação, ressaltando que um veículo que sirva a um público pode não ter resultado garantido para outro. A grande imprensa, por exemplo, é dedicada ao público externo, porém em relação ao interno deixa a desejar, pois o pressuposto é que tudo o que for publicado nos jornais ou nas revistas deverá ser primeiramente relatado aos funcionários da empresa, para que esses não tomem ciência das ocorrências de forma indireta.

Na seqüência, a seleção de veículos depende *do tipo de organização* que deles vai se utilizar. Empresas produtoras ou prestadoras de serviços de pequeno porte não contarão com recursos similares aos existentes numa companhia maior. Caberá, portanto, um estudo que prescreva, de acordo com as verbas, a maneira ideal de fomentar essa comunicação, ten-

---

2. ANDRADE, C. T. S. Para entender..., op. cit., p. 96.
3. Id., ibid., p. 99.

do-se como ingrediente a criatividade no uso de alguns desses veículos.

As *comunidades onde a organização e suas filiais têm sede* delimitam a terceira característica. Em localidades menores os contatos são freqüentes; nas cidades grandes, predomina a comunicação massiva que, além de dispendiosa, dispersa as mensagens emitidas. Nas duas situações, entretanto, a comunicação continua sendo imprescindível para que a empresa não fique isolada em seu próprio meio.

Pela quarta variável, necessita-se verificar, por intermédio da pesquisa de mídia, quais são os *veículos aceitos naturalmente* pelos públicos, vinculada aos aspectos de acessibilidade – serão acolhidos com facilidade aqueles que cheguem ou estejam mais próximos das pessoas e tenham uso simplificado ou plenamente conhecido.

Ainda recentemente, a informática era pouco utilizada; agora, esforços expressivos de comunicação, incluindo-se a mercadológica, são promovidos por essa tecnologia, independentemente do poder aquisitivo. O computador já se impôs na vida das pessoas; é tão corriqueiro que a ausência dessa máquina é vista com descrédito, duvidando-se da eficiência da empresa.

O *grau de penetrabilidade*, último item para a escolha fundamentada dos veículos de Relações Públicas, decorre do pleno conhecimento dos públicos de uma organização, que dará a informação de quais veículos cobrem as maiores parcelas do grupo considerado. O desconhecimento dessa variável acarreta dissipação de interesses, e a mensagem corre o risco de não ser recebida pelos destinatários.

Harmonicamente, todos esses fatores deverão ser ponderados para que o relacionamento seja mútuo e profícuo e, ao selecionar um veículo, "não se pode esquecer que, na prática, um só meio de comunicação não é suficiente".[4]

Na fase do amplo programa de informações, aparecem mais duas funções básicas: o *planejamento* e a *execução* das atividades de Relações Públicas e de comunicação.

FUNÇÃO DE PLANEJAMENTO

Em Relações Públicas, aplica-se a *função básica de planejamento* com a finalidade de alterar um cenário presente, provavelmente adverso, para um futuro conjunto de circunstâncias favoráveis. A função de planejamento "prepara planos, programas e projetos, básicos e específicos, de periodicidade anual ou plurianual. Planeja os esquemas iniciais de administração dos casos de crises e emergências. Seleciona pessoal para a execução da programação, faz estudo de tempo e indica os instrumentos".[5]

Na empresa, o planejamento orienta o executivo sobre o que fazer, para consolidar metas e reunir indivíduos ou grupos de funcionários, antecipando o trabalho a ser feito. Uma organização que não está ao abrigo de um processo coerente de planejamento poderá resistir à rotina de turbulência do cotidiano, mas não sobreviverá às mudanças dos ambientes, simplesmente pela falta de uma visão clara da realidade na qual está atuando.

---

4. ANDRADE, Candido Teobaldo de Souza. Para entender..., op. cit., p. 100.
5. Idem, *Curso de relações públicas*: relações com os diferentes públicos. 5. ed. São Paulo: Atlas, 1994, p. 33.

O planejamento identifica-se com as funções administrativas de organizar, dirigir e controlar, manifestadas em todos os campos da instituição, como produção, distribuição, finanças e engenharia, proporcionando a linha mestra para as realizações em grupo. Os diversos níveis de uma corporação planificam em suas unidades e, embasados no planejamento vindo das instâncias superiores, coordenam os movimentos das categorias subalternas do organograma.

Os benefícios e as dificuldades de cada estágio de um processo ajustado de planejamento refletem, analogamente, o fato de as empresas não apresentarem necessidades idênticas e, por isso, não é surpreendente encontrar hoje organizações com tipos divergentes de planejamento ou a total ausência de qualquer iniciativa nesse sentido.

Para Relações Públicas existe a consciência da necessidade da disciplina de planejamento, em razão de esse instrumental aproximar as propostas de relacionamento da estratégia geral da empresa, devendo integrar-se à estrutura organizacional e aos seus propósitos de longo prazo.

O horizonte dos programas de relacionamento é mais elástico, se comparado às resoluções do dia-a-dia de uma instituição, e, antes de serem dispendiosos, devem ser criativos, procurando reduzir os momentos em que os encarregados das Relações Públicas são obrigados a tomar decisões precipitadas sob a pressão de crises e em emergências.

A função de planejamento impede que as atividades de Relações Públicas sejam improvisadas. O planejamento enuncia os passos impreteríveis e norteia as deliberações para conseguir o efeito final ambicionado, e, oferecendo "maiores possibilidades para consecução dos objetivos, permite racionalizar os recursos necessários e dá uma orientação básica, capaz de permitir a avaliação de resultados".[6]

Assim, fica evidente que o ato de planejar decide, preliminarmente, o *que, como, quando, por quem e por que* deve ser feito, permitindo que as atividades de relacionamento sejam desdobradas com eficácia, assegurando o êxito do que se empreendeu.

Os principais objetivos da função de planejamento das Relações Públicas são os seguintes:

- formular estratégias para os meios de comunicação com os públicos;
- adequar as atividades de Relações Públicas à administração estratégica da empresa;
- organizar os recursos técnicos e físicos dos programas de relacionamento;
- definir estratégias de Relações Públicas para trabalhos solidários com os setores da companhia;
- elaborar o orçamento de Relações Públicas;
- estabelecer a rentabilidade das proposições apresentadas.

Na prática profissional, concorda-se com os itens listados. Os objetivos de "adequar as atividades de Relações Públicas à administração estratégica da empresa" e "definir estratégias de Relações Públicas para trabalhos solidários com os setores da organização" identificam-se extraordinariamente com os resultados esperados pelo organismo empresarial –

---

6. KUNSCH, Margarida Maria Krohling. *Planejamento de relações públicas na comunicação integrada*. 3. ed. São Paulo: Summus, 1995, p. 79.

meta mais do que desejável, por facilitar o aumento da relevância da esfera de relacionamento.

Exceção a esse quadro é o objetivo de "estabelecer a rentabilidade das proposições apresentadas", uma realidade contínua, visto que parece haver um sentimento pudico em associar as Relações Públicas aos esforços pela lucratividade da companhia. Isso porque a destinação de verbas para as tarefas de relacionamento e o cálculo do retorno econômico das programações perdem o sentido ante a premência de relações com os públicos.

A função de planejamento não se confunde com o processo de Relações Públicas, visto que o planejamento faz parte do processo, nem incorpora a função de execução. O somatório das funções de planejamento e de execução no amplo programa de informações congrega dois fluxos característicos: planejar (trabalho de preparação para qualquer empreendimento, segundo roteiro e métodos determinados) e executar (pôr em prática as ações que foram anteriormente estipuladas).

Implantação do planejamento

Feitas essas distinções, implanta-se a atividade de planejamento de Relações Públicas mediante uma seqüência ordenada de três etapas predefinidas que deverão ser cumpridas para arquitetar, no tempo e no espaço, o que for inextricável ao desempenho da função de execução.

Referencial (etapa da reunião de dados):
- *determinar os grupos e/ou públicos*: aqueles que especificamente serão alvo do que será planejado, e que

foram selecionados durante a primeira fase do processo de Relações Públicas. A determinação do grupo é realçada pelas informações combinadas da segunda, terceira e quarta fases do processo, porque apresentam "áreas de ignorância", ou pelo fato de a instituição desfrutar de um conceito não consolidado ou negativo no meio deles;
- *segmentar*: pode ser fixada uma escala de prioridades dos grupos de interesse ou de seções de públicos já formados;
- *reconhecer os problemas*: reunião das questões não solvidas e das fragilidades organizacionais que foram diagnosticadas pela pesquisa institucional (terceira fase do processo);
- *fixar as diretrizes de Relações Públicas*: conformação das exigências de relacionamento com a política de negócios, depois do assessoramento de Relações Públicas (quarta fase do processo).

Consolidação (etapa da redação do plano):

- *resumir as informações obtidas*: assentamento das bases do plano, de programas e projetos por causa dos dados já coletados (principalmente pela segunda fase do processo);
- *demarcar objetivos e metas*: quantificações e previsão de resultados;
- *justificar*: são exibidas as vantagens estratégicas das ações propostas, se ainda existirem barreiras à expansão do trabalho de Relações Públicas na empresa;

- *projetar atividades*: alinhamento das táticas e das operações para atingir os objetivos almejados;
- *eleger os meios de comunicação*: em cada um dos projetos, destinados a grupos e/ou a segmentos de públicos, são listados os melhores veículos, considerando-se as suas características relativamente aos indivíduos que serão o foco da atividade;
- *discriminar os recursos*: reunião de todos os requisitos materiais, humanos e de custeio exigidos;
- *computar todos os custos*: o planejamento físico das necessidades e o orçamento são duas partes imbricadas (planejamento é um processo contínuo que precede a elaboração orçamentária e a escolta, integrando-se e complementando-se entre si);
- *esquematizar o tempo*: detalha-se, no cronograma geral, o dia-a-dia das atividades já definidas – o tempo de execução é calculado e contado após a aprovação do plano.

Consentimento (etapa da autorização pela direção):

- *aprovar*: consolida-se o plano de Relações Públicas quando é submetido à apreciação e ao consentimento da direção da empresa, com auxílio da exposição dos instrumentos tangíveis;
- *mentalizar para a ação*: acolhidas as propostas, o profissional procura criar no público interno uma atmosfera de receptividade aos programas de Relações Públicas, gerando expectativas e o anseio de participar, conscientes de que haverá mudanças no ambiente organizacional;

- *selecionar o pessoal*: estabelecido o envolvimento ativo, são indicados os funcionários que vão executar os programas e projetos ao longo do tempo, respeitando-se as habilidades individuais existentes na empresa.[7]

A inclusão dos servidores nas propostas das Relações Públicas enriquece esse roteiro de planejamento, inaugura um estilo gerencial que destaca os valores corporativos, descobre as aspirações individuais de seus membros e mantém crenças e tradições.

Determinadas pessoas acatam naturalmente esse tipo de participação, e as Relações Públicas têm oportunidade de aproveitar os funcionários dispostos a contribuir com as atividades, porquanto, sem esse apoio, direto ou indireto, não será possível efetivar perfeitamente o trabalho. Do mesmo modo, quando os servidores são envolvidos na execução de programações, conceitos são permutados e há a elevação do interesse pelos assuntos da empresa.

Em Relações Públicas, a função de planejamento, ao aglutinar sempre pessoas em torno de objetivos a serem alcançados, preconiza que "o planejamento eficaz e bem-sucedido é uma atividade de participação".[8] Constitui-se, evidentemente, uma forma de relacionamento pela qual os dirigentes do negócio decidem que atitudes devem ser assumidas *hoje* para que as metas fixadas visando ao *futuro* sejam estrategicamente melhores do que as firmadas no *passado*.

---

7. Livremente adaptado de: KUNSCH, Margarida Maria Krohling. *Planejamento de relações públicas na comunicação integrada*. 3. ed. São Paulo: Summus, 1995, p. 80-96.
8. SLOMA, Richard S. *Planejamento descomplicado*. São Paulo: Círculo do Livro, s/d, p. 21.

"Planejamento" de crises e emergências

Um capítulo à parte na questão do planejamento é quando se trata de enfrentar crises e emergências.

Os serviços de Relações Públicas modernos têm demonstrado um grande cuidado com a eclosão de crises e emergências, as excepcionalidades, que afetam os interesses das instituições que representam. "As formas e o tamanho das crises são variados, e apenas uma certeza existe: as empresas correm o risco de, cedo ou tarde, deparar com uma delas. O que diferenciará uma empresa de outra será a maneira como cada uma se comportará diante da crise."[9]

O planejamento para a administração de excepcionalidades comporta um complexo de providências capazes de diminuir as eventualidades e, no caso do seu advento, minimizar os seus efeitos, evidentemente fora dos domínios da empresa, mas com graves reflexos na opinião pública.

Praticamente incontrolável no primeiro momento e de enorme sensibilidade perante os públicos da organização, a espécie de uma crise ou emergência é variável, abarcando "problemas ambientais, contaminação de produtos, disputas trabalhistas, extorsões, colapsos financeiros, explosões e incêndios, ataques de consumidores, descrédito de produtos, desonestidade dos diretores, além de atos da natureza, como inundações e terremotos, dentre outros".[10]

São eventos imprevisíveis que, potencialmente, provocam prejuízos significativos a uma instituição e, é lógico, a

---

9. PASTORE, Karina. O paraíso dos remédios falsificados. *Veja*, São Paulo, v. 31, n. 27, p. 47, jul. 1998.
10. BIRCH, John. Como sobreviver na crise. *Propaganda*, São Paulo, n. 486, p. 9, ago. 1993.

seus empregados, fornecedores, intermediários, prestadores de serviços e ao seu conceito público. É necessário manifestar uma preocupação legítima com os aspectos humanos do caso (usar de má-fé nesses momentos é inaceitável), adotar medidas imediatas e uma comunicação franca e constante com a imprensa.[11]

Atualmente, o intercâmbio mundial de informações é veloz e a comunicação com a opinião pública, instantânea. Como cautela prévia, os bancos de dados, em especial os utilizados por jornalistas, precisam ser alimentados periodicamente com registros atualizados acerca da companhia, a fim de que não se veiculem notícias incorretas ou ultrapassadas às populações; um relacionamento aberto com a imprensa em geral também evita impropriedades.

Semelhantes às controvérsias, as eventualidades devem ser conjecturadas, colocando-se a empresa sob inspeção profunda em seus pontos estratégicos, esquadrinhando-se quais deles constituem vantagem ou fraqueza nas ocasiões difíceis.

O alerta é geral, havendo uma autêntica *energização interna* para que as eventualidades sejam competentemente conduzidas. "A função de um profissional de Relações Públicas, diante de um cenário tão desfavorável, com possibilidades de graves conseqüências conceituais, é defender, proteger e, muitas vezes, reconstruir a reputação de uma organização."[12]

O serviço de Relações Públicas procurará a cooperação de todos para conceber, pela função de planejamento, projetos preventivos e reativos, acionáveis nas eventualidades, articulando o seguinte:

---
11. BIRCH, John. Como sobreviver na crise..., op.cit., p. 10.
12. Id., ibid., p. 10.

- indicar precisamente quem responde pela instituição, analisando se tem cumprido amiúde essa função em tempos normais e se está apto a fazê-lo nas exceções à rotina;
- esquematizar a logística e o desempenho das atribuições do porta-voz, municiando-o com dados recentes sobre a companhia;
- mentalizar os níveis hierárquicos quanto às responsabilidades individuais no transcorrer de uma crise;
- aprimorar o discernimento da direção superior que vai comandar a empresa durante a emergência;
- desenhar cenários que contemplem o que de pior possa sobrevir, quantificando as probabilidades de ocorrência de sinistros;
- aquilatar fielmente as vulnerabilidades críticas da organização (falta de segurança, explosões, incêndios, transporte precário de mercadorias e de valores, altos executivos desprotegidos);
- confeccionar projetos de ações para as eventualidades, como nas hipóteses de extorsões;
- examinar se essas vulnerabilidades são perigosas aos empregados, à comunidade e ao meio ambiente;
- editar um manual de crises, compilando os procedimentos a serem obedecidos;
- determinar os materiais e equipamentos, internos e externos, e o pessoal indispensável para enfrentar uma emergência – particularmente as que tenham reflexos ambientais –, envolvendo especialistas da área jurídica, financeira, de recursos humanos, de operações;
- apontar os indivíduos-chave e orientá-los para que ajam e resolvam problemas específicos;

- simular condições de risco potencial;
- verificar se os recursos disponíveis serão suficientes para enfrentar verdadeiros desastres;
- alocar um espaço físico destinado à reunião da equipe no instante inicial da crise;
- eliminar quaisquer transgressões aos dispositivos legais, distintamente àqueles referentes à normalização de procedimentos, formulando respostas competentes com a intenção de esclarecer ocorrências históricas;
- compor o núcleo de mensagens que serão direcionadas à vizinhança e aos meios de comunicação, dando os primeiros informes;
- buscar alianças de boa vontade de diferentes segmentos, como os poderes públicos, as associações comunitárias e de classe, os funcionários, sindicatos, grupos de interesses especiais e a imprensa, para que aconteçam manifestações de apoio, já que a companhia foi atingida por uma fatalidade – evidentemente, isso deverá ser real;
- testar regularmente se a mecânica de comunicação é eficaz.[13]

Além de todos esses projetos, um esquema mínimo de contingências deve prever "detalhes como para onde os funcionários devem ir, com quem devem falar e que procedimentos devem seguir quando chegam ao escritório sobressalente para resgatar as informações estratégicas da empresa".[14]

---

13. LUKASZEWSKI, James E. How vulnerable are you? *Public Relations Quarterly*, Nova York, v. 34, n. 3, p. 5-6, 1989.
14. JAMOUS, Lea. Um clone para sua empresa. *Exame*, São Paulo, v. 35, n. 13, p. 22, jun. 2001.

Com a eclosão de uma excepcionalidade, um grave acidente, por exemplo, as providências concretas, adotadas em questão de horas, contam a favor da empresa por existir certo período de tolerância e perplexidade, prenúncio de uma reação consistente dos públicos que se voltam imediatamente ao acontecimento.

A mídia prioriza uma abordagem factual e, depois, passa a inquirir as causas; os preservacionistas mobilizam-se com o propósito de abrandar os danos de uma calamidade ecológica, lançando, em seguida, campanhas tremendamente negativas; as autoridades constituídas inclinam-se a prestar colaboração para superar a emergência antes de apurar as responsabilidades.

Os públicos, apesar do impacto, preferem aguardar novas informações para firmar uma posição conceitual, embora construam imagens tênues. É necessária uma fonte confiável que impeça os rumores eventualmente irresponsáveis, "para que haja maior convergência nas teses apresentadas e que a versão não se torne mais importante que o fato em si. A maior fonte de boatos é a falta de informações ou a obstrução em seus fluxos. Em meio à crise, o risco de menosprezar a comunicação é grande e pode representar estragos consideráveis para a imagem da organização".[15]

Se a empresa desfrutar de um conceito positivo, os públicos tendem a não acreditar na possibilidade de que as suas condutas foram negligentes. Com isso, a companhia ganha tempo para incrementar medidas simples, porém de largo alcance. Incluem-se nas prescrições emergenciais:

---

15. CARVAS JÚNIOR, Waldomiro. Relações públicas no gerenciamento de crises. In: KUNSCH, Margarida Maria Krohling (Org.) *Obtendo resultados com relações públicas*. São Paulo: Pioneira, 1997, p. 209.

- pedir escusas o mais cedo possível (isso não significa avocar a culpa, apenas lamentar o episódio);
- levar ao local a maior autoridade da empresa;
- informar completa e ordenadamente o público em geral;
- demonstrar que existe uma capacidade de lidar com problemas dessa categoria;
- arrolar as necessidades de recursos materiais e humanos;
- estabelecer e coordenar os mecanismos de ajuda voluntária;
- sujeitar-se às deliberações das autoridades governamentais;
- gerenciar as despesas sem, entretanto, restringi-las, o que traria dificuldades para vencer a crise;
- solicitar a especialistas estranhos à organização o fornecimento de laudos e pareceres;
- patentear a preocupação com o ocorrido;
- tolher qualquer disposição para subestimar o fato.[16]

Após os momentos de maior ocupação, e com o equacionamento pleno da administração de excepcionalidades, volta-se à seqüência lógica do processo de Relações Públicas e parte-se para a execução da comunicação de Relações Públicas, quando são privilegiados os procedimentos para manter informados os públicos, sem abalar a credibilidade da companhia, assegurando a permanência no mercado, com um desgaste mínimo ao seu conceito.

Encerra-se, então, a função de planejamento e tem início a função de execução, quando são aplicados todos os projetos preparados e coordenados pelas Relações Públicas, pre-

---

16. LUKAZZEWSKI, op. cit., p. 6.

vendo-se alternativas aos cursos traçados e envolvendo as diversas áreas da organização. Posteriormente, na fase de *controle e avaliação dos resultados* do processo de Relações Públicas, são feitos o acompanhamento do que foi executado e a análise dos pontos positivos e negativos.

FUNÇÃO DE EXECUÇÃO

Para viabilizar os relacionamentos exigidos pelos públicos, a *função básica de execução* de Relações Públicas desenvolve todas as etapas e ações do processo de comunicação. Compreende a produção de material informativo e a designação dos instrumentos e veículos que criam, ampliam, sustentam e mantêm os relacionamentos mutuamente favoráveis aos promotores da troca de informações.

As instituições não podem prescindir de um contato contínuo com os seus públicos, compartilhando aspirações, obstáculos e frustrações. Cabe à organização adiantar-se ao aparecimento de dúvidas por parte dos grupos já vinculados ou que venham a ter peso nas resoluções empresariais, procurando conhecer os verdadeiros interesses, desejos, necessidades e hábitos da população.

Esse cuidado conduz aos caminhos que transformam as pessoas em públicos, acarretando melhorias na opinião pública ou opinião dos públicos, fundamentais quando são estudados os cenários de relacionamento.

Há uma concordância pacífica quanto à relevância da função. Atualmente, os profissionais concentram-se na execução de tarefas endereçadas aos públicos, singelas ou sofisticadas e dispendiosas, como os programas de comunicação massiva. Além disso, o trabalho prático equilibra-se com aspectos mais elaborados, típicos das questões levadas pela administração estratégica de negócios.

O destaque consignado normalmente à função de execução não diminui o valor das demais atribuições basilares de Relações Públicas, e a articulação sinérgica delas totaliza o empenho de relacionamento com os públicos, e qualquer omissão põe em perigo o ganho conceitual almejado.

A função de execução está apoiada na *função de pesquisa* para que as atividades de relacionamento não sejam sempre reativas, isto é, levadas a agir somente em decorrência das decisões da alta direção ou reagindo aos problemas sobrevindos do ambiente externo.

Sem uma base de dados geradora de informações, não serão possíveis medidas defensivas, exigidas quando se colocam as ações de Relações Públicas no contexto estratégico das organizações. Com as informações inteiramente levantadas, confere-se o nível de entendimento e aceitação, por parte dos públicos, dos produtos e serviços negociados pela empresa, e executa-se a comunicação.

A função de execução aproxima-se largamente da *função de planejamento*, no momento em que executa o que foi previsto, orientando os esforços estratégicos voltados à conquista da simpatia dos públicos às iniciativas da organização. Deve combinar a rota oferecida pelo planejamento e o amparo propiciado pela pesquisa para que suas incumbências não fiquem restritas ao cumprimento de rotinas fastidiosas.

Ao ser solidificado o posicionamento de Relações Públicas como um serviço de linha, consolida-se o ajuste da função de execução com a *função de assessoramento*, passando a preencher uma nova prerrogativa: a sua atuação como "ponte" entre os dirigentes e o chão de fábrica. Ainda que se encontre numa gradação hierárquica intermediária, o profissional não vai deixar de assistir a direção superior se surgirem, por exemplo, contendas internas mal resolvidas.

A ligação e o intercâmbio de informações – que percorrem os dois fluxos, descendente e ascendente – devem ser assumidos tanto pela cúpula quanto pelas especialidades funcionais, estando reservado justamente às Relações Públicas o papel de intérprete e tradutor dos dados, fatos, sentimentos, conceitos e das opiniões que cotidianamente circulam por toda a organização.

Um trabalho bem engendrado, para ser exato, adapta-se às contingências e contempla a *função de avaliação*, ao término do período calculado, se houve o alcance cabal de objetivos e metas.

Paralelamente a isso, não *coordenar* a missão de Relações Públicas em uníssono com as outras tarefas realizadas, peculiarmente aquelas ligadas diretamente aos resultados econômicos do empreendimento, acaba por comprometer o desempenho esperado. O *controle* em Relações Públicas permite conduzir a consistência da aplicação do seu processo e proporciona novas rotinas de integração que demonstram a sua relevância estratégica.

Setores de abordagem

No intuito de entabular relacionamentos com os diferentes grupos de interesse e interessados na organização, a função de execução é desdobrada em gêneros de atividades, com características comuns ao tipo de comunicação que se pretende produzir. Em alguns casos, no entanto, são mais importantes as medidas internas de reestruturação e de reordenamento do que o esquema posteriormente montado para a comunicação dos proveitos estratégicos obtidos.

Não há nenhum gênero de atividade que se sobressaia em demasia – seu destaque se dá pela contribuição que possa oferecer para que os objetivos da empresa sejam atingidos. Industriam-se os seguintes gêneros e espécies de propostas e ações de Relações Públicas:

Divulgação (disseminação não persuasiva de informações):

- preparar, elaborar e/ou supervisionar a criação e a distribuição de:
  - notas e boletins à imprensa em geral;
  - material promocional impresso para segmentos específicos de públicos da organização;
  - campanhas publicitárias institucionais, internas ou externas;
  - infomerciais (publicidade sobre as características do produto e dos serviços);
  - artigos assinados por dirigentes e técnicos da organização ou por terceiros ligados a esta, para veiculação em mídia seletiva.
- produzir e editar, impressa e/ou eletronicamente, publicações corporativas (manuais, periódicos de empresa, *house-organs*, *newsletters*, jornais, revistas, boletins, folhetos, relatórios econômico-financeiros, relatório anual, balanço social, filmes, vídeos e CD-ROMs institucionais);
- produzir e veicular anúncios editoriais para posicionamentos e/ou respostas a situações específicas;

- convocar, preparar e acompanhar entrevistas coletivas aos jornalistas, providenciando o treinamento para entrevistas (*media training*) de dirigentes, executivos e técnicos da empresa;
- motivar e supervisionar cobertura jornalística da mídia impressa e audiovisual;
- desenvolver e revitalizar os conteúdos da divulgação de sites; observar a concepção das campanhas publicitárias de produtos e serviços;
- coletar e divulgar informações financeiras e balanços das empresas;
- organizar e montar exposições e mostras.

Informações (atendimento aos públicos):

- Ouvir os públicos, atender e responder a suas consultas (informações, sugestões e reclamações);
- orientar o sistema de comunicação administrativa;
- desenvolver ou revitalizar os conteúdos de intranets;
- preparar e acompanhar as campanhas de integração, motivação e educativas;
- apoiar os programas de qualidade;
- normatizar os veículos de comunicação dirigida escrita, com destaque para a correspondência da companhia (tradicional e virtual);
- inspecionar o atendimento telefônico;
- criar e/ou supervisionar a preparação e distribuir:
  - veículos de informação, como jornal da empresa, mural, videojornal, audiovisuais, vídeos, filmes e CD-ROMs institucionais;
  - auxílios audiovisuais (tradicionais e virtuais).
- proceder à leitura e ao recorte de jornais;

- implantar e coordenar:
  - cadastros de públicos prioritários (autoridades governamentais, fornecedores, intermediários, imprensa, lideranças de opinião e entidades);
  - arquivos de imprensa: fotográficos, eletrônicos e virtuais.
- coletar e resumir dados *(briefing)* para reuniões, palestras e aulas;
- analisar quantitativa e qualitativamente as publicações dos veículos de comunicação de massa;
- redigir discursos e declarações públicas;
- sugerir o caráter da participação dos públicos.

Contatos (reciprocidade de comunicação):

- programar formas de participação dos públicos;
- promover a boa vontade dos funcionários e demais públicos;
- organizar e executar o sistema de visitas à instituição (instalações industriais, centros de serviços, *showrooms*, estandes e obras, dentro e fora do país);
- organizar e dirigir eventos: técnicos, especiais, comerciais, culturais, político-setoriais e institucionais (inauguração de instalações, lançamentos de produtos, feiras e congressos, conferências e convenções de vendas, aniversário da empresa ou cidade onde ela atua, visita de altas autoridades etc.);
- estabelecer, estimular e controlar as relações com:
  - imprensa em geral;
  - órgãos públicos que exerçam fiscalização e/ou controle nas atividades da companhia;

- lideranças empresariais, da comunidade e entidades de classes.
- empreender e/ou participar de reuniões dialogais;
- preparar e treinar porta-vozes;
- articular e/ou contribuir com o cerimonial e protocolo em atos oficiais ou não;
- organizar a presença da instituição em solenidades;
- representar a empresa em cerimônias e atos públicos;
- conceber, elaborar e/ou acompanhar as políticas de responsabilidade social e de seus subprojetos, como patrocínios, donativos, subvenções, prêmios, brindes e bolsas de estudo.[17]

Adaptação (ajustamento às forças ambientais externas):

- identificar os assuntos públicos de interesse, as oportunidades e tendências, cadastrando-os conforme os parâmetros:
  - tema e a sua potencialidade em afetar a participação da empresa no mercado e nos seus relacionamentos;
  - grau de impacto das questões, no tempo e no espaço, priorizando os enfrentamentos;
  - posição antecipada da companhia sobretudo em matérias de natureza política e econômica, não rejeitando, por preconceito, novos hábitos e costumes sociais.

---

17. Adaptado de: ANDRADE, Cândido Teobaldo de Souza. *Curso de relações públicas*: relações com os diferentes públicos. 5. ed. São Paulo: Atlas, 1994, p. 34.

- planejar as ações e possíveis reações aos assuntos emergentes, obtendo:
  - organização e guias das forças-tarefa para cada temática ambiental;
  - aval da direção da empresa à consecução das medidas resultantes das análises dos grupos;
- implementar os planos, coordenar a execução das atividades e analisar as respostas decorrentes do comportamento modificado dos públicos;[18]
- desenvolver as programações de relacionamento para ancorar a administração de crises e emergências.

Identificação (criação e manutenção de imagens):

- definir a imagem e enquadrar promocionalmente os produtos como ecologicamente corretos, desde que sejam genuínos;
- facilitar o reconhecimento de produtos e embalagens recicláveis;
- discutir com os públicos as formas para mudanças no perfil de consumo, visando à melhoria da qualidade de vida individual e coletiva;
- superar, com informações, as percepções ambientais erradas ou distorcidas;

---

18. Adaptado de: LESLY, Philip (Coord.). *Os fundamentos de relações públicas e da comunicação.* São Paulo: Pioneira, 1995, p. 24-31; NOGUEIRA, Nemércio. Sumário profissional, aspectos jurídicos e atividades específicas de relações públicas. *Propaganda*, São Paulo, n. 271, p. 30-6, fev. 1979.

- adicionar credibilidade à imagem da empresa pela correção ambiental;
- projetar relacionamentos e alianças com os formadores de opinião ambiental.[19]

O quadro dos setores de abordagem é completado com o apoio logístico e conceitual ao Marketing da empresa, o que dá origem às *Relações Públicas de Marketing*, as quais têm a missão de "auxiliar no lançamento de novos produtos ou no reposicionamento de um produto maduro, desenvolver o interesse por uma determinada categoria de produtos, influenciar grupos-alvo específicos, defender produtos que enfrentam o descrédito público".[20]

Ajudam, também, a construir reputações corporativas que se projetam favoravelmente sobre os seus produtos e procuram aprofundar a fidelidade do consumidor, que especifica suas demandas individuais em torno da busca do melhor preço, da maior qualidade no produto, da transparência e da responsabilidade total do fabricante.

Uma colaboração bem-sucedida de Relações Públicas pode ter um impacto positivo significativo nas vendas. Para isso, são propostas algumas providências:

- dirigir o programa de comunicação quando não existe nenhuma campanha publicitária;
- gerar notícias quando não existe nenhuma informação nova do produto;
- estender os programas de promoção;

---

19. Adaptado para Relações Públicas de OTTMAN, Jacquelyn A. *Marketing verde*. São Paulo: Makron, 1994, p. 18-44.
20. KOTLER, Philip. *Administração de marketing*: análise, planejamento, implementação e controle. 5. ed. São Paulo: Atlas, 1998, p. 587.

- construir relações pessoais com os consumidores;
- influenciar os formadores de opinião;
- comunicar novos benefícios de produto;
- demonstrar a responsabilidade social da companhia e construir a confiança do consumidor.[21]

As empresas são obrigadas a reavaliar e redimensionar os seus processos de relacionamento com o mercado, acelerando-se, então, a passagem do consumidor massivo para o público consumidor, aumentando a sua satisfação e participação.

Tudo isso demonstra a abrangência do trabalho de Relações Públicas, e cabe ao profissional enunciar as possibilidades que julga eficientes para atingir e aproximar os grupos da organização promotora do relacionamento. A maioria delas apresenta, como pressuposto, a resposta ao estímulo fornecido, sendo executadas no sentido de assegurar o conceito positivo dos públicos.

A função de execução fundamenta-se na comunicação e ambas delineiam o momento do contato verdadeiro com os grupos cogitados como públicos e têm uma evidente preocupação de segmentá-los, chegando ao indivíduo.

Diante das turbulências ambientais, quando as Relações Públicas são acionadas para conduzir as informações necessárias aos públicos, os profissionais mantêm a comunicação de forma consistente, fazendo uso de uma gama de veículos – massivos, dirigidos e virtuais. Fixam, com isso, conceitos de relacionamento com os públicos não podendo contrariar as tendências ambientais, o que prejudicaria a organização empresarial.

---

21. HARRIS, Thomas L. Integrated marketing public relations. In: CAYWOOD, Clarke L. (Ed.). *The handbook of strategic public relations and integrated communications*. Nova York: McGraw-Hill, 1997, p. 94-5.

BASES CONCEITUAIS DE RELACIONAMENTO PÚBLICO

O relacionamento de uma organização com os grupos, que para ela se voltam, efetiva-se unicamente pela existência de um plano completo de Relações Públicas. Serão transformados em *públicos autênticos*, se forem proporcionadas as condições favoráveis ao seu aparecimento, com o auxílio de uma política arquitetada por um serviço específico que diligencia maximizar o grau de interação da empresa ao seu meio ambiente de tarefa.

Para cada um dos grupos considerados são estabelecidas as *bases conceituais* de relacionamento público, que são os parâmetros que norteiam os diálogos e orientam a administração das controvérsias. Independentemente das atividades que serão desenvolvidas com os públicos, as bases conceituais permanecem inalteradas, pois são os princípios sobre os quais se assentam os fundamentos específicos de Relações Públicas.

Ao classificar os públicos são acatados segmentos específicos, pois não são todas as pessoas de uma faixa populacional singular que exprimem perfis iguais ou estados de expectativas semelhantes. Portanto, deverão ser programas de Relações Públicas coerentes com os níveis de entendimento e de repertório do indivíduo – o universo de debates – que variam de público a público, se bem que as linhas gerais de relacionamento são mantidas e continuam sempre presentes.

Público interno

A doutrina de relacionamento com os funcionários e seus familiares e dependentes prevê a *integração* destes à empresa, intermediada por um volume razoável de informações disponíveis em diversos canais de comunicação. Isso permite a *participação* de todos nas discussões que se promovem diante das controvérsias levantadas.

Possibilita ampliar a intervenção de Relações Públicas na estrutura da companhia, adequando prioritariamente os postos de trabalho, para que o relacionamento pleiteado combine o interesse da organização com o respeito ao empregado.

Público misto

Os grupos que podem vir a compor o público misto relacionam-se com a empresa privilegiando motivos econômicos, originando claras repercussões financeiras na organização, embora esses grupos não dependam de uma única companhia.

Nesse contexto, aparecem as Relações Públicas como estratégia para atrair tais grupos, se estes estiverem dispersos e desinteressados, dirigindo-os para que considerem uma companhia específica como *fonte viável de negócios*, porque, além do bom ajuste comercial, a clientela deve conhecer essas oportunidades. Os resultados positivos serão obtidos com a modificação das estruturas internas, aparelhadas para que respondam às perspectivas criadas.

Investidores

Importa saber se as aplicações são seguras e rentáveis. Para que permaneçam investindo naquela organização precisam ser *informados das atividades e dos negócios* da companhia. Além disso, a *transparência dos seus negócios* deve ser uma constante.

Hoje, investidores querem ter certeza de que estão se vinculando a instituições que não poluem rios, não desmatam, não exploram nem adotam práticas ilegais quanto aos seus servidores. Tranqüilizados, passam a acreditar nela, recomendando-a a novos investidores.

Fornecedores

Empresas fornecedoras procuram desenvolver *parcerias e associações de marcas*. Para isso, certificam-se de que os seus produtos *in natura*, semi-elaborados ou industrializados são processados convenientemente pela empresa compradora.

Os fornecedores procuram aumentar seus índices nas compras de cada uma das companhias ou até dar-lhes a exclusividade. Condições econômicas solidárias determinam ganhos significativos para ambos, quando a qualidade é mantida elevada e são reduzidos os custos de controle.

Intermediários

As organizações postadas entre o fabricante e o consumidor estão dispostas a *agregar o seu conceito ao das empresas produtoras*. Exigem, como direito legítimo, receber produtos destinados à comercialização em bom estado e com qualidade comprovada, acompanhados da devida assistência técnica original de fábrica e dos serviços complementares, tendo presente a probidade nas transações.

Todos esses cuidados constam das informações aos intermediários. Se a organização for abandonada pelos seus canais de distribuição, o empreendimento será depreciado, originando um péssimo cenário de Marketing.

Cooperados

Domina o relacionamento a *coalizão de empresas distintas* que se unem a fim de obter vantagens mútuas. Desse modo, a franqueza de intenções dos parceiros e a identidade de objetivos externos darão o suporte ao entendimento pretendido.

As relações comerciais, em todos os segmentos do público misto, precisam, enfim, estar embasadas na *correção do trato financeiro*, em razão de que os benefícios advindos de uma negociação favorecida para uma das partes, em dado período, poderão transformar-se em desconfiança, arriscando o futuro da organização.

Adicionalmente, o relacionamento apropriado com os públicos interno e misto terá reflexos imediatos perante o público externo, que deverá ser plenamente informado para perceber as modificações ocorridas.

Público externo

Distanciados da organização e compostos por múltiplas facetas, os grupos externos destacam-se pela grande influência que os seus membros exercem sobre o promotor do relacionamento, exigindo providências concretas das Relações Públicas para formar o público externo da empresa.

Comunidade

As relações com a comunidade são embasadas no fato de a instituição ser vista como *integrante da localidade* onde está instalada, agindo esta com espírito de vizinhança, de forma que os seus sucessos sejam os triunfos da comunidade e os desta, as vitórias da empresa.

Grupos organizados

Dada a relevância que esses agrupamentos assumem no cenário empresarial moderno, as relações serão estabelecidas pela *transparência das ações* da companhia e pelo *acatamento de sugestões*, considerando-se que são entidades especializadas e preocupadas com assuntos e temas específicos, que podem indicar os acertos e os equívocos da companhia.

Sindicatos e entidades representativas

A base conceitual pressupõe o *reconhecimento da força* dessas instituições e o seu *nível de representatividade*, o que vai determinar a consideração por parte da empresa de seus pareceres e suas reivindicações.

Por parte da companhia, há de se demonstrar que *cada unidade produtiva tem suas características* (mesmas categorias profissionais, mas pessoas diferentes), as quais devem ser reconhecidas pelas entidades no momento em que são estabelecidos os fundamentos das controvérsias a serem administradas.

Celebridades

Como são pessoas que, muitas vezes, vivem de sua própria imagem, o que importa nesses casos é a empresa mostrar-se *atualizada, correta* e que a associação à sua marca pode trazer benefícios.

Escolas

O trabalho de relacionamento aproveita as *oportunidades de iniciativas conjuntas*, com troca de experiências, intercâmbio de especialistas, abertura de campos de estágio, registros de vivências e, principalmente, superação de eventuais dificuldades de caixa das escolas.

Normalmente, as companhias ignoram o que as instituições de ensino podem oferecer aos empreendimentos lucrativos, e as organizações desconhecem a potencialidade a ser despertada nos aprendizes das várias especialidades.

Imprensa em geral

Os preceitos são a *rapidez* no atendimento às suas consultas, a *veracidade* dos informes, a *concisão*, o *interesse* e a *pertinência* das notas encaminhadas aos leitores dos veículos e, por conseguinte, uma *ética* compatível e a *honestidade* de propósitos.

Trata-se de um princípio que, praticamente, envolve todos os empregados da organização, devendo ser preparados para prestar esclarecimentos – o que se quer é a informação direta da fonte ao repórter, não passando por "filtros" que alterem a essência da notícia.

Poderes públicos

Prevêem essas relações que a empresa mantenha uma *reputação inatacável* para subsistir à alternância de mandatários, mediante o cumprimento das obrigações legais, como o pagamento de tributos em qualquer nível, e a *compreensão das atitudes governamentais*.

Nessa base, observa-se a legislação geral e específica, acompanha-se a mutabilidade dos funcionários em pontos-chave na esfera governamental e o lógico relacionamento com o poder e não com aqueles que detêm postos no governo, e entende-se também que as pessoas não são "patrões" do servidor público.

Não se confundem as relações com os poderes públicos com *Relações Públicas Governamentais*, que compreendem as atividades de Relações Públicas empreendidas pelos governos federal, estaduais e municipais e pelos órgãos da administração indireta bem como pelas agências reguladoras no que concerne aos seus públicos.

Concorrentes e competidores

Procuram *combinar os interesses individuais e de um grupo* delimitado no rumo do bem comum, da *coexistência e da defesa recíproca*. Os termos "concorrência" e "competição" não têm conotações de inimizade feroz ou combate interpartes, mas indicam a presença de empresas com identidade mercantil que podem ser assoladas por medidas políticas e econômicas ou pelas mudanças nas estruturas do mercado ou nos hábitos dos usuários.

A empresa "derrota" um concorrente quando supera o seu rival no intento de melhor atender e agradar a consumidores compartilhados, valendo para isso os esforços de relacionamento.

Consumidores

Fundamenta-se o relacionamento na *ligação positiva do nome da companhia com os bens que são vendidos*. Associa-se o conceito público da empresa à imagem de produtos e· serviços quando se justapõem aos argumentos publicitários a conveniência, a disponibilidade e a funcionalidade dos bens. Isso faz com que estes sejam adquiridos pela qualidade garantida e confirmada pelo produtor dos itens por meio de programas de relacionamento.

No futuro, as pessoas farão suas opções de compra relevando a organização produtora ou prestadora dos serviços, verificando se existem práticas oligopolistas, se a empresa traz danos ao meio ambiente, se adota costumes comerciais inibidores da concorrência, se baseia seus lucros na má remuneração de seus empregados e colaboradores.

Porém, não basta ser correta nas relações comerciais, é preciso mais. O consumidor procurará saber se está associada a causas justas e se revela uma nítida responsabilidade social para com os problemas que afligem a sociedade como um todo.

Países e grupos internacionais

Instituem-se conceitos semelhantes aos aconselhados para as relações comunitárias, de *respeito aos padrões culturais e socioeconômicos locais* acima dos interesses privados. Ressaltam-se as peculiaridades de:

- valorizar os aspectos positivos de seus produtos;
- eliminar os efeitos desfavoráveis;
- implantar as mesmas políticas de recursos humanos da sede da empresa;
- extinguir a emissão de poluentes;
- investigar alternativas para o uso racionalizado da energia;
- evitar disputas comerciais;
- fomentar a economia e a aptidão industrial do país hospedeiro.

Com isso, serão desenvolvidas as autênticas Relações Públicas da empresa, independentemente de sua posição geográfica nesse novo mundo globalizado.

Público em potencial

Os indivíduos do público em potencial são contemplados com *prontidão e volume suficiente de informações* as quais solucionam dúvidas ou solicitações do segmento, devendo haver competência empresarial na execução desse trabalho.

Eficiência das normas e dos métodos, capacidade de organização, eficácia dos recursos humanos, boas instalações e demais fatores convergem para que sejam fixados ótimos procedimentos que dêem atenção ao público em potencial. Nas companhias menores, esse tipo de relacionamento constitui um excelente veículo de comunicação, podendo outras formas de interação estar fora do alcance dessas instituições.

Em síntese, pelas providências recomendadas a todos os organismos, empresariais ou não, percebe-se que as atividades de Relações Públicas são viáveis porque promovem o ajustamento entre homens e instituições. Nos tempos atuais, o diálogo que vem substituir a força e a persuasão, e a busca do entendimento, ao tomar o lugar da indiferença e da passividade, constituem os elementos fundamentais nas análises para erigir as propostas de relacionamento com as companhias.

Após considerar as funções de *planejamento e execução* durante o *amplo programa de informações*, iniciam-se, ainda nesta quinta fase do processo de Relações Públicas, as sondagens e a seleção dos melhores veículos de comunicação destinados a fazer chegar a mensagem aos públicos da organização, de maneira ágil, perfeita, segura e sem dispersões.

8

COMUNICAÇÃO E RELAÇÕES PÚBLICAS

A comunicação no ambiente empresarial e dele com os públicos está alicerçada na compreensão daquilo que se pretende transmitir, na linguagem comum que estabelece o universo de debates e efetiva o diálogo, e na eleição planejada e competente dos veículos que serão empregados no transporte das informações.

Normalmente, as companhias criam barreiras e carecem de empatia com os seus públicos, não compartilhando os seus anseios ou suas frustrações. Também ignoram as reações dos grupos diante das suas informações. Essas reações poderiam auxiliar os esforços de produção e de vendas, caso se prestasse atenção a elas.

A ausência de conhecimentos básicos do processo de comunicação ou do repertório dos cidadãos para os quais a mensagem é direcionada explica o fracasso. A falta de uma linguagem única que percorra toda a empresa, por exemplo, traz obstáculos naturais que impedem a cooperação e a troca de informações entre as diversas equipes e as pessoas responsáveis pela tomada de decisões.

Orientados pelos aspectos de colaboração e aprimoramento da relevância estratégica, os serviços de relacionamento devem fazer convergir os seus objetivos, diferenciando-se quanto aos seus métodos operacionais – Marketing utilizando a comunicação persuasiva e Relações Públicas, a comunicação informativa. Dessas áreas de relacionamento é lícito esperar uma demarcação e o enriquecimento em contribuições e em posicionamentos, dilatando, dessa forma, a natureza e o âmbito de suas atribuições.[1]

A consecução de um trabalho integrado viabiliza-se à medida que os especialistas em Marketing percebem a extensão das atividades de Relações Públicas de tal modo que as articulações mercadológicas para as transações de bens sejam desenvolvidas em harmonia com as metas econômicas e sociais da empresa, e consumadas respeitando efetivamente o interesse público.

Os profissionais de Relações Públicas, por sua vez, precisam ter consciência da complexidade inerente às técnicas de Marketing e ao sistema de decisões, no qual se inserem os componentes ambientais que provocam ameaças ou proporcionam oportunidades de comercialização à companhia. Nesse sentido, devem considerar a sua atuação não apenas sob a ótica de compatibilidade com os outros setores funcionais da organização, mas igualmente extrapolando os limites do contexto empresarial.

---

1. TOLEDO, Geraldo Luciano; FORTES, Waldyr Gutierrez. Relações públicas e marketing: uma abordagem estratégica. *Revista de Administração*, São Paulo, v. 24, n. 3, p. 9, jul./set. 1989.

As áreas de relacionamento sincronizam energias quando entendem que, na sociedade, os indivíduos são portadores de certas predisposições, reagindo distintamente ao receber os estímulos veiculados pela comunicação. Respondem por meio de *atitudes* que constituem um fator primordial de aceitação, redefinição ou rejeição das mensagens emitidas. Tais atitudes têm como conseqüência o aprendizado social das pessoas e estão relacionadas à participação destas no meio humano em que se encontram integradas.

A prática profissional de relacionamento incrementa a comunicação com os públicos mediante características peculiares, dependentes dos objetivos que se tencionam atingir e das particularidades dos grupos que serão alvo do fornecimento de informações.

Algumas empresas ativam o diálogo pleiteado concentrando sua comunicação em um único evento, com as proporções adequadas. Existem as que utilizam poucos veículos; outras valem-se de vários para aprofundar o relacionamento, se as necessidades individuais das pessoas exigem uma abordagem perseverante.

Portanto, não há uma recomendação ou regras invioláveis. Importa priorizar os grupos, conhecê-los largamente, preparar a organização para atender a suas demandas e seus pontos de vista e, então, passar a motivá-los, pela comunicação, para o diálogo, transformando-os em públicos.

Substancialmente, a função de execução, dentro do amplo programa de informações, combina os gêneros massivo, dirigido e virtual da comunicação e prevê os veículos que efetivam as relações com os diferentes grupos de interesse, os quais possam ser encorajados a se voltar para uma organização.

COMUNICAÇÃO DE MASSA EM RELAÇÕES PÚBLICAS

A *comunicação massiva* ocupa espaços e garante uma influência relativamente importante nas programações de Relações Públicas, se bem que o seu grau de dispersão, ao tentar atrair grupos específicos, mereça reparos.

Jornais e revistas são notórios e reconhecidos formadores da opinião pública e têm uma interdependência com a democracia e com a livre iniciativa. Originam-se naturalmente como empreendimentos privados e, quando se aliam às correntes políticas, deixam isso muito claro em seus editoriais, funcionando a sua linha editorial também como apelo mercadológico.

A premência de informar é improrrogável. "A maioria das pessoas que abrem diariamente um jornal já conhece superficialmente as notícias que ali encontram. Não querem saber o que aconteceu, quase sempre porque já sabem. Querem saber por que aconteceu. E o que pensar a respeito dos fatos. Se possível, querem também que os jornais as surpreendam com a exposição de novos temas sobre os quais elas ainda não tinham ouvido falar ou prestado muita atenção. Temas instigantes, que mexam com o interesse imediato ou futuro delas e que capturem sua imaginação e desejos".[2]

A questão financeira nas empresas jornalísticas, entretanto, acaba por conduzir, algumas vezes, a exageros. As pautas são precárias, a apuração de fatos é frágil, valendo-se o jornalista despreparado de estereótipos e da reprodução da sua "opinião" particular. Idéias alheias, desinformadas e de representatividade nula são transcritas com o intuito de "preen-

---

2. NOBLAT, Ricardo. O atraso da vanguarda. In: NOGUEIRA, Nemércio (Coord.). *Jornalismo é...* [São Paulo]: Xenon, [1997]. p. 83.

cher" diariamente os imensos espaços disponíveis. A mídia impressa, nesses casos, além de não informar, impinge a valorização de personalidades, das quais os pareceres são absolutamente sem importância.

Atualmente, um jornal moderno de qualidade "traz mais artigos e cobre mais temas. A idéia é atrair leitores com interesses diferentes. Mas, como a fragmentação do público ameaça a publicidade e os lucros dos jornais, ela também afeta a natureza da notícia. A decisão sobre o que publicar é determinada, cada vez mais, pelo denominador comum mais baixo. Também as pressões comerciais começam a ser levadas mais em conta no momento de decidir o que é notícia. O sensacionalismo tem sido usado, historicamente, para elevar a circulação de jornais".[3]

As mesmas observações são pertinentes à mídia eletrônica. Pela própria natureza de seu sistema de implantação aqui no Brasil – concessões dos poderes públicos –, o rádio e a televisão tendem a ser politicamente mais flexíveis para não sofrer ameaças à sua implantação e a seu crescimento. Essas contingências decorrem da natureza intrínseca desses veículos: as suas audiências superam, em milhões, os números de jornais e revistas, provocando, inexoravelmente, a avidez daqueles que cogitam controlar as massas.

As emissoras de rádio no Brasil surgiram na década de 1920, como clubes ou sociedades, porque a legislação proibia a publicidade, sendo sustentadas pelos associados. Transmitindo programas educativos e culturais, música lírica, conferências e concertos, motivaram o aparecimento de outras rádios amadoras no país.

---

3. SAMUELSON, Robert J. O fim das notícias? *Exame*, São Paulo, v. 33, n. 15, p. 156, jul. 1999.

Liberada a propaganda, a partir de 1930, tornaram-se empresas e começaram a se organizar comercialmente, enfocando a lucratividade. "Nessa época, o rádio vai aos poucos abandonando seu perfil educativo e elitista para firmar-se como um meio popular de comunicação. A linguagem é modificada, tornando-se mais direta e de fácil entendimento. As programações diversificam-se e são mais bem organizadas, atraindo o grande público."[4]

Esse meio de comunicação cumpriu a notável incumbência de integrar as populações brasileiras, originando as verdadeiras massas em todo o território nacional, visto que as distâncias enormes tornavam inexeqüível a circulação extensa de jornais, ficando restritos às circunvizinhanças, não ultrapassando alguns milhares de exemplares impressos ao dia.

Tal utilidade do rádio na comunicação com as massas foi precocemente percebida pela seqüência de mandatários. A sua expansão inicial ocorreu durante períodos políticos de exceção, fato suficiente para que servisse de veículo à ideologia dos governantes, que se preocupavam, e se preocupam ainda hoje, em fortalecer as suas posições.

Fiscalizada pela censura, explícita ou menos intensa, a radiodifusão no Brasil dificilmente pôde ser um fator predominante de formação de opiniões legítimas. Os controles sociais por ela veiculados coibiam as pessoas quanto a discutir realmente os seus problemas, suas aspirações e o seu desejo inerente de participar ativamente da política brasileira.

Os interesses envolvidos sempre foram extraordinários. O rádio, sucedido pela televisão, exerceu, pela propaganda de

---

4. ALMANAQUE Abril. 4. ed. São Paulo: Abril Multimídia, 1997. 1 CD-ROM: Radio Brasileiro.

caráter ideológico, intervenções ora sutis ora flagrantes, mas inalteravelmente a serviço dos que detinham o comando político ou econômico. Ambos, já há algum tempo, servem de modeladores dos padrões, das atitudes e reações sociais das classes subalternas, estruturando uma "cultura" tida como nacional.

Esses veículos inclinam-se a contrariar os pressupostos indispensáveis à formação e à existência da opinião pública. Se for submetida à crítica nos moldes da psicossociologia dos públicos, verifica-se que a mídia eletrônica massiva impede o nascimento de autênticos públicos, porque não encaminha aos grupos um volume copioso de informações, das quais emergiriam conceitos a respeito daquilo que se desenvolve em seu ambiente.

Com efeito, tenta-se suprir ou suprimir as inquietações presentes na totalidade dos cidadãos brasileiros com uma comunicação parcial e deturpada daquilo que deveria ser de domínio público, falsificando-se os seus padrões de comparação.

Para atingir o intento de iludir a população, são usados na programação televisiva expedientes persuasivos – programas em auditório, noticiários, novelas, ídolos, sátiras, esportes e revistas "especializadas", *reality shows*, dentre outros –, que cumprem um papel sintonizado e bem específico na homogeneização de comportamentos, restringindo a comunicação entre os indivíduos, que recebem as mesmas informações pasteurizadas.

Os programas em auditório invariavelmente serviram à massificação, dando aos que assistem a aparência de partícipes na estrutura que compõe o universo de uma emissora de rádio ou de televisão, em que os diretores estariam esperando por novas "revelações artísticas", que poderiam surgir da massa, como eles despontaram.

Embora os auditórios tenham perdido a sua espontaneidade, uma vez que na televisão há a exigência de manter um "padrão de imagem", esquivando-se à exibição de populares nas primeiras fileiras, as massas continuam sendo excluídas de qualquer possibilidade de influir. A resposta que se procura é avolumar a quantidade de telespectadores, o que é obtido, porém vários patrocinadores recusam-se a associar a imagem de seus produtos e serviços e o nome de suas empresas a programas de baixíssimo nível intelectual.

O rádio e a televisão vivificam a mensagem interessada, e o seu conteúdo manipulável prevê unicamente a construção de idéias falsas, inacreditáveis, fantasiosas, sem correspondência na realidade da vida, simplificações, não raro enganosas, de pessoas ou de acontecimentos.

São os "ídolos", os "monstros sagrados", os "símbolos sexuais", representações frágeis, embora poderosas, concebidas pelos anseios da exagerada imaginação popular, as quais são tidas como verazes e completas. Perpetua-se o "sistema de dominação vigente, através de produtos que simbolizam e antes de tudo sintetizam o conjunto de valores éticos dominantes ou aqueles que fossem passíveis de manipulação por parte das classes detentoras do poder econômico e político".[5]

As atrações da televisão têm o propósito permanente de deslocar a atenção das massas, *dissociando as aspirações das pessoas*. Observa-se isso, sem delongas, nas novelas, com histórias imutáveis e perpassadas de lugares-comuns; no noticiário, politicamente pressionado, superficial e derivativo, ele-

---

5. GOLDFEDER, Miriam. *Por trás das ondas da Rádio Nacional.* Rio de Janeiro: Paz e Terra, 1980, p. 48.

gendo assuntos de somenos relevância; nos concursos, nas revistas e nos *realities shows* que promovem o engodo da "participação", ao sugerir que a população está decidindo sobre algo colocado muito próximo a ela; nos esportes de massa que servem habitualmente como instrumento de alienação; nos programas humorísticos que utilizam o humor como desvio de aspirações e ridicularizam as figuras típicas encontradas nas camadas de audiência das emissoras.

A inconsistência da programação da televisão brasileira suscita uma análise relativa às suas causas. "Como cobertura ideológico-cultural tem-se como 'normal' a mais total, ampla e irrestrita falta de controle dos meios de comunicação. Meios que nos impõem, em nome de uma suposta liberdade de expressão, esses pequenos roedores da consciência coletiva e *reality shows*, cujo nível de indigência mental alimenta, inclusive por conta de um perverso *voyerismo* social, a cultura do seqüestro e a ideologia do 'topa tudo por dinheiro'. Em suma, uma desmobilização político-cultural que carrega água para o monjolo do fascismo pós-moderno."[6]

Dar primazia a esse tipo de programação enseja a perpetuação dos padrões vigentes e, sistematicamente, impede que haja avanços sociais perceptíveis. "E o que está errado com a programação? Basicamente tudo. A maneira pela qual é concebida, a forma como é distribuída, o conteúdo que ela carrega. Com uma singular agravante: programação é a única matéria-prima essencial da televisão. Se ela estiver mal, nada do que for construído sobre ela poderá estar bem."[7]

---

6. MOTA, Carlos Guilherme. A sociedade civil reage. *O Estado de S. Paulo*, São Paulo, 5 mar. 2002. Espaço Aberto.
7. HOINEFF, Nelson. *A nova televisão*: desmassificação e o impasse das grandes redes. Rio de Janeiro: Relume Dumará, 1996, p. 21.

Claro que existem exceções nesse cenário desfavorável à formação de opiniões autênticas. Entretanto, no cotidiano, as massas são vulgarmente manipuladas pelos produtores de imagens simplórias e destituídas de qualquer fundamento, favorecendo-se os grupos poderosos, gerando-se sentimentos coletivos distanciados da realidade social e, com isso, adiando-se para um futuro indeterminado a solução de problemas reais.

Conclui-se que jornais e revistas, mais do que as emissoras de rádio e de televisão, permitem levar à massa informações abundantes e diferenciadas, abrir oportunidades de debate amplo e de discussões conclusivas, para que não se comprometa a ascensão de públicos que originariam opiniões.

Veículos de comunicação de massa

Os veículos de massa – rádio, televisão, jornal e revista – são constantemente analisados com o propósito de detectar quais alcançam os públicos desejados. "Têm por finalidade transmitir ou conduzir informações para estabelecer comunicação rápida, universal e transitória com um grande número de pessoas heterogêneas e anônimas."[8]

Além dos quatro grandes veículos de comunicação de massa, existem também as *exposições* e o *cinema* que, atualmente, têm pequena relevância nas programações de Relações Públicas.[9]

---

8. ANDRADE, Cândido Teobaldo de Souza. *Dicionário profissional de relações públicas e comunicação e glossário de termos anglo-americanos.* 2. ed. São Paulo: Summus, 1996, p. 122.
9. Ver detalhes do emprego desses dois veículos e dos demais meios massivos em: ANDRADE, Cândido Teobaldo de Souza. *Para entender relações públicas.* 4. ed. São Paulo: Loyola, 1993, p. 115-26; LLOYD, Herbert,

Alguns parâmetros devem ser ponderados durante a seleção desses veículos para que se obtenham resultados positivos das Relações Públicas. Não se trata, evidentemente, de uma análise específica de cada um dos veículos, mas de sua utilidade para as programações de relacionamento da empresa com os seus públicos.

Rádio

Considerado um veículo tradicional e fortemente popular, o rádio atinge os indivíduos com notícias, reportagens, entrevistas, comentários, e a velocidade de mobilização e a instantaneidade são suas vantagens estratégicas. Tem a capacidade de: aproveitar nos programas aspectos da hora e do dia da semana; excitar a imaginação; falar intimamente com as pessoas. Seus preços de veiculação e de apresentação de programas são negociados com maior facilidade.

Para os planos de Relações Públicas congrega as seguintes propriedades:

- audiência:
  - grandes volumes;
  - sazonalmente estável;
  - seletiva, focada em mercados determinados, como o jovem;
  - custos baixos por cotas de 1.000.
- aproximação maior do que a palavra impressa;
- acompanha diuturnamente os ouvintes e em várias situações;
- variedade de assuntos.

LLOYD, Peter. *Relações públicas*: as técnicas de comunicação no desenvolvimento das empresas. Lisboa: Presença, 1985, p. 111-7, 132-8; PINHO, J. B. Propaganda *institucional*. São Paulo: Summus, 1990, p. 59-72.

Se a instantaneidade é a sua vantagem, no rádio as informações são altamente perecíveis. Tem também a desvantagem de reclamar uma atenção dedicada ao que está sendo dito, o que contraria o hábito normal de escutá-lo como "pano de fundo" para outras atividades, dificultando que se forme a opinião do público, se for ele o único veículo disponível.

Essas fragilidades serão minimizadas com a chegada das redes jornalísticas de rádio e com o advento das rádios digitais e virtuais, que oferecem conteúdo especializado aos que adquirem a sua assinatura.

Televisão de sinal aberto

Meio de comunicação que harmoniza estímulos escritos, orais e imagens, habilitado a: transferir detalhes e informações; mostrar cenas da vida real; revelar mais familiaridade do que os veículos impressos; elevar a quantidade de telespectadores com base na expansão territorial de seus sinais; tirar proveito de artifícios que prendam a atenção, como o humor.

Para efeitos de Relações Públicas, esse veículo oferece melhores ganhos quando se exige:

- alcance da população total;
- cobertura uniforme de todo o país;
- confiança e coerência da aferição de audiência das emissoras;
- conteúdo variado, sem nenhuma exclusão;
- emoção;
- registro de marcas na mente das pessoas;
- exibição de propaganda comercial;
- demonstração de eficácia, provas e testemunhos.

Os benefícios da televisão podem ser inviabilizados pelos altos custos da produção de programas e, ainda assim, as informações não permanecem.

Ordinariamente, esse veículo tem condescendido mais em incitar reações da massa do que encorajar o debate, robustecendo seu faturamento mensal e, conseqüentemente, seu poder político e de intervenção nos assuntos de interesse público.

Televisão de sinal fechado

Esse meio é caracterizado pelo "pagamento" da programação. Tem uma grade de atrações segmentada, sofisticada e culturalmente exigente, sobressaindo-se nas faixas capazes de arcar com as despesas.

O que poderia ser um bom indício acaba não trazendo vantagens às Relações Públicas, pois a fidelização dos assinantes é irrisória e a aferição da audiência precária, obstruindo a sua plena utilização publicitária. "É ainda uma televisão que tem forte nuance de enlatados importados, com pouca criatividade, sem preocupação com o regional, o local e com o idioma da língua portuguesa. Há exceções, é claro, mas em geral a programação é chata, repetitiva e não leva em conta os interesses do público espectador e as necessidades de um maior fortalecimento da cultura nacional."[10]

Ao segmentar a massa, de certa forma, impede a difusão de mensagens que não estejam totalmente adequadas ao seu nicho de mercado, induzindo a empresa à procura de outros veículos que, com menores investimentos, atinjam os mesmos grupos.

---

10. KUNSCH, Margarida Maria Krohling (Coord.). *Os grupos de mídia no Brasil e as mediações das assessorias de comunicação, relações públicas e imprensa*. São Paulo: Universidade de São Paulo, 1999. Relatório de pesquisa apresentado ao CNPq, à Fapesp, à USP, p. 303.

Jornal

Ao dar credibilidade ao noticiário, pela habilidade de imprimir uma linha editorial e confiabilidade à previsão de vendas, corroborada por uma circulação certificada independentemente, o jornal firma-se como o veículo massivo típico às idiossincrasias do ambiente externo.

Os fatores destacados para Relações Públicas são:

- cobertura de vários temas e de suas diversas versões;
- identificação, ascendência e predomínio em mercados locais;
- vanguardismo na defesa de teses regionais;
- abordagem das questões cotidianas;
- prestação de serviços comunitários;
- leitura por mais de uma pessoa;
- custos reduzidos, em termos de seu potencial;
- datas rápidas de fechamento;
- exposição à publicidade;
- detecção do interesse público com exatidão;
- recebimento amiúde de material institucional;
- flexibilidade e rapidez nas respostas.

Como principal desvantagem, nenhum jornal tem uma circulação abrangente, de âmbito nacional. Sofre eventualmente intromissões da propaganda e perde a atualidade em poucas horas – aguardam-se novas informações na edição do dia seguinte; os exemplares são raramente conservados, e costuma-se esperar um resumo ou aprofundamento do assunto nas revistas semanais para um possível arquivamento.

Revista

Esses periódicos difundem reportagens de interesse geral ou são segmentados, feitos à semelhança de seus leitores – cada interesse comporta uma revista específica, o que abarca todos os públicos.

Em Relações Públicas, se as informações precisam ser conduzidas de maneira consistente, duradoura, com freqüência controlada e para um número superior de leitores selecionados, prevalecem as revistas. São colecionáveis, servindo como obras de consulta, embora sem uma longevidade equivalente aos registros em livros.

Outros predicados do veículo para a área são:

- assimilação fácil das informações;
- excelente qualidade gráfica e editorial;
- pormenorização dos dados socioeconômicos dos leitores;
- vastas possibilidades de análise;
- oportunidade de explorar a linha jornalística estabelecida;
- programação visual que evita confundir anúncios com matérias;
- atratividade da capa como "embalagem".

Confrontadas com os jornais, as revistas desfrutam de igual prestígio e respeitabilidade, mas perdem em agilidade; as inserções publicitárias têm custos elevados, seu preço unitário é superior e falta-lhes uma penetração comunitária eficiente, dificultando a discussão dos públicos. Nesse último aspecto, o jornal e o rádio são invencíveis: mesmo em cidades pequenas, provavelmente haverá um deles refletindo o seu dia-a-dia.[11]

Dos quatro grandes veículos de massa, o mais empregado e útil para as Relações Públicas continua sendo o jornal, pela sua credibilidade e abrangência de argumentos, bem como pela facilidade em mensurar os resultados obtidos, pela dimensão dos espaços conseguidos gratuitamente nesses periódicos e pelo *status* aparentemente angariado.

Mesmo neste momento em que os jornais impressos perdem leitores na luta contra a Internet, os jornais em papel ainda se destacam em relação aos jornais virtuais. Pesquisas mostram que "a leitura de notícias na tela é considerada pouco agradável, cansativa e desorganizada; a do jornal em papel é prazerosa e envolve até um ritual diário. Na Internet as pessoas se informam; no jornal, são convidadas a refletir".[12]

Constata-se igualmente que várias ações das Relações Públicas fazem uso dos veículos massivos para chegar a segmentos de público com respostas amplas, imediatas e de largo alcance. A comunicação de massa é um dos instrumentos à disposição do profissional – e como tal deverá ser encarada –, mas não caracteriza o trabalho de relacionamento.

Acesso aos veículos de massa

Sabidamente, o uso dos veículos de comunicação de massa requer gastos elevados. Mediante pagamento, as orga-

---

[11]. Adaptado e ampliado de RAY, M. L. apud KOTLER, Philip; ROBERTO, Eduardo L. *Marketing social*. Rio de Janeiro: Campus, 1992, p. 177-8.
[12]. POLONI, Gustavo. Computador, jornal e pão quentinho. *Veja*, São Paulo, v. 33, n. 32, p. 98, ago. 2000.

nizações veiculam a *propaganda institucional* de Relações Públicas, a qual reúne basicamente os objetivos de:

- "assegurar a aceitação de uma organização junto ao público em geral;
- dissipar falsas impressões ou corrigir concepções errôneas;
- obter aceitação pública para uma indústria;
- informar os fornecedores para obter a sua cooperação;
- estimular o interesse dos acionistas e obter sua compreensão e confiança;
- conquistar a boa vontade dos moradores locais;
- criar uma atitude favorável por parte dos legisladores e funcionários do governo;
- informar os distribuidores sobre as políticas e os programas da companhia e obter a sua cooperação;
- informar os empregados e obter a sua cooperação;
- servir os consumidores mediante informações úteis;
- prestar serviço público;
- obter o apoio da imprensa;
- melhorar as relações trabalhistas".[13]

Distintamente da propaganda de cunho comercial, a institucional prepara anúncios que permitem à companhia levar a comunicação de caráter informativo especificamente à apreciação dos públicos.

Mais importante e praticamente sem custos de veiculação, a presença da organização nos meios massivos é assegurada por meio da *assessoria de imprensa* e do *relacionamento*

---

13. PINHO, J. B. *Propaganda institucional.* São Paulo: Summus, 1990, p. 82-105.

com a imprensa como modo de lograr a publicação das informações da empresa, isto é, dar notícias de interesse para a audiência dos veículos.

Os editores-chefes dos departamentos de radiojornalismo e telejornalismo e os diretores de redação de jornais e de revistas avaliam se estão efetivamente diante de uma notícia e, para aproveitá-la, verificam se é atual, se aconteceu em local próximo e se é do interesse de seus ouvintes, telespectadores ou leitores. "O quanto a notícia é importante e para quem ela interessa é algo que vai depender do tipo e da importância da empresa, do peso da notícia e da importância das pessoas envolvidas. Mas até as pequenas mudanças são notícia para alguém."[14]

As instituições, na sua maioria, não sabem estabelecer corretas relações com a imprensa e desperdiçam, em razão desse lapso, uma fonte substantiva de apoio perante a opinião pública. O administrador de empresa normalmente "vê o jornalista com desconfiança, principalmente por causa das perguntas que ele faz. Ora, o dever do jornalista não é o de publicar a notícia pelo lado da empresa, o que ele deseja é a informação completa, a notícia verdadeira, para que possa elaborar sua matéria com precisão e riqueza de detalhes".[15]

O desenvolvimento da sociedade e dos meios de comunicação gerou um novo tipo de entendimento entre organizações e imprensa. Nesse intercâmbio, surge o *press-release*, que substitui o empenho do repórter em buscar a notícia pela recepção tranqüila da informação nas redações.

---

14. DOTY, Dorothy I. *Divulgação jornalística e relações públicas*. São Paulo: Cultura, 1995, p. 141.
15. CAVALCANTI, Sérgio. O relacionamento empresa/imprensa. *Conrerp Informa,* São Paulo, maio/jun. 1985. Cadernos de Relações Públicas.

Contudo, a boa prática do jornalismo recomenda que "cabe aos jornalistas receber o *press-release*, checar a fonte, investigar o fato, descobrir o que há por trás daquela notícia e aí sim utilizá-lo como pauta ou mesmo publicá-lo sempre reelaborando-o caso haja necessidade".[16]

O "comunicado de imprensa" substitui o *press-release*, porque este último passou a ter sentido quase pejorativo, se não expresso, insinuado. Em vários países de língua inglesa, o termo usado é *press-information*.

O profissional de Relações Públicas tomará alguns cuidados ao confeccionar os comunicados de imprensa às mídias. Antes de elaborá-los, é imprescindível estar diante de uma informação que merece ser levada ao conhecimento dos públicos.

As formas de apresentação diferem conforme a mídia, requerendo-se um tratamento próprio: evita-se o material previamente diagramado ou pré-editado; o texto deve ser sucinto. A redação, as locuções e imagens devem responder às questões fundamentais do jornalismo: *que, quem, quando, onde, como e por quê*. Com isso, projeta-se uma razoável segurança de que o veículo de massa divulgue a informação.

Quanto ao envio, poderá ser feito pessoalmente às redações dos setores de jornalismo dos veículos, não desconsiderando nenhum deles sob a alegação de que a circulação ou a audiência é insignificante.

Os comunicados são entregues a editores, redatores e repórteres afins, reiterando-se os contatos. "Anúncios de novos produtos devem ser endereçados às seções de economia que reservam um nicho ao consumo. Programas de espetáculos só interessam aos cadernos de cultura e variedades. Lan-

---

16. LIMA, Gérson Moreira. *Releasemania*: uma contribuição para o estudo do press-release no Brasil. São Paulo: Summus, 1985, p. 46.

çamentos de livros e discos serão bem-aceitos pelas editorias especializadas, ou eventualmente pelas colunas ecléticas. O mesmo vale para concertos de música e exposições de arte. Entrevistas coletivas, conferências e palestras podem servir aos 'pauteiros', chefes de reportagens e editores envolvidos com os temas a serem tratados, como ponto de partida para acionar os seus repórteres."[17]

O relacionamento com a imprensa não depende exclusivamente do profissional de Relações Públicas. É, praticamente, um trabalho que abriga todos os funcionários da organização, que devem ser treinados para prestar esclarecimentos. O que se quer é a comunicação direta da fonte ao repórter, não passando por "filtros" que alterariam a essência da informação.

Numa situação de equilíbrio, as empresas precisam mais da imprensa do que a imprensa das empresas. "A questão fundamental é a seguinte: nenhuma empresa, por maior, mais bem estruturada e mais poderosa que seja, é capaz de criar embaraços ou danos graves para a imprensa. Mas também esta – mesmo um pequeno jornal de bairro – pode causar prejuízos insanáveis e perturbações definitivas a qualquer grande empresa. A imprensa leva a vantagem, mesmo que a empresa seja poderosa."[18]

Cordialidade e laços de amizade não impedirão que a imprensa cumpra seu dever de relatar o ocorrido. Relacionamentos irrepreensíveis pretendem garantir que os implicados num incidente, por exemplo, sejam ouvidos imparcialmente, e haja a apuração completa dos fatos para que o leitor formule

---

17. MATHIAS NETO, Gualter. Como emplacar releases, ou a arte de vender o peixe. *Revista de Comunicação*, Rio de Janeiro, n. 48, p. 34, maio 1997.
18. ROCHA, Marco A. *Imprensa e empresas em busca do* lead. Brasília: Banco do Brasil, 1994. Disponível em: <http://www.1.bb.com.br/por/noticias/publicacoes/seminario/12buscalead.asp>. Acesso em: fev. 2002.

uma opinião, ancorada em dados e não em impressões vagas e sem base, o que provocaria mudanças na opinião pública.

Analogamente, a empresa jornalística tem sua responsabilidade social: a de informar de forma correta e ser eticamente inatacável – sem esses dois princípios, a queda da credibilidade poderá advir com rapidez.

Por último, quando os veículos de comunicação de massa são usados, a estimativa da positividade do resultado das ações de Relações Públicas não pode ficar refém do cálculo de centimetragem obtido na mídia impressa (jornais e revistas), ao final do mês; em virtude das inúmeras entrevistas concedidas pelo empresário na mídia eletrônica (rádios e televisões), ou porque as vendas aumentaram diante da montagem de um estande da companhia em uma feira.

Os êxitos obtidos pelos serviços de Relações Públicas solicitam avaliações diretas de sua efetividade, como o grau de apropriação (discussões e consenso), pelos grupos, das medidas adotadas, o que os identifica como públicos da organização. "Nessas condições, a comunicação dirigida dispõe de mecanismos mais aptos, mais diretos e mais econômicos para alcançar os públicos identificados."[19]

COMUNICAÇÃO DIRIGIDA EM RELAÇÕES PÚBLICAS

O destaque a ser consignado à *comunicação dirigida* em Relações Públicas tem sua gênese na dualidade de desempenho dos quatro grandes veículos de comunicação de massa.

---

19. FERREIRA, Waldir. Comunicação dirigida: instrumento de relações públicas. In: KUNSCH, Margarida Maria Krohling (Org.). *Obtendo resultados com relações públicas*. São Paulo: Pioneira, 1997, p. 73.

Como os meios de comunicação de massa "podem bombardear a mente humana indiscriminadamente, teremos que dispor de outros elementos que auxiliem na reorganização das idéias difusas e mantenham o equilíbrio da pessoa e, por extensão, da sociedade, propiciando elementos para a formação da opinião pública".[20]

Sendo assim, a atividade de Relações Públicas, que "é essencialmente de assessoria e pesquisa, complementada pela comunicação, dentro do contexto empresarial",[21] precisa aglutinar recursos e meios que dêem liberdade à criação de públicos genuínos, discutindo suas perplexidades, levantando controvérsias e adotando as ações conjugadas que realmente ocasionem transformações sociais, evitando-se o emprego de uma comunicação interesseira e dominada.

Por não poder contar no cotidiano com a complementação segura e isenta dos veículos massivos, que alargariam o debate das controvérsias, as Relações Públicas têm a sua missão impulsionada pela comunicação dirigida, perfeitamente identificada com as causas que defendem. Como missão, as Relações Públicas propagam pontos de vista, respondem por estes e balizam a maturação de juízos pelo receptor da mensagem; diante de novas informações acerca daquilo que está sendo discutido, assenta, coerentemente, o conceito público do objeto social perscrutado.

A comunicação dirigida não é neutra, mas articulada com o direito à manifestação de todas as vertentes de opinião

---

20. OLIVEIRA, Celso Feliciano de; VASCONCELOS, Antônio Telles de. Um processo para determinar o interesse público. *O Público*, São Paulo, mar./abr. 1981, p. 1.
21. ANDRADE, Cândido Teobaldo de Souza. *Para entender relações públicas*. 4. ed. São Paulo: Loyola, 1993, p. 175.

em relação aos tópicos de interesse público ou privado. Propicia as maiores chances de obter um resultado positivo, contribuindo com o relacionamento que se pretende fixar. "Não somos contrários à utilização dos veículos de comunicação massiva no exercício da profissão de Relações Públicas, mas para nós, seguramente, os veículos de comunicação dirigida têm o papel principal na nossa atividade."[22]

Evidentemente, o campo privilegiado da atuação do profissional de Relações Públicas é trabalhar com a cúpula da organização voltada ao seu ambiente de tarefa, para que as suas proposições estratégicas sejam facilmente acolhidas. Essa presença ativa visa interpor-se entre as turbulências e a organização; quando fatalmente se esboçam, as controvérsias são administradas respeitando-se os interesses dos públicos.

A comunicação dirigida tem, portanto, "a finalidade de transmitir, conduzir e algumas vezes recuperar informações, para estabelecer comunicação limitada, orientada e freqüente com selecionado número de pessoas homogêneas e conhecidas",[23] patenteando-se as condições básicas à constituição de um relacionamento efetivo com os públicos.

Em Relações Públicas, percebe-se uma diferença entre as expressões "direcionada" e "dirigida". A primeira refere-se ao tipo de encaminhamento das mensagens da comunicação massiva, transmitidas a determinadas faixas da população sem haver nenhuma segurança de quais pessoas receberão efetivamente a informação. A segunda tem o sentido de representar um alvo exato que é localizado e, por meio de escolhas sucessivas, alcançado, havendo controle integral do emissor,

---

22. ANDRADE, C. T. S. *Para entender...*, op.cit., p. 175.
23. ANDRADE, C. T. S. *Dicionário...*, op. cit., p. 34.

do canal e, singularmente, do depositário da informação (grupos que se almeja converter em públicos).

O conteúdo da mensagem da comunicação dirigida é totalmente adequado ao receptor, nos termos, na linguagem, nas imagens e nas formas de respostas para completar o esquema de comunicação. O *feedback* ou a realimentação assume uma característica fundamental quando se manifesta pela opinião pública.

A comunicação dirigida também resolve os problemas que surgem quanto à percepção dos indivíduos no que se refere às mensagens transferidas. Muitos preferem manipular materiais verdadeiros, por possuírem grande sensibilidade tátil. Outros são eficazmente instigados pelo sentido visual; existem ainda aqueles cuja acuidade auditiva é mais apurada do que a visual, de modo que assimilam melhor o que ouvem. Há pessoas que têm maior perspicácia para com as palavras, os números ou as ilustrações.

Todavia, muitos dirigentes de organizações não se mobilizam para saber qual dessas maneiras se aplica a cada grupo, em que circunstâncias ou a que tipos de assuntos e, pior, desprezam as premissas que materializariam o público autêntico. "De que adianta possuir os melhores canais de comunicação se não tivermos a mensagem objetiva para transmitir aos nossos receptores? Como informar aos nossos públicos, se eles, realmente, não são tratados como público, mas unicamente como ignorantes massas, que podem ser conduzidas pelos grupos de interesse? Como identificar e definir os problemas, para uma mensagem positiva resultante do encaminhamento de soluções, se não conseguirmos 'armar a equação'?"[24]

---

24. ANDRADE, C. T. S. *Para entender...*, op. cit., p. 174.

Lamentavelmente, os empresários não estão sozinhos. Antes de ser tranqüilamente praticada pelos profissionais da área, a comunicação dirigida ainda não foi assumida como indeclinável aos esforços de relacionamento com os públicos.

O comentário a seguir corrobora essa deficiência: "Os administradores de empresas começam a intuir a realidade das pressões sociais e a descobrir que necessitam de assessores, em busca de novos caminhos na sociedade que se transforma rapidamente. E o que fazem os nossos profissionais de Relações Públicas? Como habituais agentes de comunicação, os profissionais da nossa atividade recomendam utilizar, cada vez mais, sofisticados veículos de comunicação massiva, que somente aumentarão os custos, com pouco ou nenhum resultado".[25]

As funções de Relações Públicas efetivamente estratégicas promovem um diálogo cabal com os públicos; contatos isolados e esporádicos não são suficientes para um relacionamento competente. Providências de reordenamento interno são incrementadas e combinadas com o fornecimento de um volume justo e regular de informações e, ao serem transportadas, priorizam a opção pelos veículos de comunicação dirigida.

Em resumo, a comunicação dirigida é perfeitamente *determinada, selecionada e controlada* pelo *emissor das informações*, o que dá *segurança* ao promotor do relacionamento. Impulsiona-se a comunicação dirigida pelo uso de veículos que, relativamente à comunicação de massa, são *menos dispendiosos*, embora *limitados* quando se trata de grandes números.

---

25. ANDRADE, C. T. S. *Para entender...*, op.cit., p. 174.

COMUNICAÇÃO VIRTUAL EM RELAÇÕES PÚBLICAS

A propagação computadorizada de dados e informações fez aparecer uma nova perspectiva enriquecida de entendimento e ajuste entre pessoas, grupos e empresas: *a comunicação virtual*. Na atualidade, despontam os cidadãos que se dedicam aos meios virtuais de comunicação, o que abrirá possibilidades inéditas de relacionamento, se a empresa revisar seus processos normais de distribuir informações a seus públicos.

A comunicação virtual circula em um conjunto de computadores e serviços, o ciberespaço, um mundo virtual onde transitam informações corriqueiras e inusitadas. As pessoas que compõem a sociedade da informação se relacionam por meios eletrônicos, essencialmente proporcionados pela Internet.

Ganhou contornos populares pela World Wide Web (WWW) – Web, ou simplesmente "a rede" – por apresentar documentos de manipulação intuitiva e amigável, facilitando a "navegação" na Internet.

A comunicação virtual caminha no sentido da realidade virtual – recursos que permitem aos usuários interagir com o microcomputador ou sistema, numa modalidade que tenta imitar, da forma mais perfeita possível, o ser e o fazer humanos. Utiliza os recursos da *multimídia*, do *hipertexto* e da *hipermídia*; além desses, os *links* permitem formar uma cadeia não-seqüencial de informações – sua lógica é análoga ao rastreamento de sinônimos num dicionário, em que significados remetem a significados ulteriores, mas com uma estrutura não-linear, entrelaçada de maneira criativa.

A Internet é poderosa e exprime-se como uma realidade tecnológica. "A preocupação com essa nova forma comunicacional é tão evidente que os veículos de comunicação de massa tentam 'achar um caminho' para ganharem a guerra com as novas tecnologias por meio da veiculação de programas que falseiam a idéia de participação, oferecendo escolhas para o público definir o filme que quer ver, decidir o final do programa, ajudar a pensar no próximo programa etc. Entretanto, as possibilidades são determinadas pelos meios, enquanto na Internet, o internauta é quem define."[26]

A disseminação de equipamentos eletrônicos em apoio aos programas e projetos de relacionamento é célere e não pode ser desconsiderada pelos profissionais de Relações Públicas. Por efeito, com introdução da informática, as rotinas de comunicação são modificadas e os procedimentos de relacionamento público acabam tendo benefícios, sem alterar o seu arcabouço conceitual.

As Relações Públicas reivindicam que as organizações coloquem no ciberespaço o maior volume possível de informações aos seus públicos e estes tenham acesso a tudo aquilo que pretendem ou nem esperam encontrar. "Uma poderosa conversa global começou. Pela Internet, as pessoas estão descobrindo e inventando novas formas de compartilhar conhecimentos relevantes em velocidade assustadora. Como resultado direto, os mercados estão ficando mais espertos e mais rápidos do que a maioria das empresas. Mas o ponto

---

26. ANDRADE, Zilda Aparecida Freitas de. *Interatividade e relacionamento virtual*: um estudo em home pages de consultorias de relações públicas. 2001. Dissertação (Mestrado em Comunicação e Semiótica) – Pontifícia Universidade Católica de São Paulo, São Paulo, p. 50.

mais importante é ter uma estratégia eficiente de Relações Públicas."[27]

A comunicação virtual é vista como a mídia deste século, porém até agora carece de vida autônoma: sabe-se que está presente, mas para conhecê-la depende-se, tanto na forma como no conteúdo, das mídias tradicionais. Sem essas precauções, a busca por informações será longa e infrutífera e o acaso é que garantiria algum sucesso na recepção da mensagem que se planeja transmitir, mesmo quando se usam os *sites* de busca.

Dualidade conceitual

A comunicação virtual é uma realidade do século XXI, mas as organizações em geral não sabem o que fazer com ela, desprezando-a e desrespeitando as suas regras. "Muitas empresas não a consideram um veículo de comunicação e entregam o seu controle para o departamento de informática. Outras colocam tudo o que podem nos seus sites, do balanço anual a dicas de cinema. Na maior parte das vezes são informações incompletas que nunca verão uma atualização."[28]

Além disso, exibe a sua dualidade conceitual: pode ser considerada uma forma de comunicação massiva ou de comunicação dirigida.

É vista como *forma de comunicação massiva* se for salientada a passividade do meio, que subsiste somente se o usuário "entrar" no site da empresa, analogamente ao ato de

---

27. WEINBERG, David; LOCKE, Christopher; LEVINE, Rick. *O manifesto da economia digital*. Rio de Janeiro: Campus, 2000, p. 1.
28. RADFAHRER, Luli. Esoterismo terapêutico. *Propaganda*, São Paulo, n. 574, p. 74, abr. 1999.

"ligar" o rádio, ou de "comprar" o jornal. Tem múltiplas opções de acesso e disponibilidade contínua, e o monitor, periférico concebido para a sua visualização, tem parentesco com a televisão.

Dada a familiaridade da mídia de massa, a sua feição e o seu formato são emprestados ao material veiculado pela Internet. "Híbrida, reúne características de jornal, revista, televisão e rádio."[29] Apesar de ser uma fonte valiosa de informações e notícias, em termos de "programação", como no veículo massivo, é superficial, não suporta análises, nem as pessoas dispõem de tempo para leituras extensas e demoradas.

Os custos envolvidos correspondem à aquisição de equipamentos e cobram-se taxas mensais de manutenção, semelhante à assinatura de um periódico ou uma televisão de sinal fechado.

Quanto aos índices de acesso, são similares: como nos demais veículos de comunicação de massa, os controles de audiência de *home pages* – as portas de entrada dos sites – são numéricos e, por isso, deixam a desejar nos aspectos qualitativos em relação aos usuários e na profundidade e consistência da pesquisa.

Embora as visitas aos sites já sejam auditadas por institutos independentes, os quais verificam as páginas mais acessadas e o número de visitantes únicos em sites brasileiros, é preciso empregar métodos paralelos para levar os dados qualitativos dos navegantes, desde que dêem permissão a isso.

O mito da comunicação virtual como uma mídia de massa demorou a ser derrubado, "pois era o principal argumento

---

29. BALDIO, Marcelo. Internet, a mídia on-line. *Revista de Comunicação*, Rio de Janeiro, n. 47, p. 28, mar. 1997.

dos sites e portais da Internet que queriam vender espaço publicitário aos comerciantes. Neste ponto, tanto agências publicitárias quanto anunciantes ainda têm muito a aprender. Ninguém descobriu como explorar a vantagem da Internet sobre as outras mídias: falar individualmente com cada um".[30]

Em decorrência, é vista como *forma de comunicação dirigida*, pois na comunicação virtual a informação é fornecida somente quando o "navegador" a solicita, amolda, orienta, explora e fornece-lhe a seqüência conforme a sua vontade. Semelhantemente à comunicação dirigida, *é determinada, selecionada e controlada* pelo *usuário das informações* que, de maneira aleatória ou sistemática, realiza a busca virtual de acordo com seus interesses.

A comunicação virtual não utiliza o fluxo unidirecional (emissor – mensagem – receptor), fato que se diferencia do processo inerente à comunicação massiva. Notadamente no caso da televisão, um espectador apático aceita informações previamente preparadas e inflexivelmente formatadas, e não tem quase nenhuma ascendência sobre sua qualidade e oportunidade.

O usuário da comunicação virtual é quem a capitaliza positivamente e de modo esclarecedor o seu *fluxo multimídia incessante*, "cujas principais características são a mutação e a multiplicidade. Um não-lugar que se apresenta continuamente nas telas dos computadores".[31]

Para estabelecer relacionamentos com os públicos, a comunicação virtual apresenta três particularidades:

---

30. REBOUÇAS, Lídia. Para que, afinal, serve a Internet? *Negócios Exame*, São Paulo, ano 2, n. 9, p. 52, set. 2001.
31. FRANCO, Marcelo Araújo. Internet: reflexões filosóficas de um informata. *Transinformação*, Campinas, v. 9, n. 2, p. 46, maio/ago. 1997.

- *interatividade* – há uma operação recíproca entre o usuário e o computador, chegando o internauta a ser autorizado a alterar o conteúdo do site;
- *interface* – cada entrada vai provocar uma resposta, o que transfere o controle do tráfego comunicativo do emissor ao receptor da mensagem;
- *usabilidade* – a facilidade natural na interação do usuário com o meio, proporcionada deliberadamente por quem constrói o site.

Essas particularidades são também distinguíveis na comunicação dirigida e definitivamente existem em Relações Públicas. Nesse sentido, a interatividade recomendada "coincide com a proposta de Relações Públicas: o internauta participa do processo de construção da comunicação baseando-se no diálogo proporcionado pelas redes interativas e gerado pelos recursos tecnológicos, visando à criação e à manutenção de relacionamentos virtuais entre a empresa e seus diversos públicos".[32]

A comunicação virtual aperfeiçoa as atividades de relacionamento existentes. Ilustra-se esse arranjo com o exemplo de uma livraria virtual pioneira que, depois de ver efetivado o pedido de compra pela rede, passa a oferecer outros títulos correlatos, uma iniciativa que um vendedor real normalmente tomaria, contudo numa velocidade inimaginável.

Nessa hipótese, sobressai a possibilidade de um atendimento diferenciado, ressaltando a individualidade do consumidor, dando-lhe um tratamento preferencial. "Com a Internet, as empresas podem voltar a ter um relacionamento pessoal

---

32. ANDRADE, Z. A. F. *Interatividade...*, op. cit., p. 55.

com o cliente, como no tempo em que o vendedor da esquina avisava quando chegava uma mercadoria interessante."[33]

Para isso, é preciso investir em tecnologia, mas essa decisão não pode ficar restrita às áreas de tecnologia das organizações. Como é uma questão de relacionamento com os públicos, não se deve "deixar de envolver os usuários e as demandas por informações que surgem em cada área. Também não adianta adaptar. A regra básica é: toda a corporação tem de estar comprometida".[34]

Presença no ciberespaço

As organizações não devem desconsiderar a comunicação virtual. A Internet, pelos seus predicados, parece ter surgido justamente com o intuito da aproximação com os públicos em geral: considerando-se que o site da empresa pode ser acessado por qualquer pessoa em qualquer parte do mundo, delineia-se para o trabalho de Relações Públicas um panorama ainda não totalmente aquilatado.

A curiosidade inicial de um internauta, por exemplo, um membro do público em potencial, pode reverter-se em interesse específico, devendo ficar bem impressionado; insatisfeito, vai encerrar a visita e conectar outro site que resolva suas necessidades. Estará perdida a ocasião de incluir mais um cidadão ao público externo da empresa na categoria de consumidor, por exemplo.

---

[33]. GUROVITZ, Hélio; LOPES, Mikhail. Como caçar clientes no ciberespaço. *Exame*, São Paulo, v. 30, n. 11, p. 81, maio 1997.
[34]. REBOUÇAS, Lídia. Como implodir os feudos de informação. *Negócios Exame*, São Paulo, ano 2, n. 9, p. 37, set. 2001.

Em Relações Públicas, habitar no ciberespaço significa construir um site que sintetize o perfil da companhia, com informações institucionais, dos produtos e serviços anteriormente comercializados ou daqueles proporcionados por intermédio da rede, de estatísticas e programas comunitários desenvolvidos. Na *home page* deve aparecer o e-mail e o endereço real completo da organização – incluindo o número do telefone, DDD e CEP.

Em seus sites, as organizações incluem *links* de acesso para:

- listas de perguntas e respostas mais comuns sobre assuntos determinados, as FAQs [*frequently asked questions*] que, ampliadas, reúnem todas as perguntas feitas pelos interessados e já respondidas;
- *help desk*, sistema de atendimento "ao vivo" pelo qual um operador é preparado para interagir instantaneamente com o visitante;
- *downloads* de textos, de relatórios, de materiais para a imprensa, de aplicativos e outros itens de interesse dos visitantes;
- relações com investidores;
- reclamações on-line.

Percorrer sites é a principal atração da Internet. Destacar-se no ciberespaço é, portanto, tarefa complexa, uma vez que são registradas, modificadas e extintas milhares de *home pages*. Portanto, é preciso inscrever o endereço eletrônico empresarial em um serviço de busca e divulgá-lo, pleiteando visibilidade.

Peculiarmente, na comunicação virtual a informação objetiva, às vezes, não é suficiente para conquistar o explorador;

precisa valer-se de propostas alternativas, como jogos e entretenimento, ou servir de simples "passagem" a sites bem configurados e completos.

Temerariamente, apelos visuais, animações em excesso e apelos sonoros diminuem a velocidade de acesso, o que também afasta os observadores, fazendo-os abandonar a página visitada. As pesquisas atestam: uma *home page* deve atrair a atenção em no máximo oito segundos; caso não tenha sucesso, inexiste uma nova chance. Desse modo, um site empresarial deve apresentar páginas leves e facilitar a busca de dados e de informações pelo visitante, que deverá dar poucos "cliques" para encontrar o que deseja.

O cuidado primordial no uso da comunicação virtual em Relações Públicas refere-se ao movimento para estabelecer relacionamentos com os *habitués* de computadores. "Todos os sites têm a capacidade de conhecer a fundo quem está do outro lado da tela. Neste sentido, as Relações Públicas precisam utilizar essa 'arma' oferecida pela Internet, de forma estratégica, criando canais de comunicação on-line com todos os seus públicos, pois as Relações Públicas surgem do diálogo, da possibilidade de estabelecer um fluxo de informações em todos os sentidos."[35]

Os dados coletados ajudam a estabelecer estratégias promocionais sob medida e processos de relacionamento que atendam exatamente ao anseios dos públicos. Agrega-se uma redução nos custos dos projetos de Relações Públicas, ao substituir o aparato tradicional das comunicações – fax, telefone, correio – pelos mecanismos virtuais encontrados na web ao preço de uma ligação local.

---

35. ANDRADE, Z. A. F. *Interatividade...*, op. cit., p. 31.

Para que a mensagem individualizada aconteça, adotam-se procedimentos dirigidos: cadastramento de usuários, desde que manifestem explicitamente o desejo de receber informações da companhia, isto é, que dêem "permissão", o que torna possível construir um banco de dados próprio da empresa.

Sem essa autorização, a empresa estaria fazendo uso do chamado *spam*, o envio indiscriminado e em grande quantidade de e-mails com mensagens não solicitadas para endereços desconhecidos, o que é muito malvisto pelos públicos e irrita sobremaneira quem as recebe. Especialmente os consumidores mostram "que se dispõem a autorizar, de bom grado, os anunciantes a usar seus dados, desde que possam ver os benefícios que isso lhes trará. E também já deixaram claro que se dispõem a tomar medidas contundentes contra os anunciantes que utilizem esses dados sem autorização".[36]

A tecnologia da comunicação virtual abriu dezenas de caminhos novos, e cada um deles exigirá o trabalho de produzir, selecionar, organizar e difundir programas. Além disso, a Internet livra as Relações Públicas de intermediários na transmissão de informações nos relacionamentos entre empresa e públicos, e vem transformando os hábitos de diversões, ensino, treinamento, e mudando comportamentos, sobretudo na área de prestação de serviços.

Embora as empresas tendam a buscar maneiras de incentivar as vendas, a substância da comunicação virtual é o estabelecimento de um diálogo com os públicos, questão intrínseca das preocupações de Relações Públicas. Com a inte-

---

36. ROSENWALD, Peter. A caixa do correio não é lixeira. *Exame*, São Paulo, v. 34, n. 8, p. 117, abr. 2000.

ratividade, são os próprios usuários que coordenam as suas pesquisas para suprir as suas necessidades de informação.

Se o internauta quer adquirir um automóvel, pode "visitar" o seu interior, definir as especificações técnicas, conhecer as condições de financiamento, os prazos de entrega e encomendá-lo. As indústrias de gêneros alimentícios "encantam" os navegantes com receitas, sabores e orientações gerais de emprego dos seus produtos. Um estudante, candidato a uma vaga no terceiro grau, recolhe os dados dos cursos existentes numa universidade, a concorrência no vestibular, salas e laboratórios para aulas práticas, bem como o currículo e as fotografias de seus futuros professores, decidindo conscientemente.

Mediante esse meio, cidades, estados e instituições contam com um potente suporte na divulgação de suas características e forças competitivas, enquadrando-as de acordo com a demanda, não aquela detectada pelas intrincadas pesquisas de mercado, mas a instantânea, decorrente, talvez, de um momento de lazer e sensível aos modernos apelos.

O que importa, em síntese, é a utilidade, a conveniência e o benefício da informação oferecida aos públicos. Contrapõem-se a essas regras, como elementos que podem afastar interessados do site empresarial, o envelhecimento prematuro, a irrelevância e a invisibilidade.

Desse modo, pela função de *execução* do *amplo programa de informações*, congregam-se essas variáveis a favor de um trabalho profícuo de relacionamento ao ser considerado que a comunicação dirigida é a própria essência das Relações Públicas, com os veículos *escritos, orais, auxiliares e aproximativos*.

9

VEÍCULOS DE COMUNICAÇÃO DIRIGIDA ESCRITA

Com o crescimento das companhias, o que inclui dilatar e sofisticar suas funções, a comunicação interpessoal, peculiar às pequenas e médias empresas, sucumbe diante da hierarquização, aumentando desse modo a necessidade de instrumentos de comunicação escrita, que passam a figurar como elementos imprescindíveis ao bom andamento das atividades empresariais.

Ao implementar a comunicação escrita, é indispensável o perfeito conhecimento dos grupos que vão receber as informações e dos seus níveis de entendimento e repertório. Identificados com precisão os destinatários, a mensagem deve ser elaborada de tal maneira que a objetividade, concisão e clareza fiquem devidamente contempladas. Na verdade, entretanto, observa-se que ao escrever a pessoa perde a simplicidade natural, complicando-se e resvalando em um texto confuso.

As empresas, por sua vez, abraçam uma atitude formalizada no momento da comunicação escrita. Os informes das companhias têm uma visão da chefia que nem sempre é acessível ao operário, alimentam a burocracia e impedem avanços na produtividade, a qual depende do diálogo aberto com os funcionários. Os comunicados da cúpula são impessoais e formais, tendo pouca repercussão entre os receptores. Já as reivindicações dos empregados chegam obliquamente à direção, pelos encarregados e gerentes.

A ausência de fontes seguras de informação (facilitando o surgimento de rumores) e a incompreensão representam situações totalmente inaceitáveis ao trabalho de relacionamento. Afasta-se completamente esse perigo pelo uso competente da comunicação dirigida escrita, dando legitimidade aos atos administrativos relatados.

Dinamizam-se os sistemas de comunicação interna com o incremento de novas tecnologias e também com a pesquisa de formas arrojadas de relacionamento – um programa de Relações Públicas poderá malograr se esses fatores não estiverem irrepreensivelmente equacionados.

Informar o empregado sobre o que acontece na organização é um dos primeiros passos para fazer dele um "defensor", familiarizando-o com os problemas básicos da empresa que o afetam, direta ou indiretamente. Anúncios de questões salariais, registros das contingências políticas do país, divulgação de notícias ou a admissão de comentários em bilhetes não assinados, que garantam a liberdade de expressão aos funcionários, são algumas providências que devem ser urgentemente tomadas.

Externamente, pela complexidade da determinação de seus públicos, as instituições tendem a se render à comunicação de massa. Porém, mesmo maior, a companhia pode ter dificuldades em servir-se dos veículos massivos, e o processo dirigido substitui, com benefícios, o emprego daqueles meios.

Em Relações Públicas, as programações com os públicos têm finalidades específicas e ocupam inicialmente os veículos de comunicação dirigida escrita, que visam "conduzir comunicação para um público ou segmento de um público, utilizando-se da palavra escrita".[1]

Os materiais escritos asseguram uma durabilidade maior das informações veiculadas e servem como material de referência para diversos grupos, embora o seu uso indistinto acarrete perda de relevância.

TIPOS DE VEÍCULOS

Os veículos escritos, como os demais veículos de comunicação dirigida, detêm a grande vantagem dos custos reduzidos, sem que a criatividade intrínseca ao desempenho do meio seja afetada, em razão de que verbas menores não justificam a falta de idéias.

Dado o grande volume de possibilidades, os veículos são distribuídos conforme os objetivos que se pretende atingir com a sua carga de informações aos públicos.*

Informativos

São os veículos arquitetados para levar aos públicos uma comunicação exata que se esgota assim que é emitida. Não se

---

1. ANDRADE, Cândido Teobaldo de Souza. *Dicionário profissional de relações públicas e comunicação e glossário de termos anglo-americanos*. 2. ed. São Paulo: Summus, 1996, p. 121.
* Para sincronizar determinadas definições de materiais, técnicas ou processos de comunicação dirigida, fez-se uso, neste capítulo e nos seguintes, de: FERREIRA, Aurélio Buarque de Holanda. *Novo dicionário Aurélio*: século XXI. Rio de Janeiro: Nova Fronteira, 1999. CD-ROM.

espera um retorno, mas o atendimento ao que foi solicitado ou recomendado. Distinguem-se os que estão na relação a seguir.

Avisos

Comunicação curta de caráter oficial, acompanhada ou não de ilustrações. Constantemente aplicados nas informações administrativas que exigem rapidez e flexibilidade: alertas de última hora, convênios, eventos promocionais e comemorações em geral.

Colocados em lugares especiais no interior da organização, nos *quadros de avisos*, demandam cuidados para atrair a atenção dos empregados e devem ser mantidos atualizados, pois são temporários. Podem ser resumidos e disseminados por intermédio de volantes ou transferidos por correspondência.

Cartazes

Impressos em papel de tamanhos variados – habitualmente coexistem texto e imagens coloridas – abordam, por exemplo, a segurança no trabalho e, para o público externo, evidenciam-se os cartazes promocionais.

Equivale ao *pôster* institucional, que acentua a imagem e é apreciado como item de decoração de interiores.

Com maiores dimensões são conhecidos como *outdoor*, variando no tamanho, contado em "folhas". Nos dias correntes, discute-se muito a poluição visual causada pelos imensos *outdoors* colados em muros externos ou painéis, fundos de estacionamentos, cercando terrenos baldios ou à margem de avenidas ou estradas.

Comunicado de imprensa (press-release)

Informativo básico concebido singularmente para cada veículo de comunicação de massa, serve de pauta aos repórteres na preparação de reportagens de maior fôlego. Excepcionalmente, para a mídia envia-se uma *nota*, por vezes divulgada como "serviço de utilidade pública".

Ao reunir um conjunto de informações, que constam de textos, fotos, gravações, vídeos, denomina-se *press-kit*.

Encarte

Anúncio institucional de duas ou mais páginas, grampeado ou colado em revistas ou solto nos jornais, que não conserva a numeração do periódico de massa. Pelo alto custo de um encarte, em Relações Públicas é indicado para ocasiões muito especiais, como os marcos históricos da empresa.

Estão ainda nessa categoria boletins simplificados ou folhas avulsas, quando encartados nas publicações internas da organização.

Informe de reuniões

Espécie de ata de reuniões, sem ter o seu caráter formal, é um documento distribuído aos que não puderam participar de determinada reunião na empresa ou para os demais funcionários com o intuito de embasar uma participação ativa no instante em que ela for solicitada, pelo fato de que nem todos têm oportunidade de estar presentes nos encontros ocorridos na instituição.

Insertos em barras

Mensagens curtas, comumente frases de efeito, insertas em: *envelopes de pagamentos*, para levar aos empregados dísticos de estímulo, lembretes e saudações rápidas, em geral, evitando-os se a remuneração for uma controvérsia do momento; *extratos bancários*, apropriados no relacionamento com os correntistas do sistema financeiro nacional, para informar, por exemplo, o decurso de datas comemorativas, promoções comunitárias e alertas públicos.

Tem igual valor à prática de escrever a mão o nome e endereço de um revendedor num *display* ou imprimir a logomarca de um patrocinador em programa, cartaz ou peça semelhante, numa barra inferior deixada para esse fim.

Manifesto, Declaração pública ou Carta aberta

Exposição arrazoada de organismos institucionais, por meio de veículos de comunicação massiva, direcionada a pessoas, a organismos institucionalizados ou à sociedade, justificando condutas e atitudes relacionadas às coisas públicas que estão afligindo os interessados ou às quais estes querem aderir ou rechaçar. A sua redação merece cautela, pelo caráter de oficializar o temário tratado.

Um conteúdo mais leve e de menor reflexo recomenda uma *mensagem*, empregada em festividades.

Quando publicado no formato de um documento preparado como argumentação a favor de uma organização ou sobre determinado assunto, intitula-se *white paper*, *gold paper* ou *position paper*.

Sinalização escrita

Relacionada aos aspectos de segurança dos equipamentos e das instalações da empresa, podendo ser complementada por elementos pictográficos.

Teaser

Propagação vaga ou dissimulada, interna à companhia, dirigida à imprensa ou aos públicos em geral, para despertar o interesse em futuras promoções ou programações.

Volante

Lembrete sucinto de atividades ou eventos, impresso em folha solta, às vezes em somente uma face ou dobrada ao meio. São passados de mão em mão internamente à empresa ou nas ruas.

Na propaganda político-partidária são distribuídos como panfleto.

Alguns desses veículos não devem ser transformados em instrumentos de comando rígido, que impedem a cooperação voluntária e consciente. Sem essa precaução, os grupos atingidos estariam agindo sob coação, o que inviabilizaria as tentativas de criação de públicos.

Correspondências

Gênero de documentos regidos por normas de redação e de apresentação, as correspondências são intercambiadas pelos correios, por malotes privativos das empresas ou dos entregadores. Nas repartições públicas recebem o nome de *expediente*. Distintas pelos seus propósitos, destacam-se as espécies relacionadas.

Carta

Transporta interna e externamente mensagens escritas, com inúmeras intenções: boas-vindas, aniversários, datas de destaque.

Cartão-postal

Pequeno retângulo de papel encorpado com um espaço reservado a manuscritos, cujo anverso comporta fotos ou ilustrações das empresas, analogamente ao que torna conhecidas cidades e atrações turísticas.

Circular

Quando uma carta, um ofício ou outro tipo de correspondência é duplicado e enviado a várias pessoas ou instituições, tem-se uma circular. De baixo custo, é empregada na explicação de manuseio de produtos, sucessos da companhia, condições de pagamentos etc.

Memorando

Instrução breve e precisa, escrita para dar e confirmar ordens, e cobrar resultados. Tem as mesmas características dos avisos, mas prevalece o seu encaminhamento a indivíduos ou cargos. Também chamado de "comunicação interna".

Ofício

Correspondência exclusiva de órgãos públicos aos seus grupos de interesse, provendo os relacionamentos esperados pelo emitente; no entanto, denota um sentido de burocratização.

Telegrama

Comunicação sintética e urgente, mostra-se útil para cumprimentar, felicitar e remeter congratulações aos familiares dos empregados e aos demais públicos.

Telex

Comunicação administrativa que se vale de um código internacional; a sua transmissão combina telefonia e datilografia. Atualmente, o fax e a internet praticamente já provocaram o seu desaparecimento – subsiste apenas nas organizações que dispunham anteriormente dos equipamentos necessários ao seu funcionamento.

Os *envelopes* e outros invólucros para remessa de correspondência são dignos de zelo pelo serviço de Relações Públicas, porque materializam a ligação entre a empresa e seus públicos. Não se pode dispensar uma aparência condizente com o conceito da companhia. Nos envoltórios aderem-se *selos* destinados a marcar ocasiões especiais.

Publicações

Em lapsos de tempo predeterminados, têm a finalidade de transmitir informações aos públicos das empresas e o objetivo de angariar uma opinião pública favorável. São conduzidas aos bancos de dados da mídia impressa e eletrônica, e depositadas em bibliotecas, colaborando com a formação e educação dos grupos.

Cada público ou segmento de público deve ter publicações específicas, pois preparar um instrumento de comunicação para múltiplos alvos pode diminuir a sua efetividade. Entretanto, são admitidas publicações que se estendam por interesses variados, embora sejam superficiais e funcionem mais a título de percepção de imagem do que como um veículo aprontado para a transmissão de informações precisas e completas, mesmo que limitadas. Em Relações Públicas estão agrupadas pela sua freqüência.

Periodicidade típica

Matutina, vespertina, noturna, diária, semanal, quinzenal, mensal, bimestral, semestral, anual, qüinqüenal etc.

Almanaque

Publicação que, repetindo-se e consolidando-se em edições posteriores, contém matérias informativas de cunho científico, literário e esportivo. Traz matérias recreativas e humorísticas, além de um calendário completo.

O ramo de negócios da organização define o uso que pode ser feito de almanaques nas relações com os intermediários (que os repassariam aos consumidores) e com as escolas.

Estão nessa série os *anuários*, que tratam de pontos específicos, como a agricultura, obtendo excelentes resultados promocionais.

Boletim de difusão técnica

Coletânea das informações que são propagadas aos que se voltam à tecnologia praticada na empresa.

Boletim informativo

Tipo de jornal, todavia com menores dimensões (amiúde em uma única folha) e quantidade de informações.

Carta informativa (newsletter)

Publicação técnica destinada aos grupos de interesse (financeiros ou de um ramo de negócios), que projeta um conceito dinâmico à empresa, ao arrolar as modificações, os dados econômicos, os êxitos da companhia e a equivalente repercussão para os públicos.

Consultores externos e bancos costumam levar aos públicos pareceres e laudos nessa forma para suprir a ausência de jornalistas especializados nas áreas tratadas. Esse tipo de carta canaliza os textos empresariais enviados mas não aproveitados pela imprensa.

Folhinha

Contém o calendário, no qual se indicam os dias, as semanas e os meses do ano, as fases da Lua, as festas religiosas e os feriados nacionais. Montada em folhas de papel soltas e coladas em bloco, que correspondem a cada dia do ano, e que são arrancadas diariamente.

Encaminhadas pelas Relações Públicas como material instrucional, assinalam-se nas folhinhas datas que servem como introdução às aulas do dia. Destacam-se também como brinde, desde que tenham elementos de transintencionalidade, impondo-se eventualmente como objeto de certo valor estético.

Jornal da empresa

Reconhecido veículo de comunicação dirigida escrita que narra a vida da organização; pela sua popularidade em meio aos funcionários, pode vir a compor a base de formação do público interno. Aos demais públicos é empregado como peça de divulgação institucional.

Jornal mural

Lançamento regular, em poucas cópias, de textos diversos e de caráter noticioso, diagramados e impressos em folhas únicas, exposto nos quadros arranjados em pontos de afluência de pessoas no interior das companhias; superior ao mural, deve ser assegurada, no seu preparo, a cooperação dos empregados. Se houver contenção de gastos, esse veículo substitui o jornal e a revista da empresa.

Magazine

Publicação recreativa aparentada à revista, devotada às crianças, aos adolescentes e aos adultos jovens. Profusamente ilustrado, ajuda a firmar conceitos com o auxílio de atividades lúdicas e de entretenimento. Como recurso extra, incorpora histórias em quadrinhos, de inegável apelo à faixa etária considerada. Colecionado, garante a permanência das informações estampadas, comportando uma gama de assuntos simpáticos aos grupos selecionados.

Mural

Veículo posto num suporte, o *quadro mural*, para a exibição de folhas isoladas ou dispostas em molduras em cores distintas, que delineiam as seções. Elaborado e controlado pelos funcionários, aceita qualquer tema e é utilizado de acordo com suas expectativas.

Cabe ao profissional de Relações Públicas orientar e zelar para que se torne efetivamente um periódico, com atualizações constantes e renovação total em períodos de tempo preestabelecidos.

Revista da empresa

Tem propostas correlatas ao jornal da empresa, mas é editada cuidadosamente, com matérias profundas, detalhadas, coloridas e visualmente atraentes.

Periodicidade legalizada

Levadas a público em certos períodos legalmente estabelecidos, as publicações dessa categoria dão vulto à execução fiel das obrigações econômicas, financeiras e sociais das companhias.

Relatório público

Material esmerado que sintetiza as realizações da empresa aos seus investidores, fornecedores e intermediários.

Uma sinopse analítica do principal condutor da organização introduz a demonstração dos resultados obtidos, que são explicitados em linguagem leiga e por meio de quadros, simulações ou outros recursos iconográficos que ajudem a sua assimilação.

Termina com o *balanço econômico-financeiro*, exigido pela legislação das sociedades anônimas e das companhias, que é o principal item para o exame de acionistas, de analistas do mercado de capitais e da mídia especializada.

Balanço social

Publicação dirigida aos acionistas e à sociedade, é um relato do que foi empreendido no campo da responsabilidade social da empresa e de como isso concorreu para o bem comum e para a qualidade de vida das pessoas.

Publicação que procura "quantificar" seus investimentos em treinamento, as contribuições não financeiras à comunidade e ao desenvolvimento tecnológico do país. Mostra os incentivos no campo da cultura, do esporte, da educação, ecologia e cidadania, projetos de infra-estrutura, restauração de patrimônios, doações pecuniárias.

No Brasil, tem sido adicionado ao relatório público das organizações e distribuído aos grupos de seu interesse. Geralmente aparece como propaganda institucional ou como informe publicitário em revistas de interesse geral e de circulação nacional. Várias empresas disponibilizam a edição completa do balanço social no seu site na internet para *download*.

Periodicidade situacional

Publicação que cobre conjuntos de situações e acontecimentos importantes da empresa que precisam ser salientados, ou porque não se repetem, ou porque provocam impacto nos públicos.

Anais

Registros patrocinados do transcorrer das sessões de uma reunião científica. Inserem a companhia em grupos da intelectualidade, normalmente os formadores de opinião.

Caderno

Edição exclusiva de tópicos das ciências aplicadas ou de técnicas emergentes. Inexistente até então, faz alusões a aspectos de um evento excepcional e passa a servir como base de dados.

Pode ser único ou seriado em *fascículos* que acompanham periódicos de massa em dias escolhidos.

Livros de empresa

Inerentes às grandes comemorações, contam a história da companhia, apresentam biografias de seus proprietários ou de personalidades, que resgatam as expressões da cultura popular. Podem trazer obras inéditas ou esgotadas de autores consagrados, ou de escritores desconhecidos, mas com méritos literários. Resultam de formas de premiação de concursos literários, fotográficos ou trazem relatos de viagens.

Os livros de empresa podem fazer parte de uma preocupação mais ampla de preservar a história e a cultura organizacional. São arquivados, em suportes especiais (fitas VHS, CD-ROMs, DVDs), fotos e imagens, documentos, depoimentos de ex-funcionários; conservam-se também máquinas e equipamentos antigos, amostras de produtos e de embalagens, prospectos, folhetos etc.

Programa

Material gráfica e visualmente bem resolvido, em que se informa e pormenoriza um evento (espetáculos, mostras, salões, festas, cerimônias, congressos, concursos).

Separata ou Reprinte

Reprodução de anúncio ou matéria veiculado em jornal ou revista, em volume isolado ou opúsculo, elaborada nos mesmos moldes e na mesma composição tipográfica. Indicada nas relações com o público interno e em áreas do público misto.

Periodicidade indeterminada

Publicação que descreve acontecimentos e traz informações adensadas, significativas, delimitadas com rigor, porém abrangentes.

Álbum

Volume de figuras, desenhos ou coleção de fotos, legendadas brevemente, voltado a explicar processos, apresentar personagens e relatar histórias de sucesso. Os álbuns complementam visualmente os livros, o que possibilita atividades didáticas distintas.

As Relações Públicas preocupam-se com a pertinência educacional e a logística a ser proporcionada aos que recebem ou adquirem os exemplares disponíveis, evitando-se qualquer tipo de frustração.

Apostila

Material técnico ou científico aproveitado em explanações detalhadas, e como anotações complementares de cursos realizados pela empresa.

Cartilha

Primeiras noções daquilo que se pretende transmitir. Menos ambiciosa do que os manuais, a cartilha fornece informações inéditas a diferentes grupos, o que requer, para o futuro, teores aprofundados; é imediatista e, por vezes, descartável.

Catálogo

Artefato tático da rotina do Marketing, permite incluir informações institucionais e procura associar a imagem do produto ao conceito da organização.

Digesto

Condensação de artigos e livros, especializados ou não, que embasa conhecimentos e estimula leituras mais complexas, fator relevante à constituição dos públicos pelas Relações Públicas.

Folheto

Impresso de cinco a 48 páginas, com ou sem imagens, que objetiva expor informações históricas, econômicas e sociais da empresa a indivíduos selecionados.

Confunde-se folheto com *folder*, provavelmente por uma tradução precária do termo. Em inglês, o termo *folder* refere-se à dobra e a envoltório, definição esta que o identifica com o prospecto. *Folder* e prospecto têm dobras e são impressos em uma única folha.

Opúsculo

Publica basicamente informações técnicas, variando na sua extensão por causa de seu porte, situado entre o folheto e o livro. Manuais são usualmente confeccionados nesse feitio. É conhecido como *brochura* quando o seu corpo é preso por grampos.

Prospecto

Pequeno impresso, em geral ilustrado, que se estampa em folha única vincada, para ser desdobrável. Alardeia qualquer coisa, ao qual, não raro, são anexadas amostras do que é anunciado, ou segue junto a bens tangíveis, na feição de um manual, com instruções de seu funcionamento.

Essa denominação acolhe as peças de introdução ao lançamento de produtos ou de campanhas publicitárias, dentro dos esforços de vendas que envolvem atacadistas e varejistas. Em Relações Públicas, tem o sentido de uma comunicação incisiva sobre as peculiaridades de uma empresa.

Revista de histórias em quadrinhos

Nas empresas é comum a criação de personagens que, por intermédio de desenhos e legendas, criam histórias que ajudam a informar e instruir crianças e jovens sobre determinados assuntos com certo grau de complexidade (energia elétrica, saneamento básico, efeito de remédios etc.). Os quadrinhos empresariais servem para demonstrar a todos os públicos as preocupações institucionais da companhia.

Manuais

Compilam noções essenciais, políticas e preceitos. São considerados veículos de comunicação dirigida escrita em apoio aos diferentes departamentos da organização, desde que a sua confecção tenha sido um trabalho conjugado com o serviço de Relações Públicas e dedicado a estabelecer o diálogo e respeitar os interesses dos públicos.

Com os manuais busca-se uma sintonia nas operações que, independentemente da localização da empresa, de suas filiais, dos produtos ou serviços solicitados, afiance um modo de ser consistente com os desejos e as necessidades dos consumidores e com as aspirações de todos os públicos.

Manual de redação e estilo

Acervo de normas de editoração dos materiais institucionais impressos, encontrados geralmente em grandes companhias. Prescreve a observância do uso do idioma e a sistemática interna de apresentação de documentos, relativa às fontes de letras, abreviações, maiúsculas e minúsculas, aos números, tratamentos, às palavras desaconselhadas etc.

Manual de identidade visual

Estandardiza as aplicações da marca e logotipia da organização nos automóveis, nos caminhões, nos uniformes e, principalmente, na coleção dos papéis empresariais, incluindo os formulários a serem preenchidos pelos públicos.

Manual de instruções ou do Usuário

Aborda itens acerca de produtos e serviços, e é transferido ao consumidor como assistência ao Marketing da empresa.

Manual de integração ou de Normas internas

Também conhecido como *Manual do Funcionário ou do Empregado*, contém as orientações e os esclarecimentos quanto aos direitos e deveres, referentes também aos benefícios oferecidos pela companhia. Originalmente de autoria da área de Recursos Humanos, precisa estar coerente com os veículos restantes de comunicação administrativa e de relacionamento com os públicos.

Traz as regras de combate a incêndios, higiene, segurança e medicina do trabalho que, devido ao porte da empresa, motivam a geração de textos separados.

Manuais para recursos humanos

Se submetidos à apreciação do serviço de Relações Públicas, são usados para motivar, avaliar o desempenho, estabelecer planos de incentivos e aumentar a participação nas decisões da empresa.

Nessa mesma linha, estão os manuais destinados aos *programas de qualidade* e de melhoria ao *atendimento do público* misto e consumidores.

Manual de organização

Reúne os livretes que, individualmente, discorrem sobre as diretrizes, os preceitos, formulários, padrões, procedimentos e as rotinas de uma instituição.

Estruturado pelo setor de Organização, Sistemas & Métodos, normatiza os processos produtivos e de administração da empresa.

Existem outros manuais mais específicos, mas todos têm sempre a acepção de uma informação sólida e consistente. Em geral, são apresentados impressos, mas a maioria está disponível on-line nos microcomputadores ou na internet.

Regulamentos

Determinadas possibilidades de comunicação entre a empresa e os seus públicos necessitam de parâmetros escritos para que funcionem a contento para todos os grupos envolvidos. Enquadram-se nessa situação o sistema de sugestões e a caixa de sugestões em virtude dos regulamentos necessários à sua concretização e dos meios utilizados para a sua divulgação; a confiança mútua deve reger os relacionamentos que se estabelecem.

Como são formas de comunicação que proporcionam meios de reciprocidade com grupos determinados, permitem um acompanhamento das ocorrências e a reação aos conceitos negativos propalados.

Sistema de sugestões

Canal de comunicação do público interno com os escalões superiores da empresa, designado ao encaminhamento de projetos que melhorem as rotinas aplicadas ou idéias de novos procedimentos que maximizem a eficácia empresarial.

Tem o propósito de estimular a criatividade e aumentar o interesse, o que gera um ambiente de trabalho melhor. Os projetos postos em prática são premiados em dinheiro ou por meio de outra vantagem que venha ao encontro dos anseios dos empregados contemplados.

Caixa de sugestões

Um esquema de contato sigiloso dos funcionários com a administração, destinado à realização de enquetes e sondagens de descontentamentos. Estende-se esse veículo ao público externo, destacando-se na coleta de opiniões, principalmente dos consumidores de serviços.

A participação dos funcionários consagra esse veículo. As caixas de sugestões lidam com a espontaneidade e com a vontade das pessoas. Ao serem propostas, servem a uma atitude crítica e conseqüente dos relacionamentos que são tentados, e há espaços para correção de imagens errôneas e para a circulação de conceitos em harmonia com a realidade.

Da relação de veículos de comunicação dirigida escrita sobressaem os periódicos típicos, com ênfase ao jornal e à revista da empresa. Ficam responsáveis pela abordagem da cultura organizacional e por noticiar assuntos genéricos ou restritos à instituição. Sustentam um local de trabalho aberto, democrático e um bom relacionamento com os funcionários, meta a ser alcançada em meio aos turbulentos ambientes de tarefa das companhias.

Jornais e revistas são evidentemente dispendiosos; cabe, então, aos mais singelos, como os boletins, estabelecer o relacionamento com o público interno, mesmo que o impacto informativo seja menor.

A comunicação dirigida escrita também se destaca nas faixas do público externo. Para os analfabetos, a empresa pode contribuir com materiais que apóiem os cursos e métodos de alfabetização; para estudos mais avançados, pode preparar coleções de artigos, entrevistas, análises e comentários em folhetos, opúsculos e livros, que subsidiam o debate de questões públicas atinentes aos negócios da companhia.

Os veículos de comunicação dirigida escrita também extrapolam seus objetivos quando servem de estímulo a escritores e pesquisadores por enfocar as preocupações da organização com os aspectos sociais que possam afetar os relacionamentos mantidos.

Todas essas idéias têm a finalidade de alargar conhecimentos dos cidadãos e extinguir gradualmente os problemas de sua comunidade.

SUPORTES DOS VEÍCULOS

O perfeito conhecimento dos públicos da organização pode vir a determinar diferentes suportes nos quais serão estampadas ou impressas as mensagens distribuídas.

Dentre outros, prevê-se, por exemplo, para os deficientes visuais, o uso de *cecograma*, o papel de correspondência em braile, ou a transferência de textos para fitas cassete, como no caso dos *livros-cassete*.

TRANSFERÊNCIA DOS VEÍCULOS

Para fazer chegar aos interessados o conteúdo informativo de suas mensagens, a comunicação dirigida escrita conta com o transporte físico, eletrônico e virtual de seus veículos. O transporte pode ser básico (somente um meio) ou misto (que combina dois ou mais métodos).

Transporte visual

Os veículos são colocados em quadros, paredes e outros aparatos para que haja a disseminação coletiva das informações. É um procedimento inerente aos avisos, aos cartazes, ao mural, ao jornal mural.

Transporte físico

Quando há a transferência material e tangível da informação do emissor para o receptor. Os veículos podem ser lidos e arquivados para consultas posteriores, o que torna perene a informação recebida.

São estabelecidos três esquemas que garantem a chegada da mensagem aos destinatários e exigem, diante de certas circunstâncias, maior número de exemplares para ter possibilidade de atingir os interessados.

Particular

Distribuição totalmente realizada pela organização, que está subdividida em:

- *aleatória*: cartilhas, programas, volantes, *teaser*;
- *controlada*: álbuns, almanaques, anais, apostilas, boletins, carta informativa, folhinhas, informes de reuniões, manuais, publicações (jornal, livro, magazine e revista da empresa), relatórios, separatas;
- *massiva*: cadernos, encartes, manifestos, prospectos;

- *pessoal*: comunicados de imprensa, livro da empresa, programas, relatórios.

Vias postais

Usam os produtos e serviços dos correios e apresentam as modalidades de:

- *postagem individual*: entrega personalizada de correspondência única, como cartas, memorandos, ofícios, telegramas;
- *Mala direta*: constitui um processo de envio de objetos de natureza pública, duplicados mecânica ou eletronicamente, para difundir produtos e serviços, imagens e conceitos a pessoas escolhidas em listas, perfeitamente identificadas e localizadas;
- *impressos*: cartazes, correspondências, prospectos, catálogos, relatórios e espécimes são expedidos por esse sistema.

Fac-similada

Técnica de cópia exata ou de transmissão mecânica, fotográfica ou eletrônica de originais a distâncias ilimitadas. Compreende:

- *fax*: apesar de ser percebido como um veículo independente, é de fato um suporte às correspondências. Autônomo, assemelha-se em sua forma e suas intenções às cartas, aos ofícios e comunicados, porém é menos oneroso e tem emissão privilegiada, pela velocidade – a página de identificação de um fax aceita uma divulgação da empresa;

- *fax-press*: empresas de consultoria enviam, para assinantes selecionados, cartas informativas, notícias, resultados de pesquisas, perfis populacionais, estudos de mídia, dados e tendências econômicas etc.;
- *fax-post*: semelhante ao procedimento do fax, a mensagem original é digitada e formatada por meio de um navegador da internet, e enviada ao destinatário, que não tem e-mail, na forma de carta.

Todos os veículos de comunicação dirigida escrita, em particular os existentes nas empresas, estão efetivamente sofrendo implacáveis modificações no conteúdo, na forma e no suporte da informação, em virtude da informática que, se não os elimina, introduz com sucesso um novo dimensionamento: o eletrônico e virtual.

Transporte eletrônico

Nessa categoria está o *videotexto*, mecanismo pelo qual o texto é enviado por linha telefônica a um monitor semelhante a uma televisão, à medida que o usuário chama os documentos, por meio de um teclado alfanumérico.

Mesmo com experiências bem-sucedidas em várias regiões do mundo, o videotexto teve frustrada a sua expansão pelo advento dos microcomputadores pessoais e da internet que têm suplantado, com vantagens, a sua concepção original. Equipamentos assemelhados subsistem em totens colocados em espaços públicos; são utilizados para indicar a posição física da pessoa em um centro de compras e trazem a relação de lojas.

Transporte virtual

Os modernos meios de comunicação eletrônica e virtual fornecem aos veículos de comunicação dirigida escrita maior flexibilidade, rapidez e alcance, mesmo que sejam vistos como simples e novos suportes às informações a serem transmitidas. Não estão mais na dependência física de circulação de papéis e documentos em geral para atingir os objetivos estabelecidos e os públicos considerados.

São os mesmos veículos de comunicação dirigida escrita, que recebem um tratamento específico, como a digitalização, e são transferidos virtualmente aos destinatários das informações.

O transporte virtual da comunicação dirigida escrita parte de *bancos de dados*, configurados para identificar pessoas, nos quais são colocados os cadastros, conforme atributos previamente definidos – aqueles que as caracterizam como público.

Os *editores de textos* nos microcomputadores facilitam a elaboração de vários tipos de materiais, enriquecidos com ilustrações, planilhas, efeitos visuais, bordas, símbolos etc. Suplementados por ferramentas de mala direta, oferecem uma aproximação eficaz com um grande número de indivíduos.

Na seqüência, a *editoração eletrônica* expande e aprimora a criação, dentre outros, de embalagens, folhetos, *displays* exibidos em pontos-de-venda, afora cartas, ofícios, apostilas, cartazes, boletins informativos e revista da companhia.

Alguns desses materiais são veiculados por intermédio do próprio meio informatizado, por exemplo, um *jornal virtual*, que perde em tangibilidade, mas é "entregue" diretamente na residência do leitor.

CD-ROM

Tem deixado de lado diferentes suportes, notadamente os papéis, na apresentação de relatórios públicos, catálogos, prospectos, recursos de apoio, gerando analogamente itens inovados para as áreas de gestão de negócios, treinamento, Marketing e vendas.

Sites

Informações escritas de Relações Públicas podem ser insertas na internet, por meio do site da instituição, compreendendo uma série de orientações aos usuários da web, o que permite explorar uma infinidade de páginas mediante hipertextos.[2]

E-mail

O correio eletrônico é um canal de transmissão e troca de informações entre os adeptos da comunicação virtual, a custos mínimos. Na internet, é o segundo serviço mais popular, depois da WWW, por ser simples, cômodo, rápido, econômico e flexível, o que certamente contribuirá para a diminuição do preparo tradicional da correspondência, rompendo uma longa cadeia – anotar, datilografar ou digitar e imprimir, expedir e postar.

Bastante informais no princípio, as mensagens do correio eletrônico vêm adotando contornos mais sérios ou oficiais. Para tornar-se atraente e aumentar a taxa de leitura, é muito

---

2. MATTOS, Sílvia. *A revolução dos instrumentos de comunicação com os públicos*. Porto Alegre: Comunicação Integrada, ABRP – RS/SC, 1995, p. 39 e seguintes.

comum preparar o e-mail com a aparência de página da web, com os respectivos *links*.

Ao combinar o imediatismo do telefone com a força da palavra escrita, o e-mail dinamiza a comunicação administrativa das empresas e destas com seus fornecedores, intermediários e consumidores. Produzem-se mensagens personalizadas ou documentos iguais que são encaminhados a diversos destinatários e guardados os que foram recebidos, ocupando apenas algum espaço no disco rígido.

Nas organizações, o seu uso é regulado por políticas específicas e tem substituído com vantagens os avisos e os murais. Jornais diários são disseminados por esse meio, havendo a possibilidade de controlar interativamente a receptividade do veículo. Evita-se acioná-lo se não for a serviço e proíbe-se a circulação de informações confidenciais pelo ciberespaço, dada a sua falta de segurança.

Cada funcionário possui um endereço virtual, o seu e-mail; mesmo os empregados que, pelos seus cargos, não dispõem de um computador, recebem as correspondências individuais por intermédio de caixas postais em terminais coletivos consultados duas ou três vezes por dia, num feitio de cibercafés, o que evita e combate a chamada "exclusão digital".

Quando do recebimento, a organização deve procurar respondê-los com a maior brevidade possível, no máximo em 24 horas, o que evita a insatisfação dos interessados e daqueles "que ficam ansiosos quando a resposta a uma mensagem não vem e acabam repetindo-a meia dúzia de vezes".[3] Existem inúmeros relatos de casos, estampados nos veículos de

---

3. PINHO, J. B. *Publicidade e vendas na internet*. São Paulo: Summus, 2000, p. 56-7.

comunicação de massa, que nominam as empresas que demoram a atender às consultas ou simplesmente não dão satisfações aos que as procuram. Isso, em termos de relacionamento público, é lamentável.

Intranet

Está em franco progresso a implementação de redes corporativas internas denominadas intranets, que praticam os mesmos fundamentos e a tecnologia da internet. São protegidas de "ataques" externos por servidores de segurança.

Induzem a uma instantânea redução de formulários, de materiais impressos e dos custos de impressão; é possível empreender buscas de informações em volumes superiores que estariam dispersas em inúmeros bancos de dados, planilhas ou registradas em papel, e envolveriam, na pesquisa, outras pessoas.

Ao adicionar imagens, áudio e vídeo, em interação multimídia, essas redes internas transformam-se em autênticos "portais corporativos". Pelas intranets é possível:

- responder às dúvidas mais comuns, o que simplifica e acelera a comunicação administrativa da empresa;
- distribuir os informativos e comunicados internos;
- pesquisar o clima organizacional;
- estabelecer o tipo de treinamento necessário aos funcionários e fornecê-lo on-line.

As intranets elevam a compreensão e a qualidade dos informes, dando maior autonomia aos operadores do sistema, facilitando a comunicação e o atendimento ao público interno.

Extranet

Quase uma extensão das intranets e com o mesmo tipo de tecnologia, as extranets permitem que as informações de uma empresa sejam acessadas mesmo fora dela. Com uma senha de acesso, fornecedores, intermediários e demais públicos podem interagir com a organização e compartilhar informações de interesse comum e exclusivo, o que diminui custos e dinamiza processos.

Os custos da rede extranet são baixíssimos se comparados a outros sistemas de intercâmbio de informações. Outras vantagens e serviços que uma extranet pode oferecer: entrada, inclusão e exclusão de pré-pedidos; redução de falhas de comunicação; informações sobre clientes; catálogo detalhado de produtos; suporte on-line aos intermediários; informações sobre mercado; treinamento; redução de custos e aumento de produtividade.

Ao dinamizar processos e integrar segmentos específicos de públicos de interesse, uma extranet traz ganhos expressivos para políticas de relacionamento com os públicos.

Conclui-se que, independentemente da forma de suporte do veículo e da forma de sua transferência, é preciso verificar sempre a *essência informativa* do material a ser levado aos públicos. Desse modo, uma carta terá sempre as mesmas características básicas, sendo escrita a mão, datilografada, digitada, enviada pelos correios, por mala direta, fax ou e-mail. O que interessa é a sua utilidade para as ações de Relações Públicas, que visam criar e manter o conceito público da organização.

A fase do *amplo programa de informações* terá seguimento, também na função básica de execução, pelas estimativas de potencialidade dos *veículos de comunicação dirigida oral.*

10

VEÍCULOS DE COMUNICAÇÃO DIRIGIDA ORAL

As organizações devem levar informações ao conhecimento de seus grupos de interesse, e a comunicação oral proporciona o estreitamento de relações, por exigir a proximidade entre as pessoas e o intercâmbio de idéias. Afinal, mesmo os modernos meios de comunicação não são mais do que formas sofisticadas de oralidade.[1]

Preferir a comunicação oral para a troca ou discussão de opiniões e conceitos, com vistas à solução de problemas, à harmonia e ao consenso, não elimina os outros veículos, massivos ou dirigidos, apenas facilita o contato direto, decisivo para os esforços das Relações Públicas, ao fornecer uma informação, recepcionar a resposta imediatamente e por permitir a réplica.

A comunicação dirigida oral tem seu destaque. O que é dito oralmente tem mais força e riqueza de detalhes do que,

---

1. ANDRADE, Cândido Teobaldo de Souza. *Para entender relações públicas*. 4. ed. São Paulo: Loyola, 1993, p. 110.

talvez, uma comunicação por meios massivos e o seu poder de convencimento ultrapassa outras técnicas.

Os seus principais veículos, aqueles "que têm por objetivo transmitir comunicação para determinado público ou parte deste, por intermédio da palavra oral",[2] são *as conversas pessoais*, o *telefone*, o *sistema de alto-falante* e as *reuniões* de pequenos e grandes grupos. Isoladamente, entende-se que são limitados, mas em conjunto com os demais veículos ganham em eficiência.

É natural a vocação das pessoas ao *diálogo* e cabe ao setor de relacionamento da empresa criar mecanismos para que a *participação* seja proveitosa. Com isso, concretizam-se os propósitos dos programas de Relações Públicas: confirmar, por meio de uma base de dados consistente, a existência de grupos voltados à instituição, com a aspiração clara de manifestar suas opiniões e receber informes destinados a manter o conceito positivo já emitido.

CONVERSAS PESSOAIS

Como um veículo de comunicação, as conversas informais trazem o depoimento vivo de um componente da organização que partilha diretamente de todas as políticas e os métodos de trabalho desenvolvidos por ela. Ocorrem em dois planos: "conversação horizontal, entre pessoas da mesma categoria social, e conversação vertical, entre pessoas de ativi-

---

2. ANDRADE, Cândido Teobaldo de Souza. *Dicionário profissional de relações públicas e comunicação e glossário de termos anglo-americanos*. 2. ed. São Paulo: Summus, 1996, p. 122.

dades diferentes ou de categorias sociais e hierárquicas diferentes".[3]

Para obter êxito no emprego desse veículo com finalidades de Relações Públicas, faz-se indispensável treinar os funcionários, habilitando-os à divulgação informal de fatos da empresa, como serviços prestados, contribuições à comunidade, lucros advindos de suas operações e perspectivas dos investimentos projetados pela companhia. A ausência de formalidade, contudo, é o seu maior desafio, por não conceder o necessário tom de seriedade ao colóquio, sendo útil se os empregados constituírem verdadeiramente o público interno da organização.

A comunicação virtual reforça as vantagens das conversas pessoais na feição de um veículo dirigido: a interlocução em tempo real pelo computador. Até quando o *software* de comunicação requerer a manipulação do teclado, suas peculiaridades não sofrem danos, pois continua sendo possível falar, discorrer, tratar intimamente e com familiaridade, discutir e ainda sondar pensamentos.

As conversas pessoais virtuais têm lugar no *chat*. Orientadas pelo serviço de Relações Públicas, as empresas colocam à disposição dos interessados "salas" e "canais on-line" para o "bate-papo", nos quais são abordadas temáticas gerais, específicas ou direcionadas. É propícia a manutenção de consultores treinados para responder às indagações, uma vez que o alvo primordial é a prosa descontraída com os conectados. Servem, igualmente, como veículo aproximativo ao serem aplicadas aos serviços de informações aos públicos.

---

3. ANDRADE, C. T. S. *Dicionário...*, op. cit., p. 40.

Com a finalidade de acelerar a comunicação, as companhias podem estabelecer os *serviços de mensagens instantâneas* com os seus públicos. Surgidos para a comunicação rápida entre amigos, "nas empresas são utilizados para a realização de reuniões virtuais e a troca de informações entre membros de uma mesma equipe ou entre parceiros de negócios. Com esses serviços é possível agendar e realizar encontros virtuais, compartilhar aplicações, e realizar *chats* de voz".[4] Os mesmos tipos de consultores das salas de bate-papo podem cuidar dos serviços de mensagens instantâneas.

Está presente na comunicação virtual mais uma eficiente conjunção da comunicação escrita (pelo processo de interatividade) com a comunicação oral (pelo tipo de relacionamento que se pretende estabelecer): são as chamadas *listas de distribuição* (ou *listas de discussão*), que originam os *grupos de discussão* (*newsgroups*), também denominados "grupos de notícias" ou "fóruns globais". Funcionam mediante um servidor de listas, responsável por conservar unidos os usuários que assinam o serviço e por endereçar uma cópia dos documentos gerados aos inscritos.

Nos grupos de discussão temáticos, as pessoas com interesses em comum usam o correio eletrônico para enviar e receber mensagens, confrontar opiniões, permutar conhecimentos e fazer perguntas umas às outras. Cada grupo costuma ter um documento que reúne as informações elementares sobre um assunto e as perguntas e respostas básicas, para evitar que o novo usuário que chega não repita as questões formuladas anteriormente, assentando-se, desse modo, o universo de debates virtual.

---

4. MOREIRA, Maria Isabel. Bate-papo no trabalho. *Info Exame*, São Paulo, n. 169, p. 95, abr. 2000.

Há grupos de discussão abertos, reproduzidos por servidores públicos de listas em várias partes do mundo, e grupos fechados, aos quais têm acesso somente os membros de uma comunidade singular ou assinantes de certo serviço. Basta selecionar um interesse e, após configurar o microcomputador, iniciar o diálogo.

As Relações Públicas acompanham as listas que estão sendo montadas e oferecidas aos usuários, verificando os temas sensíveis à empresa e interferindo, com o provimento de informações, no instante em que imagens distorcidas ou conceitos errôneos são disseminados pela internet.

TELEFONE

Quase como uma extensão das conversas informais, o telefone atua na mesma linha de relevância. É um dos principais instrumentos de trabalho para o atendimento ao público em geral, por facilitar o acesso a recursos e serviços.

Ao utilizar o telefone como um veículo de comunicação dirigida, a instituição acolhe um indivíduo de qualquer cidade ou região do país e do exterior, e essa ocasião não pode ser perdida, em virtude de a pessoa encontrar dificuldade ao solicitar informações. Procurada e atendendo convenientemente, a empresa suscita um vínculo duradouro ou deixa uma boa impressão pela cordialidade prestada.

O princípio do transporte de informação de um ponto a outro através de sinais em fios ou em ondas eletromagnéticas criou e mantém todo o desenvolvimento da comunicação virtual.

O tradicional ruído dos telefones das campainhas nos ambientes institucionais está desaparecendo, pois esse aparelho vem sendo substituído pelo correio eletrônico. A mensagem pelo correio eletrônico precisa, ao menos, de um grau mínimo de elaboração antes de ser transmitida, o que não acontece com os telefonemas, que podem acabar conduzindo informações indevidas. Entretanto, o telefone conserva o seu caráter de praticidade, imediatismo, pessoalidade e o dimensionamento de apreço dos que atendem as chamadas.

Em Relações Públicas, os cuidados maiores dizem respeito à atualização do aparato de telecomunicações, visto que os usuários, acostumados com as inúmeras comodidades tecnológicas, acreditam que estas sejam cotidianas a todas as instituições. Prevê-se:

- rapidez no atendimento;
- funcionalidade de menus de atendimento automático;
- músicas e frases de saudação compatíveis com o conceito que se pretende transmitir da empresa;
- atendimento pessoal e direto o mais breve possível, e soluções em curto espaço de tempo;
- linguagem adequada aos públicos;
- uso pleno do prefixo 0800, com o qual a organização arca com os custos das ligações dos interessados;
- para prestadores de serviços, o prefixo 0900 deve contar com a tecnologia adequada à presunção de um bom atendimento;
- nos serviços de emergência, o sistema automático não deve ser utilizado, bastando os identificadores de chamadas.

Além disso, produtos corriqueiros, como discagem direta a ramal, automação, distribuição automática de chamadas, *call back*,* correio de voz, deverão ser implantados para aprimorar o processo de relacionamento com os públicos da empresa.

É também possível estabelecer um *centro de atendimento telefônico* (*call center*), que é uma estrutura montada pela própria empresa ou, seguindo uma tendência crescente, por operadoras especializadas, que contam com grande número de linhas telefônicas, atendentes e computadores para acesso às informações contidas nos bancos de dados dos clientes. Quando terceirizados, o controle do *call center* deve ser cuidadoso para evitar qualquer possibilidade de mau atendimento.

Nas empresas altamente informatizadas, aplica-se o sistema de *call center* telefônico com o *contact center*, o centro de contato com os públicos, que opera com vários canais de atendimento, como o *e-mail*, o *chat on-line* e a abertura de canais de voz e vídeo, principalmente para os consumidores que podem falar com o atendente e vê-lo.

SISTEMA DE ALTO-FALANTE

Nas propostas de Relações Públicas, o uso do sistema de alto-falante, de baixo custo e de fácil instalação, prevê transmissões de música ambiental, notícias rápidas em horários fi-

---

* Serviço que permite que clientes em qualquer lugar do mundo façam chamadas internacionais utilizando-se de serviços de telecomunicações americanos, com tarifas substancialmente menores que as do monopólio local.

xos, roteiros das programações culturais e esportivas empreendidas pela empresa ou fora dela, e notas de estímulo e apoio às ações de treinamento, normais e de emergência.

Além dessas aplicações, "muitas vezes, ele pode ser empregado como veículo auxiliar, chamando a atenção dos públicos para as comunicações transmitidas por outros meios. Um cartaz colocado no quadro de avisos da organização pode passar quase despercebido, a não ser que o alto-falante chame a atenção dos públicos aos quais a comunicação é dirigida".[5]

Sua utilidade como veículo de comunicação depende da preparação de um esquema apropriado de redação, equipamentos tecnicamente viáveis às gravações e produção do material, arquivo e locutores que atraiam a atenção dos ouvintes.

REUNIÕES

As reuniões têm uma tarefa fundamental a cumprir diante das estratégias de Relações Públicas: a *participação programada* – um método excelente para democratizar os relacionamentos das organizações, no qual não há delegações, porém a observação constante do transcorrer dos fatos. "Complexos e sofisticados meios de comunicação estão presentes em nossa sociedade, mas isso não é suficiente para que se consiga uma linguagem comum e clara, capaz de dar condições para o diálogo aberto e produtivo."[6]

---

5. ANDRADE, C. T. S. *Para entender...*, op. cit., p. 135-6.
6. ANDRADE, Cândido Teobaldo de Souza. Participação programada para o diálogo. *Comunicação & Sociedade*, São Bernardo do Campo, v. 6, n. 12, p. 117-9, out. 1985.

Participar é uma modalidade de comportamento das pessoas que se caracteriza pelo "tomar parte", uma vez que a presença física garante a concentração plena em determinado episódio. Nas reuniões, o uso da palavra é relevante, assim como o poder da argumentação para o convencimento refletido e o contra-argumento, impelindo a raciocínios mais amplos e bem elaborados. Esgota-se o assunto não pela redundância, mas pelo debate de idéias, no qual ninguém é representado, todos estão presentes manifestando, pela palavra oral, suas opiniões e seus conceitos.

Estimular a participação programada dos públicos "em todas as organizações, públicas ou privadas, reflete uma mudança em todos os domínios, no sentido de estabelecer e manter a maior compreensão e melhor comunicação entre pessoas e grupos sociais. Essa forma primeira de entendimento se traduz pelo desejo de chegar-se ao universo de debate, para que o diálogo se torne realidade, nesse mundo da comunicação tecnológica e da incomunicação humana".[7]

Nas empresas, a direção programa a participação dos públicos a fim de angariar o seu apoio e suporte antes de enfrentar os problemas. É preciso manter o entendimento, assegurar a efetividade do diálogo com os funcionários; o público misto inclina-se a cooperar visando ao sucesso dos vários parceiros; e o público externo descobre a proeminência da companhia em face do panorama local, regional e nacional.

As reuniões admitem diversas conformações, sujeitas ao tamanho e à identificação dos grupos a serem alcançados, à dinâmica do debate a ser instalado e aos resultados pretendidos.

---

7. ANDRADE, C. T. S. Participação programada..., op. cit.

Tanto os encontros de pequeno porte realizados na empresa, promovidos, por exemplo, com o fito de esquadrinhar as potencialidades mercadológicas de algum produto ou serviço, quanto os eventos organizados para grandes grupos são classificados como *reuniões dialogais*,[8] demarcadas em cinco categorias distintas.

Reuniões informativas

Dedicadas à *exposição e à coleta de informações*, especialmente daqueles que raramente têm oportunidade de expressar suas idéias e seus conhecimentos. Compreendem: conferama, conferência, convenção de revendedores, entrevista coletiva, palestra, sabatina, seminário ou jornada, sessão de criatividade, simpósio.

As reuniões informativas estimulam a comunicação recíproca entre os componentes das equipes formadas para superar obstáculos, motivando a multiplicação de suas capacidades individuais, de forma ativa e vivencial.

Reuniões instrutivas

Distinguem-se pela *informação e aprendizagem*. Abrangem: ARM-Reunião, aula, círculo de estudos, curso, dramatização, estudo de caso, grupo de verbalização e observação, jogos de empresa, oficina, *workshop*.

Têm a particularidade da influência marcante do coordenador, que fornece as instruções e não faculta aos presentes muitas argumentações ou críticas ao temário. São comunica-

---

8. ANDRADE, Cândido Teobaldo de Souza. *Como administrar reuniões*. 2. ed. São Paulo: Loyola, 1995, p. 40.

dos, por exemplo, rotinas de atendimento ao público em geral e esclarecimentos sobre o funcionamento de equipamentos disponíveis na empresa.

Colaboram com a educação formal dos empregados, atestando o recebimento de novos informes para que o conteúdo seja completamente assimilado pelos membros da reunião.

Reuniões questionadoras

Contemplam a *informação e discussão* para estabelecer opiniões. Abarcam: conferência com debates, congresso, debate, encontro municipal, fórum, mesa-redonda, painel, painel técnico.

Têm em vista ajustar contribuições dos participantes, o que permite incluí-las no parecer final, que conterá a média do pensamento de todos os componentes do grupo. Cabe ao líder da reunião exprimir a situação de maneira clara e abrangente, e dar às pessoas total liberdade de manifestar-se.

Na empresa, as reuniões questionadoras criam o público interno, se existir o encaminhamento de solução das pendências oriundas dos funcionários, as quais devem ser assumidas pela diretoria da companhia, em busca de conquistas palpáveis.

Reuniões deliberativas

Destacam-se pela *discussão e deliberação*. Estão divididas em: assembléia de acionistas, assembléia de condôminos, assembléia de sócios, comissão de júri, comissão de trabalho, conclave, convenção partidária, junta.

Quase uma continuação das reuniões questionadoras, seus resultados são o próximo passo em direção à ação conjugada dos públicos. Delineia-se o problema, o grupo examina seus diferentes ângulos e analisa as opções exeqüíveis para resolvê-lo. Procede-se, no encerramento, a uma votação que dá respaldo à decisão e, a despeito de não ser unânime, constitui, no mínimo, o juízo da maioria.

Reuniões dialéticas

Marcadas pela discussão e votação, são utilizadas quando se procura a verdade. São exemplos: parlamento, tribunal do júri.

Discute-se e vota-se conforme preceitos legais, e o resultado da reunião implica uma ação – aprovação de uma lei ou a condenação de um réu.

Dadas as suas características, essas reuniões têm emprego praticamente nulo nas organizações empresariais, excetuando quando são promovidas em eventos ou programações culturais e de lazer, mas sem ter o mesmo significado ou força decisória. Nesses casos, nas empresas são aplicadas as reuniões deliberativas.

Para ser considerada veículo de comunicação dirigida, cada reunião abraça uma ampla gama de possibilidades, tem sua finalidade delimitada, e seus objetivos são quantificados e qualificados.

Além das reuniões dialogais existem as *reuniões coloquiais*, subdivididas em recreativas e sociais. "As primeiras abarcam: sessões de pequenos jogos, jogos de salão e excursões, enquanto as segundas abrangem festas, bailes, visitas e tertúlias. Podem contribuir para a realização das reuniões dialogais, como desanuviadoras de tensão, para recuperação de energias e superação de bloqueios, facilitando assim a sociabilidade que deve reinar em qualquer tipo de reunião."[9]

São reuniões coloquiais com fins de Relações Públicas o café da manhã e o almoço de diretores com funcionários, os intervalos de "cafezinho" nas empresas e durante os eventos, almoço com lideranças comunitárias e da imprensa, e outras formas simples empreendidas para estabelecer o diálogo entre a organização e seus públicos.

No momento em que se constata a dilatação de possibilidades das reuniões no ambiente empresarial, a informática introduz as reuniões realizadas em ambiente virtual, sem que se perca o preceito da participação programada, que deve ser preservado.

Por serem restritas às empresas que dispunham dos equipamentos necessários, são "coisas do passado" as reuniões de grupos para instruções e debates pela televisão em circuito fechado e/ou por satélite, quando audiências espalhadas por todo o país compareciam em auditórios predeterminados e, por meio do telex ou de viva-voz, faziam perguntas e debatiam as questões apresentadas.

Hoje, as salas da empresa e mesmo a casa do funcionário servem de espaço às reuniões virtuais, instauradas pelo uso da internet, com as *videoconferências* (ou *teleconferências*), que suprem os mesmos fins, mas com custos inferiores. Além de dinamizar a tomada de decisões e de sincronizar a troca de informações, as videoconferências reduzem o volume e os custos de viagens aéreas e evitam deslocamentos constantes de pessoas do quadro de executivos da empresa. Esse tipo de reunião também tem sido utilizado na educação a dis-

---

9. ANDRADE, C. T. S. Como administrar..., op. cit., p. 68.

tância, capacitando grande número de funcionários em treinamento operacional ou mesmo na pós-graduação.

Neste mundo inovado, formas de estimular a participação programada não podem ser dispensadas. Na Era Digital, a informação não fica restrita a poucos; os dados acumulados têm valor unicamente se ajudam nas resoluções e no incremento de dispositivos econômicos e mercantis.

A "reunião ideal"

Encontra-se o *tipo ideal de reunião* para determinada circunstância quando se reflete sobre:

- o assunto e sua relevância para a empresa e para os públicos envolvidos;
- a metodologia dos trabalhos a ser praticada;
- os apresentadores de temas e os moderadores das discussões;
- o local;
- o material de apoio às sessões;
- os sistemas utilizados para a sua divulgação;
- o regulamento das intervenções da assistência;
- o tempo estimado para conseguir uma conclusão.

O somatório dessas variáveis é que prescreve, orienta e controla o modelo de organização a ser implantado, isto é, o tipo ideal de reunião existe exclusivamente durante a vigência dos trabalhos – novas circunstâncias ou situações reiniciam o processo de planejamento de uma reunião.

Afora isso, avaliam-se as formas de difundir os resultados obtidos, pois o que importa são as conseqüências do evento, e não o evento em si.

A serventia das reuniões maiores para os serviços de Relações Públicas das empresas deriva do enorme poder de aproximação que é encetado num congresso, por exemplo; os aspectos científicos são naturalmente expandidos, mas a própria vivência social, na moldagem de um processo perfeito de educação dos grupos, se mostra a cada dia mais interessante.

Como eventos excepcionais, as reuniões são uma ótima forma de disseminação do conceito da organização, pois chegam normalmente aos formadores e líderes de opinião. O patrocínio da papelaria, *displays* e brindes, e a sustentação logística a recepção, hospedagem e alimentação de palestrantes recebem uma divulgação gratuita, pela simples menção de suas marcas ou impressão de seus logotipos.

Ao pretender posicionar-se no seu ambiente externo, a organização emprega as técnicas de reunião. Eventos grandes, como convenções nacionais de revendedores, estendem os campos de relacionamento das empresas e têm feito sobressair a área de Relações Públicas. Autoridades municipais têm evidenciado uma inquietação contínua com a realização desses encontros em suas cidades, em razão dos benefícios decorrentes.

A função básica de *execução*, do *amplo programa de informações*, contemplará, a seguir, o cálculo de utilização dos *veículos de comunicação dirigida auxiliar*.

11

VEÍCULOS DE COMUNICAÇÃO DIRIGIDA AUXILIAR

Privilegiada em vários tipos de programações, a comunicação dirigida auxiliar abrange o conjunto dos *recursos audiovisuais*.[1] Os seus veículos são de uso constante e repercutem o resultado de sofisticadas tecnologias.

Têm substituído, em determinadas circunstâncias, a presença do profissional de Relações Públicas diante de seus públicos, o que não deve ocorrer amiúde, mas somente quando existirem contingências que recomendem ser melhor a ausência da pessoa do que a falta de comunicação.

Nas relações com os públicos, a comunicação dirigida auxiliar tem caráter complementar, e seus meios significam um apoio para que a organização realize os registros de sua história e dos seus processos de trabalho.

---

1. ANDRADE, Cândido Teobaldo de Souza. *Dicionário profissional de relações públicas e comunicação e glossário de termos anglo-americanos*. 2. ed. São Paulo: Summus, 1996, p. 121.

Ao analisar-se os recursos audiovisuais para um projeto de Relações Públicas, o material escolhido precisa reunir uma boa síntese informativa. Quanto às qualidades deve ser simples, fácil de usar, apropriado, atualizado, exato, atrativo e relacionado com o teor do debate.

Não se descarta nenhum recurso audiovisual sob o argumento de ser antiquado. O *contraste* apresentado pode ser de intensa utilidade, quando se distingue um veículo fora do cotidiano das audiências. Por exemplo: atualmente, as crianças têm fácil acesso aos computadores, o que poderia indicar que desprezam outros tipos de veículos auxiliares menos sofisticados; justamente aí surge a oportunidade de utilizar um material totalmente distinto para, pelo contraste, facilitar a transferência do conteúdo que se pretende transmitir.

A finalidade vai conduzir a seleção dos veículos que estão aqui seriados em consonância com a categoria de equipamento e/ou suporte.

RECURSOS VISUAIS

Predomina o apelo ao sentido da visão. As exibições de seus instrumentos são geralmente manuais e acompanhadas por comentários ou por uma narrativa, oral ou gravada.

O sucesso na transmissão das informações depende muito mais de quem faz uso da palavra do que dos materiais e equipamentos disponíveis. O controle está totalmente entregue ao orador que amolda a sua explanação, introduzindo elementos inéditos ou acelerando o seu término, conforme percebe as reações da audiência. O *feedback* é imediato e o diálogo é estabelecido com agilidade.

Projetáveis

Os auxílios projetáveis rejuvenescem os procedimentos tradicionais, como o quadro-de-giz. Esses recursos permitem o arquivamento das mídias que foram expostas, o que traz rapidez às novas apresentações.

Equipamentos

Os aparelhos que reproduzem imagens ampliadas numa tela ou parede operam por reflexão ou pela passagem da luz em objetos ou materiais, e um sistema óptico de projeção. São flexíveis e adaptáveis às condições do ambiente da reunião e têm baixo custo relativo.

Episcópio

Projeta a luz refletida em utensílios opacos bidimensionais (gravuras, fotografias etc.).

Diascópio

Comumente conhecido como "projetor de *slide*", projeta imagens estacionárias de películas (diapositivos e diafilmes mudos), por luz enviada através deles.

Epidiascópio

Projetor de imagens que funciona por transparência (diascópio) e por reflexão (episcópio).

Projetor cinematográfico

Reproduz mecanicamente uma seqüência de imagens e/ou de cenas, em movimento ou não, fotografadas em filme por uma câmera.

Retroprojetor

Projeta folhas de material translúcido, a transparência, a qual é colocada em uma base horizontal sob um feixe luminoso. Retroprojetores proliferam nas escolas e empresas, e são aceitos com naturalidade. Como amparo à comunicação dirigida oral, proporciona liberdade ao palestrante, que pode alterar a locução segundo o interesse dos audientes.

Mídias

Há uma diversidade benéfica dos artigos incluídos nas mídias projetáveis, e muitas instituições de ensino e pesquisa promovem intercâmbio dessas ajudas visuais. São acessíveis e preparadas de acordo com os grupos, não havendo dispersão dos tópicos apreciados.

Cinema mudo

Projeção cinematográfica de desenhos animados e de filmes legendados.

Diapositivo (slide)

Película de imagem fotográfica única, positiva e transparente.

Diafilme

Tiras contínuas de diapositivos, que não simulam movimentos.

Fotomicrografia

Fotografia de objetos demasiadamente pequenos obtida com o auxílio de um microscópio.

Transparência

Qualquer exemplar de material não-opaco passível de receber a escrita, o texto e a ilustração (desenhos, esquemas, gráficos). As transparências constituem os suportes mais usados e são confeccionadas, sem maiores esforços, por programas de computador, eliminando intermediários que atrasavam o seu processamento.

Descritivos

No seu conjunto, permitem sustentar, de incontáveis maneiras, a dissertação de um assunto, evitando que o auditório se distraia. Facilitam a integração dos presentes ao evento quando são distribuídos materiais de apoio como meio de participação e de consulta direta.

As atividades de Relações Públicas criam ambientes de envolvimento ao ficarem demonstradas a elaboração apurada desses recursos e a disponibilidade de opções convenientes aos públicos.

Álbum seriado

Exposição em cavalete de folhas de papel avulsas, unidas entre si, com conteúdo previamente arranjado.

Atlas

Coleção de cartas geográficas, astronômicas, anatômicas, históricas, econômicas, lingüísticas em volume enriquecido por estampas, gráficos e quadros, associados a textos elucidativos.

Cartazes

Materiais impressos, com poucos elementos, letras e símbolos grandes, geralmente coloridos.

Cartões relâmpagos

Retângulos de papel encorpado com palavras ou dizeres simples que servem de estímulo às respostas esperadas pelo condutor da reunião.

Cartograma

Quadro em que se representa, mediante pontos, figuras, linhas, com aplicação de cores antecipadamente convencionadas, um fenômeno quanto a sua área de ocorrência, importância, movimentação e evolução.

Desenhos e Ilustrações

Representações de formas sobre uma superfície, por intermédio de traços, pontos e manchas, que acompanham o texto de impressos. Têm objetivos lúdicos, artísticos, científicos e/ou técnicos.

Diagramas

Esquematizações de fenômenos, valendo-se o preletor de linhas e figuras geométricas primárias, com a finalidade de mostrar as inter-relações básicas ou os aspectos específicos de um processo.

Fluxograma

Delineamento, por símbolos e notações padronizadas, da sucessão das tarefas de uma companhia, seus canais de conexão e comunicação para exprimir a sua conformação operacional.

Fotografias

Aproveitadas isoladamente ou com outros veículos; são também incorporadas em tipos distintos de materiais.

Gráficos

Imagens de fenômenos físicos, econômicos e sociais.

Gravuras

Imagens impressas graficamente retiradas de revistas, jornais ou livros, ou preparadas especialmente.

Histórias em quadrinhos

Narrações feitas por meio de desenhos e legendas, em forma de balões, dispostos em uma série de quadros – no âmbito empresarial ilustram determinadas situações e temas que, pela seriedade inerente, poderiam tender ao enfadonho. Reunidas em uma revista, são utilizadas como um dos veículos de comunicação dirigida escrita.

Letreiros

Inscrições de informações variadas em tabuletas.

Mapas

Desenhos representativos de amplas regiões.

Organograma

Gráfico que visualiza a estrutura e a hierarquia da organização. Agrega-se um manual pormenorizado que assinala as funções e os respectivos graus de responsabilidade.

Papelógrafo (flip chart)

Folhas soltas, superpostas e presas num cavalete, mas sem conteúdo premeditado; perante a assistência, o preletor utiliza-o para fazer anotações no decorrer de seu discurso.

Pintura

A arte e a técnica de aplicar tintas em uma superfície plana a fim de representar figuras e formas abstratas, em quadros, painéis ou outras composições, tendo a cor como componente intrínseco.

Quebra-cabeças

Jogos que consistem em arrumar peças que se encontram embaralhadas para constituir uma informação iconográfica.

Tabelas

Quadros indicativos de nomes de pessoas ou de coisas com a denominação de gênero, preço, tamanho etc.

Simbólicos

Elementos gráficos, objetos materiais ou sinais que, por convenção arbitrária, aludem a determinado contexto, substituem o nome de uma coisa ou designam uma realidade. Mais do que recursos auxiliares, ajudam a decodificar a relevância dada aos eventos ou a pessoas presentes às programações de Relações Públicas e no dia-a-dia das organizações.

Bandeiras

Pedaços de panos, ordinariamente retangulares, de uma ou mais cores, às vezes com emblema, legenda e até ornatos, que identificam uma nacionalidade ou instituição.

Flâmulas

Bandeirolas estreitas e compridas, terminadas em bico ou farpadas. São usadas em sinalizações, festividades ou como adorno.

Ideografias

Representações de idéias com intervenção de sinais que reproduzem objetos concretos.

Insígnia, Emblema e Divisa

Sinais que realçam um cargo ou uma designação, nominativa ou figurativa, de um estabelecimento fabril ou comercial. Servem para diferenciar uns dos outros, de gêneros semelhantes ou não.

Logotipo

Identificação composta por grupo de letras, sigla ou palavra, especialmente desenhado para uma empresa ou um produto.

Luzes

Tiram proveito de uma linguagem codificada de antemão.

Sinalização visual

Conjunto de sinais e avisos ilustrados que fornecem orientações aos públicos.

Tridimensionais

São úteis no momento em que a representação alegórica não for suficiente à perfeita compreensão daquilo que deve ser assimilado pelo grupo. Tornam, então, possíveis a percepção e a vivência da informação transferida. Harmonizados com os outros auxílios, acarretam a atração necessária à efetividade da mensagem transmitida.

Em seus programas de relações com as escolas, as companhias podem oferecer recursos tridimensionais diversificados, destacadamente aqueles concernentes a processos industriais modernos.

Globos

Representações gráficas no feitio de esfera.

Hologramas

Chapas fotográficas cuja imagem, em três "dimensões", é visível unicamente quando atravessada por um feixe de luz obtido pelos raios de um *laser*.

Maquetes

Esboços em miniatura de uma escultura, modelados em barro ou em cera, ou de projeto arquitetônico.

Modelos em escala

Representações mediante as quais se estabelece gradação correspondente entre naturezas inacessíveis (infinitesimais ou gigantescas) do que se pretende fazer ver.

Expositores

São recursos que, por si sós, fascinam e favorecem explanações, comparações. Sua permanência em frente dos espectadores deve ser mais demorada para haver melhor entendimento da mensagem.

No caso de uma exposição promovida pelas Relações Públicas, por exemplo, o uso dinâmico dos quadros pode prever a sua manipulação pelas pessoas. Compreendem duas distinções básicas.

Quadros didáticos

Peças assemelhadas aos cartazes que, porém, exigem explicações, comparações, preparação prévia e equipagens especiais.

Deslizógrafos

Painéis intercambiáveis apoiados em um dispositivo que libera seu deslocamento num espaço limitado. São organizados com antecedência para receber material definitivo ou removível, como cartazes, que são alternados durante os relatos.

Elétricos ou de Teste

Técnica de verificação de perguntas e respostas conectadas por intermédio de fios que acendem uma lâmpada ou acionam um sistema sonoro quando ligadas corretamente.

Linha do tempo

Explora um tema em uma seqüência cronológica, com "cruzamentos" horizontais e verticais. Nas enciclopédias e nos almanaques transportados para CD-ROM, as linhas do tempo fazem uso de hipertexto para correlacionar conteúdos.

Mural didático

Quadro comumente encontrado em recintos escolares ou empresariais, exibe mapas, gráficos, estampas, trabalhos individuais, objetos tridimensionais, textos, recortes de jornais e outros itens.

Nudiquadros

Retângulos de cartolina ou de madeira sobre os quais são postos letreiros ou ilustrações tapadas por tiras de papel, sendo "descobertas" concomitantemente às explicações e às abordagens.

Poliorama

Espécie de panorama em que quadros móveis, interpenetrando-se, mudam de contornos e se transfiguram aos olhos do observador.

Quadros de suporte

Exercem a função de base à sobreposição de materiais ilustrativos variados (inclusive os quadros didáticos), cabendo certa "movimentação", ou seja, a possibilidade de desenvolver um conteúdo, parte por parte, gradativamente, montá-lo, desmontá-lo, acrescentar, retirar ou deslizar peças.

Diorama

Quadro iluminado na parte superior por luz móvel que, recebendo figuras tridimensionais, produz ilusão ótica.

Cavaletes

Armações móveis, com pé e, às vezes, rodízios, dotados de suporte, sobre o qual se põem objetos em exposição.

Flanelógrafo (feltrógrafo, quadro-de-flanela, quadro-de-feltro)

Artefato coberto de flanela ou de feltro de cor lisa, no qual se aderem objetos ou figuras, fixadas ou removidas segundo as necessidades.

Imantógrafo

Feito em metal, aceita materiais ilustrativos (gravuras, frases) guarnecidos de pequenos ímãs na face posterior.

Quadro-de-giz (quadro-negro, pedra)

Peça plana quadrilateral, geralmente de ardósia ou madeira, usada nas salas de aula para cálculos, traçados etc.

Quadro-de-tinta

De constituição semelhante ao anterior, é, quase sempre, revestido de fórmica, na qual se escreve com canetas apropriadas.

Quadro-de-velcro

Chapa de madeira com aplicações espaçadas de pedaços de velcro; o material deverá ter o adesivo na sua parte posterior.

RECURSOS AUDITIVOS

Meios e equipamentos destinados à gravação e à reprodução de sons que estimulam o sentido da audição, concebidos para escoltar os recursos visuais.

Apesar da aparente simplicidade conceitual e do predomínio das imagens mentais e simbólicas e da representação gráfica de objetos no cotidiano dos cidadãos, a ausência de recursos auditivos deixa a impressão de que "algo está faltando" em qualquer tipo de apresentação.

Têm códigos próprios, como os *alarmes, apitos, sinos* e as *sirenes*, ou fornecem uma trilha sonora exclusiva e suplementar, como o *compact disc, digital audiotape, disco,* a *fita magnética gravada,* o *rádio,* ou emitem *sinais sonoros* peculiares, que buscam o envolvimento da audiência.

RECURSOS AUDIOVISUAIS

Transmitem idéias precisas, de forma incisiva, para que a mensagem seja perenemente assimilada pelas pessoas.

Embora haja uma identificação profunda com os recursos visuais, principalmente os projetáveis, nessa classe o instrutor, ao enunciar seus conhecimentos, delega o fluxo informativo aos equipamentos que, por meios pré-programados de controle, operam automaticamente.

Os recursos audiovisuais podem impedir comentários simultâneos, realizados somente por sobreposição vocal, o que acarreta lapsos na comunicação, ou se for interrompida a sessão, o que causa desconforto nos participantes.

Eletroeletrônicos

Fundem, sincronizam (eletromecânica ou eletronicamente), aprimoram e ampliam o incitamento visual e auditivo. Procuram atingir a concentração total no objeto exposto, usando freqüentemente o escurecimento da sala para aumentar a atenção dos assistentes.

Os equipamentos nessa área são relativamente caros e a necessidade de atualização é constante, o que pode vir a comprometer a flexibilidade e a maleabilidade dos meios nas programações de Relações Públicas para a condução de mensagens aos públicos.

Apresentações diretas do microcomputador

Formatadas por *softwares*, são direcionadas à produção e à manipulação de textos, planilhas, desenhos, gráficos, logotipos e efeitos de sons e imagem. Substituem com muitas vantagens o uso do retroprojetor e de transparências.

Essas apresentações podem ser projetadas para grupos maiores com o uso da *televisão* (circuito interno, via cabo ou satélite), de projetor multimídia (*datashow*) ou por *videoconferência* pela internet.

CD-ROM

Compact disc para computador com grande poder de armazenagem de programas e dados (inclusive imagens, sons, vídeos). O conteúdo é examinado por hipermídia e atualizado pelos *hiperlinks* de acesso direto à web durante as sondagens empreendidas.

Diante das facilidades do computador, os CD-ROMs cultivam o conceito de multimídia, isto é, empregam genericamente recursos audiovisuais eletronicamente configurados. Convertem-se, com isso, quase em um veículo de comunicação aproximativa, quando tornam possível ao usuário "adentrar" em um museu, no corpo humano, por sistemas produtivos, armações navais ou de aviões. O mesmo acontece com o DVD-ROM.

Cinema sonoro

Projeção de desenhos animados e filmes, comerciais ou não, legendados ou dublados, com faixa sonora adequada.

Diafilmes sonorizados

Projeções ordenadas de diafilmes ajustadas a uma narração gravada.

DVD vídeo e DVD-ROM

Digital Vídeo Disc é um disco óptico com capacidade de armazenamento sete vezes maior que o *compact disc*; DVD-ROM é usado para armazenar dados de computador. Essas mídias são mais flexíveis, pois podem ser usadas em aparelhos próprios ou no computador.

Seqüência sonorizada de dispositivos

Combina a projeção de uma série predeterminada de imagens com a reprodução de uma trilha sonora pré-gravada em fita cassete, que é "marcada" com os sinais de um sincronizador para impulsionar a mudança automática dos diapositivos.

Multivisão ou Videowall

Montagem em certa ordem de diascópios, regidos eletronicamente, que projetam uma sucessão sonorizada de diapositivos, formando painéis únicos ou de múltipla composição; efeitos sonoros contundentes adicionados ao programa audiovisual ajudam a exaltar a informação desejada. Monitores de televisão, alimentados por fitas de videocassete ou DVD vídeo e controlados por computador, têm substituído os projetores de diapositivos.

Projetor de vídeo ("telões") e Projetor multimídia (datashow)

Tecnologias de transporte das informações aos públicos, selecionadas em virtude das condições do ambiente de exibição (tamanho, luminosidade, disposição das cadeiras, palco) e dos objetivos e do alcance pretendidos.

Videocassete

Fita magnética para registrar imagens associadas ao som. Esses suportes substituem com vantagens a seqüência sonorizada de diapositivos e o cinema sonoro, pela economia do investimento inicial, rapidez de uso, pelo volume de informações em um objeto de pequenas dimensões, transportado sem obstáculos, pela destreza na exibição, facilidade de cópia e disseminação pelo país.[2] As imagens de um videocassete são projetadas para grandes audiências por meio de um projeto de vídeo ("telão").

Embora muito prático, o videocassete vem sendo substituído pelo DVD vídeo especialmente para armazenagem de filmes.

Virtuais

Materiais gerados em computação gráfica e percebidos por intermédio de visores e fones individuais, que inserem virtualmente o espectador dentro de cenários preparados da *realidade virtual*. Jogos e representação de reações químicas e de fenômenos físicos preparados por programas de computador, que substituem os modelos físicos, são os principais atrativos dos recursos virtuais.

Ativos e vivenciados

Pela empatia acarretada por experiência direta ou simulada, esses recursos permitem extrapolar situações. Sem per-

---

2. SERRA, Floriano José Dragaud. *O que toda empresa pode fazer com o videocassete*. São Paulo: Summus, 1993, p. 39-41.

sonalizar ou individualizar comportamentos e atitudes, conduzem à reflexão, evidentemente uma ótima maneira de iniciar um processo de formação de públicos.

Exposições em geral

Ambientes bem elaborados compostos por murais didáticos, seguidos de objetos e auxílios audiovisuais diversos.

Jogos

Divertimentos organizados em reuniões informais, que comportam adivinhações, sorteios, passatempos.

Laboratórios

Destinados ao estudo experimental de qualquer ramo da ciência, ou à aplicação prática de conhecimentos científicos, em que têm lugar duas ordens de envolvimento:

- *demonstrações*: professores lançam mão de aquários, esqueletos, planetário, planisférios, espécimes vivos ou dissecados e objetos naturais para explicações detalhadas de métodos e de resultados;
- *experiências diretas*: instrutores e participantes compartilham materiais semelhantes aos das demonstrações realizando lições práticas e experimentos, o que proporciona um contato com a realidade.

Mostras

Propagações deliberadas de manifestações e de obras de caráter artístico, literário e histórico.

Museus e Pinacotecas

Instituições permanentes criadas com o fim de conservar, estudar, valorizar, distinguir e, sobretudo, expor para deleite e educação do público coleções de interesse histórico e científico e de arte visual.

Teatralizações

Adaptações à cena de realidades, para suscitar comoção, simpatias e debates:

- *dramatizações*: simulacro de um conjunto de circunstâncias que servem para diagnosticar e dar solução a problemas organizacionais ou de relacionamento do indivíduo ou do grupo;
- *teatro de fantoches, marionetes e títeres*: bonecos manipulados por artistas que ajudam a transmitir, especialmente para crianças pequenas, noções gerais e específicas de particularidades que as cercam;
- *quadro vivo*: encenação de episódios de acontecimentos históricos, populares ou de alegorias, efetuada por pessoas imóveis e posicionadas de acordo com a representação que o assunto requer.

Teatro

Aproveitamento de espetáculos comerciais para atingir determinados objetivos, normalmente educacionais, de forma que desperte uma atividade crítica do espectador, em termos éticos e sociais.

Ao avaliar-se a listagem total dos auxílios audiovisuais constata-se a sua variedade, que se multiplica, colocando-se no mercado equipamentos e materiais extraordinários. Contudo, não se deve esquecer de que o Brasil é um país que detém inúmeros contrastes, e, se um recurso aparenta estar ultrapassado para alguns, pode ser muito útil em conjunturas adversas.

SELEÇÃO DOS RECURSOS AUDIOVISUAIS

Definem-se os veículos de comunicação dirigida auxiliar de uma programação de Relações Públicas considerando dois aspectos distintos: a audiência (os públicos, a mensagem a ser disseminada e as condições existentes) e as especificações técnicas (opção pelos recursos que mais se amoldam à audiência). São verificados dois parâmetros.

Audiência
- tipo de empresa e características do grupo a que são destinados;
- razões do projeto de relacionamento;
- instalações reservadas para cumprir o planejado;
- tempo de duração;
- qualidade e disponibilidade dos instrutores;
- adequação de conteúdo e dos objetivos da apresentação;
- metodologia utilizada.

Especificações técnicas
- facilidades e dificuldades de elaborar, obter e manusear;
- gabarito de portabilidade;
- níveis de impacto sonoro e visual;
- gradação de visibilidade;

- relações de custos:
  - materiais e equipamentos baratos;
  - materiais caros e equipamentos baratos;
  - materiais baratos e equipamentos caros;
  - materiais e equipamentos caros.
- posicionamento do orador:
  - dá ou não as costas à audiência;
  - movimentos limitados ou não.
- permissão ou restrições a respeito de:
  - sonorização;
  - uso de ilustrações atrativas e detalhadas;
  - sincronia com as exposições verbais;
  - demanda de boa letra e bom desenho.
- acelera ou provoca morosidade nas explanações;
- tempo a ser despendido na elaboração dos recursos;
- exigência ou não de providências preliminares;
- ganhos ou desvantagens quanto à dimensão da área de circulação do palestrante;
- necessidade de apagar as luzes, impedindo que os participantes tomem notas;
- armazenamento anterior e posterior das informações coletadas:
  - poder ser usado várias vezes;
  - possibilidades de atualização;
  - facilidade de alteração na seqüência.
- estágios de recuperação das informações (retorna a pontos vistos e/ou ouvidos);
- grau de auto-explicação.[3]

---

3. ROSA, José Antônio. *Manual de montagem do programa de integração de novos empregados*. São Paulo: Síntese, 1989, p. 78-80.

Os auxílios audiovisuais exigem habilidade e manejo competente. Se o profissional de relacionamento não tiver essa familiaridade, é preferível escolher outro meio para levar as suas mensagens aos públicos.

PROGRAMAÇÕES AUDIOVISUAIS

Programações audiovisuais previamente gravadas têm uma receptividade natural, devido ao fato de os brasileiros passarem muito tempo na frente do aparelho de televisão, habituando-se à sua estética. Por isso, várias programações audiovisuais institucionais são produzidas como se fossem programas normais, utilizando-se inclusive da linguagem televisiva e do padrão de qualidade de emissoras nacionais.

A criação de programações audiovisuais nas organizações tem diferentes intenções. Destacam-se alguns conteúdos já consagrados no mercado empresarial:

- *catálogo eletrônico*: linhas, instruções de uso e manutenção de produtos, serviços, promoções de vendas, treinamento de vendedores;
- *comunicados à imprensa*: informações para os órgãos jornalísticos;
- *documentário*: permite o registro de inaugurações, relatórios, acompanhamento de obras, reuniões, arquivo etc.;
- *educativo*: ensino em todos os níveis;
- *exportação*: catálogo eletrônico e de vendas ao exterior;
- *institucional*: com o intuito específico de ancorar o trabalho de divulgação, podendo ser o mais relevante material para o relacionamento público da companhia;

- *integração*: descreve produtos e respectivos mercados, tentando detectar, por exemplo, novas aplicações e novos usos;
- *jornal*: veículo interno preparado para os funcionários, tendo, repetidas vezes, utilidade institucional entre os demais públicos da empresa;
- *lazer*: fórmula para ocupar horários de intervalo dos servidores nos postos de trabalho e/ou documentar atividades culturais e esportivas por eles desenvolvidas;
- *mala direta*: sucedânea da correspondência e dos materiais impressos normalmente encaminhados pelos correios; mantém as particularidades de uma informação completa e exaustiva na busca do apoio do receptor quanto ao conteúdo do material anunciado;
- *manual de instruções*: com propósitos similares aos impressos, aprofunda os detalhes, as seqüências e as fases transferidas para o vídeo;
- *marketing*: arquitetado como ferramenta da área de vendas;
- *memória*: especializado em reconstruir a história, mediante a dramatização de fatos;
- *motivação*: devotado ao estímulo dos grupos de trabalho, como nas convenções internas da empresa;
- *organização, sistemas e métodos*: para implantar processos ou modificar as estruturas administrativas e de operações existentes;
- *pesquisa*: apontado à aferição de procedimentos, ao gravar as reações de consumidores no ato da aquisição um produto;
- *pontos-de-venda*: exibido no local de compra, atuando como um impulso às promoções;

- *produção*: com testes de produtos, ilustração, informações e intercâmbio de tecnologia;
- *recursos humanos*: programa dedicado à introdução de novos funcionários, formação de instrutores etc.;
- *treinamento*: sobressaem os dirigidos aos níveis da empresa e os referentes à segurança no trabalho e patrimonial.

Assim como alguns materiais de comunicação dirigida auxiliar foram reeditados em videocassetes (diapositivos, cinema, multivisão), várias propostas informativas estão sendo trasladadas para suportes diferentes dos originais, com ênfase nos eletroeletrônicos ligados à informática, fazendo uso contínuo desta para obter resultados. Esses procedimentos melhoram a qualidade das imagens e da trilha sonora, o que causa forte impacto e interesse.

A função de *execução* será concluída pela análise dos *veículos de comunicação dirigida aproximativa*, também no transcorrer da fase do *amplo programa de informações*.

12

VEÍCULOS DE COMUNICAÇÃO DIRIGIDA APROXIMATIVA

Os veículos de comunicação dirigida aproximativa "permitem estabelecer relações pessoais diretas entre a instituição e um público ou segmento de público".[1] Ao utilizá-los, a empresa acolhe os grupos, transformando-os em públicos; também são estreitadas as ligações com os públicos já identificados e, particularmente, com a vizinhança física da companhia. Esses veículos integram, efetivamente, os membros de uma organização, e a ela própria, ao meio social no qual atua.

Ensejam, do mesmo modo, empregar vários veículos simultaneamente, envolvendo os convidados de uma programação por inúmeros estímulos, diminuindo sobremaneira qualquer lapso no conjunto das informações imprescindíveis ao perfeito entendimento das questões abrangidas e motivadoras do contato mais próximo.

Ao empregar-se os diversos tipos de veículos de comunicação dirigida aproximativa, combinados com os demais veí-

---

1. ANDRADE, Cândido Teobaldo de Souza. *Dicionário profissional de relações públicas e comunicação e glossário de termos anglo-americanos*. 2. ed. São Paulo: Summus, 1996, p. 121.

culos dirigidos, o que se pretende é dar oportunidade para que as informações fluam nos dois sentidos, empresas/grupos de interesse e públicos/empresa, pressupondo o acompanhamento e a união de todos nesse procedimento de Relações Públicas.

Criam, igualmente, pela natureza desses genuínos veículos de relacionamento, amplas condições para a participação programada dos grupos, por facultar à organização conhecer até pessoalmente os seus públicos. Destacam-se pelas grandes possibilidades de uso interno, externo e misto para obter resultados de conceito institucional, constituindo-se como uma autêntica tecnologia da área de Relações Públicas.

Os principais são os *serviços de prestação de informações*, as *visitas dirigidas* à empresa, *a cessão de instalações e equipamentos* da companhia, os *eventos excepcionais*, a *extensão comunitária*, os *patrocínios*, a *promoção do turismo*, os *programas de qualidade* e a *negociação*.

Além desses, o *cerimonial*, apesar de não ser uma atividade típica das Relações Públicas, é visto como uma variedade de comunicação aproximativa para organizar e executar eventos, sendo concebido como uma linguagem.

Compreende uma série de considerações: planejamento dos esquemas de precedência e de lugares; fixação do comportamento e das atitudes pessoais; preparação dos roteiros; providências quanto aos recursos materiais e humanos; decoração; policiamento; confecção de impressos; definição de trajes; e uso dos símbolos nacionais.

Ao delinear o cerimonial para aproximar indivíduos ou grupos da empresa, o profissional de relacionamento contempla vários aspectos, devendo demonstrar, ao fazer a recepção, toda a deferência que é devida aos visitantes, desde a elaboração do itinerário, até a importância simbólica da presença de diretores.

Hasteamento de bandeiras, serviços de apoio e de alimentação, discursos adequados, educação e outros elementos são signos que evidenciam o prazer em receber um grupo dos públicos da companhia. Nesta era de globalização, acrescenta-se ao cerimonial uma dimensão inovadora, qual seja, a atenção às variáveis culturais, ao realizar-se o atendimento a visitantes estrangeiros.

Decorrente do cerimonial, a *etiqueta* rege a conduta dos presentes a qualquer ato social. Está sendo modernizada e adaptada à comunicação virtual, dando origem à chamada "netiqueta", composta de regras de ciberconvivência que disciplinam as maneiras de usar a web.

Com base no bom senso, essas regras mostram, dentre outras coisas, como se conduzir em grupos de discussão e as regras para escrever mensagens. Mostram também que não se devem enviar textos que possam ofender alguém.

SERVIÇOS DE PRESTAÇÃO DE INFORMAÇÕES

A atenção total aos públicos, por meio de centros de atendimento, pode constituir o fulcro das programações de relacionamento das instituições. Orientados pelas Relações Públicas, tais serviços têm vasta utilidade, sendo encarados como uma possibilidade de comunicação e uma fonte permanente de informações.

Devem ter um espaço de ação nitidamente institucionalizado e permitir que a companhia levante suas fileiras em direção ao mercado. Acabou-se o tempo de fabricar e tentar vender a qualquer custo; é preciso auscultar os desejos, as aspirações e necessidades daqueles que compram seus produtos ou usam seus serviços. A eficácia e os resultados advindos de lucratividade serão a justa recompensa pelo trabalho correto de diálogo com os consumidores.

Porém, não basta manter um departamento voltado exclusivamente a ouvir queixas e sugestões. Para assegurar maior competitividade, sem fortes investimentos em tecnologia, é exigida habilidade na conquista de novos consumidores e na manutenção dos fiéis. "E é neste contexto, de uma busca de interação com seus vários públicos, que deve ser implantado o serviço de atendimento ou assistência ao cliente. A empresa precisa estar toda envolvida nesta direção, sem o que este serviço estará fadado a um desempenho não só medíocre como – pior ainda – muitas vezes até negativo."[2]

Os serviços de atendimento ao público em geral transfiguram-se numa categoria de veículo dirigido ao conjugar o pessoal da organização, os materiais, equipamentos, as instalações e os edifícios a eles designados, bem como aos métodos desenvolvidos para efetivar esse trabalho.[3]

A comunicação interna da instituição não pode ser lenta ou omissa. Para tanto, zela-se pelos seguintes fatores de atendimento:

- a empresa deve estar aberta "da porta para dentro" porque os processos administrativos existentes precisam sustentar a tarefa de relacionamento e não com-

---

2. GIANGRANDE, Vera de Mello. A comunicação na era do consumidor. In: KUNSCH, Margarida Maria Krohling (Org.). *Obtendo resultados com relações públicas*. São Paulo: Pioneira, 1997, p. 190.
3. ANDRADE, op. cit., p. 19.

plicar a comunicação com os consumidores e com o público em geral;
- prevalece o equilíbrio, sem excessos de formalidade ou de informalidade, procedimento extensivo ao contato telefônico, utilizado por aqueles que buscam comodidade e rapidez na solução de suas demandas;
- a linguagem empregada e o tipo de argumentação precisam estar apropriados aos públicos, evitando-se o uso de siglas, de gírias e de formas de tratamento que simulem uma intimidade inexistente;
- a informação aos grupos deve antecipar-se às suas necessidades – comunicam-se mudanças de prazos, condições de pagamento, alterações de taxas, endereços e outros itens que afetam o relacionamento com os públicos da organização;
- treinamento e atualização dos atendentes, inteirando-os das rotinas para que não sejam dadas informações erradas ou truncadas, que geram falsas expectativas;
- sinais e códigos facilmente decodificados;
- formas de tratamento e postura gestual conveniente à companhia e aos públicos;
- autonomia para o pessoal de frente oferecer alternativas aos públicos, impedindo-se a rigidez extrema das normas;
- chefias acessíveis, atenciosas e dispostas a acatar opiniões;
- conformação do serviço com recursos suficientes a um desempenho ótimo, procurando analisar com perícia as questões apresentadas, sem, no entanto, supervalorizar os computadores, tidos como infalíveis;

- serviço de atendimento fisicamente o mais próximo possível dos públicos;
- avaliação sistemática dos serviços prestados, tipificando-os perante os consumidores, promovendo o retorno da informação solicitada e verificando o nível de satisfação alcançado;
- não admitir o "uso de exceções" – as rotinas serão sempre cumpridas;
- atendimentos personalizados serão encaminhados para os supervisores.[4]

O relacionamento direto com os públicos pode representar uma série de ganhos que permitem tornar a organização competitiva, sempre adiante da concorrência. "As empresas sempre pregaram que escutar com atenção o que o consumidor tem a dizer é a mola mestra de sucesso de qualquer negócio. Mas, para além do discurso, em muitas empresas os serviços de atendimento ainda hoje são tidos como centros de custos."[5]

Porém, o maior cuidado é quando esses serviços são terceirizados. O atendimento pode ficar totalmente perdido por falta de informações e de treinamento por parte dos funcionários incumbidos de realizá-lo. Pesquisas mostram que, "em 70% das empresas, a pessoa que atende a ligação nem sequer tem permissão para autorizar uma troca de produto. Está ali somente para ouvir e anotar as reclamações. E, na maior parte dos casos, os atendentes não trabalham de forma inte-

---

4. DANTAS, Edmundo Brandão. Atendimento ao público: vícios e pecados. *Marketing*, São Paulo, n. 230, p. 76-9, set. 1992.
5. BLECHER, Nelson. Ocupado. *Exame*, São Paulo, v. 32, n. 19, p. 58, set. 1998.

grada com outros departamentos",[6] uma das mais graves conseqüências da terceirização dos serviços de atendimento aos públicos.

Especialistas recomendam que é preciso: ampliar o conceito de "ouvir os públicos" para o de "gerir as expectativas dos públicos"; criar uma equipe de resolução de problemas composta de pessoas de todas as áreas da organização; e treinar os atendentes para que possam interagir nos processos técnico-administrativos e aperfeiçoá-los.[7] As principais conseqüências de um bom serviço de atendimento – que não se confunde com uma rudimentar seção de queixas – estão abrigadas em:

- as reclamações servem como ponto de partida para corrigir falhas;
- as sugestões são aproveitadas para aperfeiçoamentos;
- o cadastro dos clientes que se dirigem à companhia pode ser usado para sondagens e pesquisas de mercado;
- as opiniões manifestadas pelos consumidores exprimem tendências de comportamento que deverão ser seguidas.[8]

As pessoas procuram o serviço de atendimento das empresas por vários meios, incluindo a presença física e as cartas. Nesse sentido, o telefone tem-se revelado um potente meio de comunicação, distintamente pelo prefixo 0800.

Além do telefone, os consumidores utilizam o correio eletrônico para encaminhar suas dúvidas, reivindicações e seus

---

6. FERRAZ, Eduardo. Ouvir não basta. *Exame*, São Paulo, v. 34, n. 20, p. 177, out. 2000.
7. Id., ibid., p. 177.
8. CARVALHO, Cleide. Reclamação pode render lucro. *Exame*, São Paulo, v. 22, n. 6, p. 116-8, mar. 1990.

pedidos de esclarecimento sobre os produtos. "Endereços eletrônicos estão sendo impressos nas embalagens de produtos, e as empresas têm indicado pessoas dedicadas a responder às solicitações que chegam desta forma. Assim que a mensagem entra no provedor de acesso, é enviada uma resposta automática ao consumidor, avisando que a empresa recebeu a solicitação e que, em dois dias úteis, enviará uma resposta."[9]

Afora o uso da web com fins comerciais, as organizações também estão usando a internet para emitir informações relacionadas aos seus negócios. Dessa maneira, uma empresa automobilística distribui informações acerca da história do automóvel, com textos completos e ilustrações; outra relata suas experiências no campo da comunicação comunitária; uma terceira difunde material de consulta sobre o cinema brasileiro. Enfim, as oportunidades são valiosas e, realmente, a internet providencia uma perspectiva inédita de aproximação da companhia com os seus públicos.

Para difundir o novo canal de comunicação, o programa abarca: informações à imprensa; anúncios em televisão, jornais e revistas com cobertura nacional; correspondências por mala direta a entidades de defesa do consumidor, a órgãos de vigilância sanitária; cartazes afixados nos pontos-de-venda.

VISITAS DIRIGIDAS

São atividades deliberadas e planejadas para estabelecer e manter o contato pessoal e franco entre a organização e os segmentos de públicos. Por ter objetivos específicos, pedem

---

9. CORREIO eletrônico: empresas apostam nas facilidades do e-mail. *Info Exame*, São Paulo, n. 143, fev. 1998.

um preparo minucioso para contemplar as áreas de interesse dos convidados, os motivos que originaram o evento, evitando-se que representem somente um roteiro rebuscado de lugares diferentes que nada significam aos visitantes.

A visita dirigida, pelo fato de aproximar os públicos, é um veículo bem apropriado para o trabalho de relacionamento, no instante em que são estabelecidos procedimentos de diálogo. Os grupos convidados a desenvolver um programa de visitas determinam a forma de atendê-los, destacando-se os aspectos de fluxo de informações que objetivam transformá-los em públicos.

As visitas dirigidas compreendem uma parte importante das iniciativas de Relações Públicas. Realizá-las requer a identificação perfeita dos públicos, com a correta demarcação de um trajeto, complementado com a disponibilidade suplementar de transporte e hospedagem, apronto dos locais a serem vistos. Incluem-se também no seu planejamento o treinamento dos encarregados da recepção para acompanhar os visitantes e a repercussão interna e externa da programação.

Ao utilizar esse processo aproximativo de comunicação tem-se um escopo marcadamente educativo dos públicos, embasado na responsabilidade social da organização.

As visitas às dependências empresariais originam-se de vários modos:

- *recebimento de pedidos*: pessoas pedem a autorização e o planejamento de uma visita à empresa com finalidades diversas;
- *visitas estimuladas*: quando pessoas e/ou grupos homogêneos são incitados, pelos meios de divulgação

massiva ou mediante a remessa de convites individualizados, a tomar parte em um esquema de visitas que já está esquematizado;

- *programações especiais de visitação pública*: são incluídas no gênero "casa aberta" ou "dia da empresa para a comunidade", quando a organização fica à disposição dos grupos, sem um percurso rígido, mas com sinalização e apoio, pelos quais os participantes se autoconduzem;
- *rotina de visitas à empresa*: elege-se um horário ou dia da semana ou do mês para recepcionar visitantes heterogêneos que, sem convites ou solicitações prévias, vão percorrer um caminho simples, único e predeterminado;
- *atendimento de caravanas*: permite a disseminação dirigida de informações a grupos de visitantes, que podem ser alunos, professores e servidores de escolas, fornecedores, intermediários, investidores e consumidores, líderes comunitários, autoridades;
- *visitas a familiares de funcionários*: realizadas por ocasião do lançamento de produtos, no Natal, no Dia das Crianças etc.

Adicionalmente, considera-se atualmente a visita à empresa uma *modalidade de turismo*, com as organizações franqueando as suas instalações para que constem dos roteiros turísticos concebidos pelas autoridades governamentais.

Essas preocupações decorrem da relevância que é dada ao relacionamento com os públicos. Freqüentemente, as visitas dirigidas são a base para todas as atividades de Relações

Públicas, destacando a presença do profissional na empresa voltada ao ambiente externo.

CESSÃO DE INSTALAÇÕES E EQUIPAMENTOS

Compartilhar solidariamente o patrimônio empresarial constitui uma atividade deliberada e planejada de Relações Públicas, para colocar à disposição dos públicos de uma organização prédios, instalações e equipamentos úteis em ocasiões oportunas.

Tem o intuito de aproximar grupos e instituições e trazer para o interior da empresa várias pessoas ou grupos que não teriam outros motivos para conhecê-la. São, portanto, espectadores, mas poderão, no futuro, interessar-se e buscar informações mais completas a seu respeito, transformando-se em públicos.

Cumpre-se, ainda, a finalidade de respeitar as exigências dos públicos quanto à responsabilidade social das organizações.

Com intenções de relacionamento, normalmente as companhias cedem:

- *ambulatórios médicos e instalações em geral* para campanhas de saúde pública e para amparo à população nas emergências ou calamidades;
- *arquitetura do conjunto ou da fachada* como uma atração turística;
- *associações* dedicadas às atividades sociais e de lazer;
- *biblioteca e museu*, com acervo genérico ou especializado;

- *clubes e praças de esportes* no treinamento de atletas, em competições e campeonatos de escolas das redondezas;
- *cooperativas de consumo* que amparam a economia popular;
- *estacionamento* nos finais de semana, ocupado para recreação e entretenimento;
- *corredores e estacionamentos de* shopping centers, *centros de consumo e outros espaços institucionais* para caminhadas, para a prática de esportes com acompanhamento de profissionais também cedidos pelas organizações, e até para bailes nos fins de semana;
- *veículos de transporte* solicitados ou cedidos espontaneamente.

O mais comum é a cessão do *auditório* para programações variadas da comunidade onde a empresa está situada. Além de dinamizar esse relacionamento, a organização assegura algum tipo de "ganho", pois o seu nome como local dos eventos será noticiado na imprensa, firmando um conceito positivo de incentivo aos empreendimentos meritórios.

Estabelecem-se parâmetros para regulamentar os empréstimos e controlar a sua demanda; podem ser criados formulários que descrevam em detalhes o que pode ser cedido, as prioridades, possibilidades e os trâmites dos pedidos. Não se prevê nenhuma forma de remuneração, e despesas fortuitas de manutenção serão cobertas pelo cedente.

Pressupõe-se uma divulgação dirigida desse serviço por meio de prospectos. A organização que exercer habitualmente essa atividade deverá capacitar funcionários para auxiliar os que utilizam suas instalações.

EVENTOS EXCEPCIONAIS

Os fatos raros de uma empresa, convertidos em eventos especiais ou excepcionais, podem gerar sensação e ser motivo para notícia.[10]

Em Relações Públicas, esses meios representam oportunidades de relacionamentos, sendo amplamente utilizados no equacionamento de temas de interesse público. Abrangem:

- *comemorações internas*: aniversário da empresa e de funcionários, metas e marcos históricos logrados pela organização, festa de Natal, comunhão pascal, empregados que cumprem dez ou mais anos na companhia;
- *comemorações externas*: aniversário da cidade, festas típicas e folclóricas, celebrações religiosas;
- *concursos internos*: tipicamente os de valorização de grupos de servidores;
- concursos externos: promocionais ou de caráter comunitário;
- *estágios*: treinamento e aperfeiçoamento para os empregados;
- *programações artísticas, culturais e sociais*: exposições, feiras, salões, mostras, leilões, rifas, jogos de salão, bailes, jantares;
- *eventos esportivos*: campeonatos e competições únicas, demonstrações;
- *excursões*: grupos de empregados e familiares;
- *fins de semana*: proposições lúdicas, esportivas e culturais diversas;

---

10. ANDRADE, op. cit., p. 55.

- *homenagens*: placas, bustos, retratos;
- *inaugurações*: novas instalações, pedra fundamental, equipamentos e escritórios da própria empresa, de parques, zonas ou regiões recreativas, benfeitorias;
- *participação em acontecimentos externos*: sessões solenes, posses, outorga de títulos e honrarias, lançamentos de livros, produtos e maquetes;
- *organização de reuniões*: informativas, instrutivas, questionadoras, deliberativas;
- *visitação pública*;
- *programações especiais de Relações Públicas*.

Na listagem dos eventos excepcionais sobressaem as *datas comemorativas*[11] que têm para a instituição, para os seus empregados e familiares e para os seus diferentes públicos significados próprios, e por isso merecem festividades específicas, que venham essencialmente trazer benefícios a todos.

Escolhem-se datas expressivas à empresa e aos públicos, como as relativas às profissões, cívicas e nacionais. Gera-se um "calendário de eventos" individual e elaborado para o ano inteiro, organizado em seqüência conforme o grau de complexidade das providências necessárias ao pleno sucesso de cada uma das atividades que serão realizadas.

EXTENSÃO COMUNITÁRIA

Qualquer instituição é parte de uma comunidade e, por isso, deve levar suas posições à discussão da população e ou-

---

11. FORTES, Waldyr Gutierrez. *Você sabe que dia é hoje?* Datas comemorativas para eventos e programações de relações públicas e calendário promocional em marketing. 2. ed. Londrina: Editora da UEL, 2002.

vir reivindicações que a afetam. O suporte à política de responsabilidade social nos itens que se relacionam com a circunvizinhança da empresa é realizado por intermédio da extensão comunitária.

Como veículo aproximativo das Relações Públicas, a extensão comunitária abrange as iniciativas locais, no campo cultural, social, esportivo ou econômico. Atinge, igualmente, os programas executados com o propósito de estreitar o relacionamento da empresa com os funcionários, vistos como a *comunidade interna* à companhia. Não se confunde com as propostas de simples ou intricados patrocínios por não serem delineadas preocupações comerciais.[12]

Por ser parte da responsabilidade social, a extensão comunitária é desenvolvida no momento em que a organização presta serviços, complementa ou supre as ações governamentais, libera *know-how* e capacidades que estão sob seu domínio e encampa as aspirações de grupos da localidade voltados aos aspectos sociais, culturais, educacionais e de lazer.

Ao canalizar recursos humanos e materiais para apoiar e orientar as lideranças comunitárias na obtenção daquilo de que está mais carente, e aprimorar os equipamentos públicos existentes, aproxima os empregados e a comunidade externa, por meio do oferecimento de atividades cujos resultados são positivos a ambos os grupos.

Como forma de participação programada e de comunicação sistematizada, a extensão comunitária impede que a companhia fique encerrada sobre si mesma; por exemplo: quanto mais a empresa investir em extensão comunitária, tanto menores serão os custos com a sua segurança patrimonial.

---

12. OLIVEIRA, Celso Feliciano de. Turismo e comunidade. *RP em Revista*, São Paulo, n. 57, p. 16-9, nov. 1976.

A extensão comunitária permite cumprir a produção e venda de bens ou da prestação de serviços com a responsabilidade social que toda organização deve ter, o que conduz a um melhor ajuste de opiniões. É preciso deixar claro que a responsabilidade social de qualquer organização começa quando terminam as suas obrigações legais; cumprir o que determina a lei não indica a responsabilidade social da empresa.

A responsabilidade social consiste no diferencial estratégico exigido das empresas, por revelar idoneidade e acarretar a simpatia da clientela e a fidelidade do consumidor, fatores que contribuem para a fixação de uma identidade corporativa. Ao público interno carreia integração, orgulho, motivação, parceria e devoção dos seus funcionários – as organizações chegam a privilegiar na promoção hierárquica os empregados que demonstram habilidades de liderança em assuntos comunitários.

São propostas e projetos de extensão comunitária das Relações Públicas:

- *concursos internos* que envolvam a comunidade;
- preparação de *fins de semana* para a coletividade;
- *colônia de férias* para familiares e comunidade;
- planos internos e externos de *bolsas de estudo*;
- *acolhimento de estagiários* graduandos ou graduados na empresa;
- *manifestações artísticas e culturais*, como o coral da companhia, feiras de discos ou do livro, grupos de teatro, equipes esportivas;
- respaldo às *políticas sociais dos governos*;
- *instituição de entidades ou fundações* com objetivos sociais;

- ocasiões de *filantropia* para formadores de opinião: almoços, jantares, bazares de caridade, noites beneficentes ou outros tipos de reuniões;
- *auxílios às escolas* (pecuniários e materiais);
- *mecenato* racional e responsável;
- cooperação dos empregados em *iniciativas de benemerência*, desde que favorecidas pela companhia;
- designação de parte do horário de trabalho dos funcionários para a *prestação de serviços voluntários*;
- treinamento de revendedores e vendedores externos para que dêem *orientação a clientes e consumidores* em questões de saúde, educação, atualização, reabilitação física ou social;
- *capacitação técnica* de mão-de-obra oriunda de minorias, para que se viabilizem como fornecedores e microempresas qualificadas e pratiquem preços competitivos;
- *contratação*, como funcionários da organização, de deficientes, de recuperados das drogas ou das ruas, de ex-detentos;
- *extensão de convênios* hospitalares, clínicos e laboratoriais da companhia a entidades comunitárias carentes;
- *fundações educacionais* que promovam a formação completa de crianças e de jovens;
- *adoção e conservação* de escolas públicas (não se esquecendo das mais afastadas do centro das cidades), praças ou outros logradouros próximos à empresa – prevê-se nessas atividades o comprometimento efetivo da direção e dos servidores da organização.

Entretanto, ao ser praticada pelas instituições ao largo das legítimas finalidades de relacionamento público, é preciso evitar que a extensão comunitária ostente uma indesejável índole paternalista ou se afigure como um posicionamento unicamente filantrópico, isolado, esporádico e sem conseqüências de transformação.

A filantropia, necessária em determinadas condições nas quais é impossível esperar mais para atender às demandas sociais, deverá ser praticada, por meio de programas específicos de aproveitamento, entrega ou doação:

- *de donativos emergenciais*;
- *de itens produzidos pela organização* (alimentos, vestuário, móveis, livros, computadores, *softwares* educacionais) para bibliotecas, creches, orfanatos, lares, asilos, escolas, universidades;
- *do que não foi vendido*, especialmente gêneros alimentícios, destinando-os, depois de selecionados, lavados e encaixotados, a famílias necessitadas;
- *de materiais usados*;
- *de equipamentos substituídos* por novos;
- *de sobras ou sucata* dos processos industriais;
- *dos produtos de cultivo de legumes e verduras* nos terrenos ociosos da empresa, com a colheita reservada às cozinhas de creches da vizinhança;
- *de dinheiro ou em espécie* – os dirigentes da empresa concedem uma quantia equivalente à arrecadada pelos funcionários.

De qualquer modo, além do caráter emergencial, a organização deve planejar e implementar campanhas e programas contínuos de:

- *preservação do meio ambiente*;
- *apoio* a creches, escolas, centros de reabilitação ou de assistência continuada a portadores de deficiências;
- *esclarecimento de controvérsias públicas*, como o descrédito devotado aos investimentos produtivos, a desconfiança a respeito de fusões e aquisições de companhias, e para disseminar noções de cidadania;
- *melhoria pedagógica* em escolas públicas para eliminar a repetência e a evasão escolar;
- *combate às drogas*, ao tabagismo e ao alcoolismo, com ênfase nas escolas;
- *prevenção de doenças*, como o câncer e o infarto.

Muitas vezes é necessário dotar as próprias instituições comunitárias de uma administração competente de pessoal e de recursos. A empresa, então, pode financiar e/ou ceder funcionários para gerenciar:

- *entidades filantrópicas* (abrigos para meninos e meninas de rua, idosos abandonados);
- *projetos sociais* (reintegração de menores infratores, de viciados, de egressos do sistema penitenciário);
- *alfabetização e suporte escolar* (cursos formais, profissionalizantes e complementares de artes, música, jardinagem).

Aliam-se às propostas específicas de extensão comunitária os procedimentos de produção e as práticas administrativas da organização que possam servir de exemplo às coirmãs e ter reflexos externos.

São bem-vistas pelos consumidores, por exemplo, a não-utilização do trabalho infantil ou a não-contribuição com a extinção de florestas, além de manter essas atividades totalmente dissociadas do departamento de Marketing da companhia. "Se isto ocorrer, o consumidor logo perceberá uma certa falta de ética na atitude. Até por questões culturais, o bem-feito com segundas intenções deixa de ser encarado como bem. Qualquer possível ganho de imagem perde-se aí."[13]

Com a extensão comunitária acionam-se, então, as *relações com a comunidade*, ambicionando-se estimular a vida comunitária e elevar a presença proativa da empresa ou as respostas dadas às demandas locais.

A criatividade das organizações socialmente corretas, ancorada no levantamento das necessidades e expectativas, aponta a viabilidade dos projetos, as competências, os interesses e desejos dos funcionários, a direção a ser empregada e o foco no desdobramento das atividades consideradas nesse veículo de aproximação.

São projetos de longo prazo, iniciados quando se traça o perfil da comunidade: a pesquisa vai detectar a dinâmica da municipalidade (população, administração, economia, infra-estrutura urbana) e o nível de progresso da região pelo arrolamento dos feitos históricos, culturais e sociais. Verifica-se concomitantemente qual é o conceito de que a companhia desfruta, o grau de participação social da unidade produtiva (matriz, filial, agência, escritório) na localidade e o papel comunitário de seus empregados.

O discernimento da situação consagrará a estratégia de comunicação a ser seguida. Se as táticas de aproximação determinarem o estabelecimento de programas de extensão co-

---

13. VASSALO, Cláudia. Fazer o bem compensa? *Exame*, São Paulo, v. 31, n. 9, p. 30, abr. 1998.

munitária, a primeira providência será a criação de um comitê de organizadores ou de planejamento, contando com a colaboração de diretores da empresa, de representantes dos funcionários, da vizinhança e dos órgãos ou grupos interessados. Garante-se a associação escalonada e espontânea dos indivíduos, o que suscita o caráter de aproximação.

Quando a organização é convidada a abraçar as iniciativas externas ou internas (provenientes de seus próprios servidores), deve ficar explicitada a solidariedade irrestrita da empresa. A graduação hierárquica de seu representante patenteia o cuidado e o destaque dedicado à atividade, embora, com o tempo, sejam indicadas pessoas ligadas ao que se está projetando.

Por fim, deve-se salientar que corretas políticas de responsabilidade social não podem funcionar como arma mercadológica para a venda de produtos e serviços. Essa questão pode adquirir graves contornos quando pesquisas comprovam que as empresas preferem conduzir suas políticas de responsabilidade mais de acordo com padrões estéticos do que pela real interferência na realidade socioeconômica de uma população. São privilegiados programas que favorecem os jovens, a comunidade em geral, crianças e adultos; recebem menos apoio os projetos que se preocupam com índios, negros e portadores de doenças graves.[14]

As críticas a esse tipo de constatação são contundentes. "Departamentos de marketing de empresas 'socialmente responsáveis' acham melhor apoiar causas como educação, crianças ou ecologia. Criança é mais fotogênica que idoso ou leproso. Empresa não quer, nem pode, ter sua marca associada

---

14. DOAÇÕES desiguais. *Veja*, São Paulo, v. 35, n. 18, p. 32, maio 2002.

a um problema social 'mercadologicamente incorreto', e quem perde são os mais necessitados."[15]

Portanto, em Relações Públicas admite-se somente uma divulgação direcionada aos grupos de interesse que possam ajudar a elevar os índices positivos do conceito público da organização e aos veículos de comunicação que tratam dessas questões.

PATROCÍNIOS

Os patrocínios da área de Marketing repercutem nos veículos de comunicação de massa e utilizam a persuasão como forma de vulgarizar um fato ou acontecimento especial. Ressaltam os aspectos comerciais, ao gravar uma marca na mente dos grupos que recebem a mensagem, firmando um conceito público de interesse legítimo e pioneiro, pela receptividade ao que está sendo impulsionado.

Para Relações Públicas, os patrocínios, como uma forma de comunicação dirigida, têm um formato compensador de relacionamento e se propõem a implementar, fomentar e consolidar atividades e programas de terceiros que tenham reflexos conceituais, com o objetivo de aproximar e identificar a organização promotora diante dos seus públicos.

Diferentemente dos patrocínios da área mercadológica, as Relações Públicas estudam apoiar iniciativas que, sem esse apoio, tenderiam ao desaparecimento, pelo seu pouco apelo comercial. São exemplos de patrocínios:

---

15. KANITZ, Stephen. Minha amiga, a irmã Lina. *Veja*, São Paulo, v. 35, n. 16, p. 20, abr. 2002.

- *eventos esportivos e beneficentes* circunscritos a uma região;
- *dias e semanas* criados em adesão a causas ou entidades;
- *manutenção de equipes esportivas*, principalmente nas categorias iniciantes ou em modalidades pouco prestigiadas;
- *competições e concursos* artísticos, científicos, culturais, desportivos;
- *custeios variados* e, habitualmente, de pequeno porte;
- *eventos massivos ou dirigidos*, como feiras, salões, mostras, demonstrações, paradas, espetáculos, leilões, desfiles de moda locais;
- *programas de artes visuais, cinema, música, artes cênicas e literatura*, especialmente de valores e de grupos locais;
- *produtos promocionais e brindes*;
- *exposições itinerantes* de qualquer natureza;
- *instituição de datas promocionais*;
- *presentes para personalidades*, peculiarmente as comunitárias;
- *showroom*, com pequena biblioteca temática, sala de reuniões, auditório para exibição de audiovisuais;
- *expedições de exploradores* a regiões inóspitas, exóticas e de longo percurso;
- *prêmios para jovens universitários e recém-formados* como forma de identificar novos talentos;
- *publicação de obras de pesquisadores*.

Os patrocínios de Relações Públicas podem também ter caráter cultural, quando se responsabilizam pelas áreas de:

- *preservação e restauro* do patrimônio histórico e cultural, com a recuperação de monumentos, igrejas, conventos, bibliotecas, fortalezas, edificações urbanas e rurais, áreas antigas deterioradas, sítios arqueológicos;
- *conservação de documentos* escritos e pictóricos (livros, correspondências, gravuras, estampas, mapas, quadros, fotografias, partituras), registros sonoros em discos e em fitas magnéticas, registro de imagens (documentários, filmes mudos e sonoros, material jornalístico filmado);
- *doação de materiais* para revitalização de um bairro.

A seleção e o desenvolvimento dos patrocínios da empresa comportam uma divisão interna, por serem, normalmente, complexos, por combinarem recursos humanos e financeiros significativos e porque os seus resultados devem ser convenientemente avaliados.[16]

Ao projetar qualquer patrocínio como veículo aproximativo, são ponderados alguns fundamentos:

- alicerçar os patrocínios, inicialmente, numa conjuntura propícia e nos episódios contemporâneos;
- definir os propósitos com clareza, tanto para a empresa como para os grupos a conquistar;
- estabelecer o "valor" do patrocínio para convencer os públicos sobre sua relevância;
- prever um objetivo de largo alcance, repetindo-se, se for o caso, o compromisso por vários anos;

---

16. LLOYD, Herbert; LLOYD, Peter. *Relações públicas*: as técnicas de comunicação no desenvolvimento das empresas. Lisboa: Presença, 1985, p. 138-40.

- estudar a relação entre custos e benefícios – um resultado economicamente negativo à companhia poderá servir como uma investida de extensão comunitária;
- estipular uma estrutura organizacional razoável – leva-se até um ano para pôr em funcionamento um bom patrocínio;
- obter cooperação plena dos que estão profissionalmente ligados ao que será patrocinado;
- ter uma comissão de trabalho experiente;
- incluir ou vincular fortemente o nome do patrocinador ao título do evento;
- decretar a correção política e social do patrocínio, afastando-se, por exemplo, de manifestações para jovens e menores de idade custeadas por marcas de cigarros ou de bebidas alcoólicas.

Atualmente, muitas organizações empresariais lastreiam toda a sua divulgação institucional no patrocínio de programações que as identifiquem com os grupos interessados no que é posto em execução. Por isso, são necessárias algumas cautelas:

- certificar-se, dependendo de seu vulto, de que não coincida com nenhum outro evento local, nacional ou do exterior;
- preparar listas exaustivas de verificações e providências;
- fazer cumprir e respeitar os cronogramas;
- projetar atividades paralelas – a promoção não se esgota por si só;
- aproveitar todos os esforços despendidos;
- entabular competições somente se houver equilíbrio entre os adversários que concordam em participar;

- conceber alternativas para a contingência de mau tempo;
- documentar o evento.[17]

É preciso, ainda, assegurar, antes do evento, durante e após, a maior e melhor cobertura de imprensa possível, contatando os órgãos de informação especializados logo no início do processo de planejamento para discutir idéias e técnicas, em parceria com convidados, julgadores e comentaristas.

PROMOÇÃO DO TURISMO

Pela interferência da movimentação turística mundial nas atividades empresariais, até mesmo os meios tradicionais de auferir o retorno de investimentos têm sido alterados. As Relações Públicas percebem o turismo de dois modos:

- como uma *indústria*, que "deve se estruturar como tal e desenvolver suas ações à maneira das demais empresas";[18]
- como um *veículo de comunicação dirigida aproximativa* "de toda uma cidade, região ou país, que precisa reunir em torno de si todas as demais empresas, como integrantes da comunidade, para identificarem os interesses convergentes e avaliarem as implicações decorrentes da iniciativa".[19]

---

17. LLOYD, Herbert; LLOYD, Peter. *Relações públicas...*, op. cit., p. 138-40.
18. OLIVEIRA, op. cit., p. 16.
19. Id., ibid., p. 16.

Ao conjugar os serviços e as atividades das organizações locais que atendem àqueles que viajam, a promoção do turismo distinguindo-os, com a deliberação de aproximar, facilitando o estreitamento das relações com as pessoas, os grupos e povos.

As empresas singulares colocam os seus recursos à disposição do poder público e de organismos não-governamentais, com a intenção de elevar a divulgação dos lugares visitados, contribuindo para a sobrevivência, a segurança e o bem-estar da comunidade.

Nesse contexto, existem duas instâncias preocupadas com a afluência de turistas:

- as *unidades de turismo*, organizações de serviços com finalidades de lucro ou não, responsáveis, perante diversas camadas da sociedade, por exaltar a qualidade e os valores turísticos de determinada cidade, região ou país;
- as *empresas em geral*, que colaboram e valem-se do movimento turístico da comunidade.

A unidade de turismo precisa preparar-se, equacionando suas pendências internas, e articular-se com instituições congêneres para haver um bom relacionamento com todos os segmentos comunitários, transformado-os em públicos, mediante a aplicação do processo de Relações Públicas.

Isso porque "a *complementaridade dos componentes* do produto turístico os relaciona e os torna interdependentes. O turista necessita de serviços conjuntos de vários empreendedores. Ele utiliza os meios de transporte, alojamentos, restaurantes, equipamentos de recreação e entretenimento de um mesmo núcleo receptor. A falta de um deles ou o mau funcionamento podem refletir negativamente sobre os demais e, às vezes, até inviabilizar a presença de turistas".[20]

As empresas em geral, por sua vez, têm analogamente amplas oportunidades para colaborar com o movimento do turismo local. "Deverá o órgão de Relações Públicas preparar planos de visita à sua respectiva instituição, capazes de atender à necessidade e à curiosidade dos diferentes grupos de visitantes. Deverá destacar, dentro do calendário de eventos, os acontecimentos especiais mais significativos que possam interessar às organizações turísticas para complemento dos programas oficialmente estabelecidos."[21]

A promoção do turismo toma consistência pelo somatório de veículos de comunicação dirigida aproximativa: será um "evento excepcional" pelo seu ineditismo, um "patrocínio" ao financiar proposições de terceiros, e uma espécie de "extensão comunitária", pelo comprometimento natural de todos os cidadãos. Compila igualmente vários itens da comunicação dirigida oral, em especial as reuniões, e faz um enorme uso da comunicação dirigida escrita e da auxiliar.

Como resultante do trabalho realizado, as atividades de Relações Públicas no setor de turismo extrapolam o âmbito empresarial e servem ao incremento dos esforços solidários da promoção turística. "Diante de tal fato, as Relações Públicas devem estender-se a toda a população de um núcleo receptor, visando-lhe a conscientização turística. Frente à importância econômica, social e cultural do turismo, é preciso que os poderes públicos orientem a população receptora,

---

20. RUSCHMANN, Doris van de Meen. *Marketing de turismo*: um enfoque promocional. Campinas: Papiro, 1991, p. 31-2.
21. OLIVEIRA, op. cit., p. 18.

com a finalidade de criar uma mentalidade favorável à atividade turística."[22]

Determinadas cidades e regiões do país não contam com pontos claramente considerados turísticos; algumas vezes desenvolvem o chamado "turismo de negócios", vocação moderna de inúmeras localidades, embora possam ter potencial turístico desconhecido.

Para levantar o potencial turístico, as empresas podem coordenar as tarefas de pesquisadores e interessados, e ministrar uma combinação eficaz de veículos de aproximação. Não obstante, "um projeto turístico poderá até mesmo afetar os costumes e as tradições locais e isto deve ser analisado profundamente para evitar conseqüências catastróficas futuras causadas pela imprevidência de planos imediatistas".[23]

Basicamente, um projeto para diagnosticar a força turística coteja as seguintes informações:

- *recursos institucionais do município*: administrativos, territoriais, legais e institucionais;
- *códigos de posturas*: número e gabarito de prédios e de construções em geral, lei de zoneamento, de incentivos;
- *histórico artístico e cultural*: igrejas e templos, prédios antigos, monumentos, obras de engenharia, bibliotecas, artesanato, folclore, eventos (caráter e abrangência), colonização;
- *caracterização geográfica*: localização, área, topografia, altitude, clima, hidrografia, mapas;
- *demografia*: estudo das estatísticas de natalidade, migrações, mortalidade etc.;

---

22. RUSCHMANN, op. cit., p. 47-8.
23. OLIVEIRA, op. cit., p. 16.

- *economia e finanças*: agricultura e pecuária, indústria, comércio, serviços, estabelecimentos de crédito, arrecadação municipal;
- *vias de acesso e transportes*: estacionamentos, garagens, motoristas, locadoras de veículos, transportadoras e linhas intermunicipais, interestaduais e internacionais para o transporte (rodoviário, aéreo, ferroviário, fluvial ou marítimo);
- *infra-estrutura urbana*: rede de água encanada e galerias pluviais, rede de esgoto, rede elétrica, educação, saúde (hospitais, postos de saúde), comunicações (rede telefônica, correios e telégrafos), ensino (escolas de ensino fundamental e médio, escolas profissionalizantes e vocacionais, universidades, faculdades isoladas, bibliotecas, institutos de pesquisa), postos meteorológicos, praças, serviços do município;
- *recursos naturais*: rios, represas, quedas d'água, lagos, fontes de água mineral, montanhas, áreas de pesca e outros sítios singulares;
- *serviços*: saúde (médicos, dentistas, farmácias), diversão (cinemas, teatros, clubes, locadoras de vídeos, parques, museus), difusão (alto-falantes, jornais, revistas, rádios, televisões), hospedagem (hotéis, motéis, pousadas, *flats*, albergues, áreas de acampamento), alimentação (bares, restaurantes, boates), provedores de acesso à internet, associações, sindicatos, promoção social, profissionais liberais (advogados, economistas, engenheiros), cuidados pessoais (cabeleireiros, relojoeiros, lavanderias, babás etc.);
- *esportes*: centros e equipamentos para pesca, campos de futebol, piscinas etc.

De mais a mais, um bom levantamento turístico da cidade auxilia a trazer o "consumidor certo" das atrações existentes. Promotores de eventos científicos, por exemplo, estão sempre à procura de novos locais que ofereçam, além das condições mínimas à sua realização, propensões turísticas motivadoras de um comparecimento expressivo nesse tipo de reunião.

Serve, por fim, como instrumento que enriquece a aproximação com os órgãos públicos municipais e estaduais, quando, numa mobilização conjunta, seria manifestado o interesse coletivo.

PROGRAMAS DE QUALIDADE

Dentre todas as propostas concernentes à melhoria da qualidade dos padrões gerais de uma empresa (*Círculo de Controle de Qualidade, Qualidade Total, Times de Qualidade, ISO 9000, ISO 14000, Seis Sigma, QS 9000, Melhoria Contínua de Processos, Avaliação de Fornecedores, Kaisen, Programa 5Ss, Sistema Kanban, Programa de Sugestões, Controle Estatístico do Processo, ISO 9001:2000*), há um traço comum a todos. "Pela sucessão de trocas realizadas entre os participantes e a recompensa dos esforços despendidos, manifestas no controle ou na reversão das situações difíceis",[24] são considerados um dos veículos de comunicação dirigida aproximativa, distintamente concebido para o relacionamento com o público interno das instituições.

---

24. SIMÕES, Roberto Porto. *Relações públicas*: função política. 3. ed. São Paulo: Summus, 1995, p. 163-4.

As companhias devem estar conscientes de que o momento de introduzir novos conceitos ou sistemas é quando o desempenho atual oferece riscos ou quando o propósito for aperfeiçoar ainda mais, uma vez que cada empresa tem uma personalidade ímpar, analisada e utilizada em seu próprio favor.

A implantação de programas de qualidade auxilia a conquistar atenção do público interno aos projetos maiores da organização, pelo intercâmbio de idéias para o levantamento e a administração das controvérsias presentes nos processos produtivos e humanos das companhias, que os viabilizam e levam às últimas conseqüências.

As providências iniciais para aplicar qualquer uma das metodologias existentes consistem em definir uma filosofia particular do programa na organização que se dispõe a adotá-lo. Discutem-se as áreas problemáticas, as prioridades, o alcance e as peculiaridades e pretensões do programa nessa companhia – duração, periodicidade, remuneração.

De maneira ampla, são esperados três objetivos de programas de qualidade:

- difundir e potenciar o estabelecimento e o desenvolvimento de grupos de estudos, nos quais os comandos intermediários e os trabalhadores estudam juntos temas referentes a controle de qualidade;
- aplicar os resultados de seus estudos nas oficinas, nas fábricas e nos escritórios onde trabalham, a fim de melhorar o ambiente e o próprio trabalho;
- desenvolver a personalidade dos trabalhadores e dos comandos intermediários;

- contribuir para a prosperidade da empresa, respeitar as pessoas, elevar a qualidade do trabalho e aumentar as potencialidades humanas, facilitando um crescimento individual completo.[25]

Qualquer um dos métodos permite abordar todos os elementos (humanos e materiais) que se queira impulsionar, em qualquer nível e âmbito da organização, abrangendo tópicos como qualidade, custos, eficiência, segurança, erros, equipe, moral e direção.

Preservadas pelas Relações Públicas, as características genéricas de implantação e funcionamento de programas de qualidade compreendem:

- antes de começar, o grupo deve analisar bem o método a ser implantado e, se possível, visitar empresas que tenham programas funcionando e falar com especialistas na área;
- a participação é aberta, ativa, positiva e sem inibições – deve-se aceitar e escutar com igual deferência uma colaboração dada por um empregado subalterno, não obstante contrarie as opiniões dos mais graduados, pois é preciso levar em conta a lógica e a utilidade prática das idéias, venham estas de onde vierem;
- nas reuniões de um programa de qualidade desenvolve-se uma seqüência de troca de informações e per-

---

25. Adaptado de: INIESTA, Pedro Nueno. A gestão da qualidade. In: ADMINISTRAÇÃO de empresas: enciclopédia de direção, produção, finanças e marketing. São Paulo: Nova Cultural, 1986, v. 2, p. 422; ABREU, Romeu Carlos Lopes de. *Círculos de controle de qualidade*: a integração trabalho-homem-qualidade total. 2. ed. Rio de Janeiro: Qualitymark, Petrobrás, 1991, p. 66-7.

cepções que visa à melhoria do conhecimento da realidade concreta da organização;
- por vezes, o grupo solicita a presença de empregados de outras áreas da empresa, cujas opiniões venham a facilitar a execução das idéias;
- as conclusões podem significar mudanças diretas e imediatas na maneira de trabalhar de cada uma das pessoas do grupo, individual ou coletivamente. [26]

Como se pode perceber, a implantação de um programa de qualidade é um momento importante para a criação de públicos, no caso, o público interno de uma organização. Portanto, o propósito final, de alcance arrojado, é incluir os servidores de uma empresa no seu processo de planejamento, convencendo-os de que as suas contribuições, sua criatividade e suas proposições melhoram a situação da companhia.

Para Relações Públicas, os programas concorrem sobremaneira com os seus intentos de aproximar o grupo de funcionários aos interesses da organização. Algumas observações devem ser anotadas:

- os programas não funcionam se forem simplesmente decretados de cima para baixo;
- o grau de satisfação dos empregados costuma ser alto, embora um programa de qualidade não constitua a panacéia que faz desaparecer os problemas da companhia;
- não é fácil que surjam com a voluntariedade desejável e não convém forçá-los – são a conseqüência do ama-

---

26. AMAT, Barto Roig. O estilo japonês de direção. In: ADMINISTRAÇÃO de empresas: enciclopédia de direção, produção, finanças e marketing. São Paulo: Nova Cultural, 1986, v. 3, p. 623-4.

durecimento dos diversos grupos de funcionários e chefias;
- é imprescindível, para o fortalecimento dos programas, que as sugestões sejam atendidas.

Entretanto, existem determinadas circunstâncias que são restritivas para a aplicação desses programas: indiferença de membros do grupo; insuficiência no domínio teórico dos métodos de controle da qualidade em geral; ausência de uma liderança competente; e falta de apoio por parte das gerências. Porém, "a maior dificuldade parece estar na falta de crédito da necessidade para mudanças, na falta de entusiasmo para se conseguir as modificações e também na falta de confiança por parte dos operários em relação às reais intenções da empresa".[27]

Além disso, os sindicatos vêem os programas de qualidade "como uma forma de manipulação que oferece promessas de prosperidade no longo prazo, exigindo dos trabalhadores compartilhar responsabilidades nos problemas de direção sem recompensa alguma".[28]

As controvérsias e a desconfiança deverão ser administradas pelo profissional de Relações Públicas, que "deve funcionar como *agente catalisador* dentro da companhia, em presença da administração e dos empregados, procurando ativar e manter a compreensão e a confiança que devem reinar em toda a organização. Cabe a ele estimular e facilitar a comuni-

---

27. BACCARO, Archimedes. *Introdução geral à administração*: administração ontem e hoje. Petrópolis: Vozes, 1986, p. 97-8.
28. WEISS, Dimitri. A participação. In: ADMINISTRAÇÃO de empresas: enciclopédia de direção, produção, finanças e marketing. São Paulo: Nova Cultural, 1986, v. 3, p. 537.

cação em ambos os sentidos, entre a administração e os empregados para conseguir um clima de entendimento".[29]

Os programas de qualidade trazem benefícios às condições de trabalho, pois os conhecimentos para alterar o necessário são oriundos daqueles que os possuem. Propiciam o diálogo e geram segurança, pré-requisitos fundamentais ao estabelecimento do público interno em qualquer tipo de instituição.

NEGOCIAÇÃO

Os vastos interesses presentes na sociedade atual prescrevem o abandono de posições dogmáticas e inflexíveis, almejando, pela negociação, o benefício mútuo a todos os participantes do debate instituído. "A negociação refere-se ao encontro efetuado entre organização, representada por seus dirigentes ou, às vezes, por um especialista no assunto, com a finalidade de negociar a solução de um problema, com um público ou segmento de público, também representado por uma ou mais pessoas."[30]

A negociação é apreciada como um veículo de comunicação dirigida ao favorecer a aproximação concomitante da empresa e dos seus públicos – especialmente os empregados, sindicatos, fornecedores e intermediários. A negociação apóia-se nos demais instrumentos dirigidos para obter resultados, e o grupo formado de negociadores, por meio "de uma

---

29. ANDRADE, Cândido Teobaldo de Souza. *Curso de relações públicas*: relações com os diferentes públicos. 5. ed. São Paulo: Atlas, 1994, p. 65.
30. SIMÕES, Roberto Porto. *Relações públicas*: função política. 2. ed. Porto Alegre: Sagra/Feevale, 1987, p. 164.

ou mais reuniões, busca acordar interesses, pela aplicação de estratégias próprias de negociação, sustentadas por aspectos psicológicos e com base no poder de barganha de cada uma das partes".[31]

A necessidade de negociar é induzida por questões emergentes – posição no mercado, volume de vendas, participação acionária etc. – e, não raro, emocionais – movimento operário, greves, embates políticos.

Dá-se a negociação se o processo normal de comunicação – realizado mediante informações paulatinas, equilibradas, distribuídas ao longo do tempo, que ocasionam uma resposta sólida – não mais surte efeito, pedindo, então, providências de maior amplitude e impacto.

Por fazer conhecer os diversos interesses, a comunicação possibilita à empresa levantar e indicar os quesitos que a prejudicam, cedendo ou não às exigências dos grupos litigantes, com o objetivo único de desenvolver o diálogo. "Atualmente, o princípio básico, pragmático e ético da negociação é expresso pelo mote 'ganha-ganha', significando que todas as partes devem ganhar e não somente uma. Para tanto, certamente, todos devem ceder."[32]

Inicia-se o processo de negociação quando o universo de debates é estabilizado, isto é, alcança-se aquele estado no qual as propostas básicas são entendidas por todos, e foram postos de lado todos os posicionamentos antagônicos. Com isso, permite-se à companhia expor o seu ponto de vista sem restrições e de maneira completa.

O processo de negociação subentende "a existência de público organizado e com poder de pressão ou troca e, igual-

---

31. SIMÕES, Roberto Porto. *Relações públicas...*, op. cit., p. 164.
32. Idem, ibidem, p. 171.

mente, evidencia enfraquecimento do poder de persuasão da organização".[33] Grupos congregados parcialmente ou sem trato desembaraçado com a direção da empresa são representados pelo profissional de Relações Públicas, e os resultados obtidos devem ser satisfatórios a todos os interessados; do contrário, aprofundam-se as dissensões e desaparece qualquer inclinação esboçada para solucioná-las.

Essenciais para estabelecer o ambiente de relacionamento com o público interno, as formas tradicionais referem-se às "negociações diretas entre patrões e empregados, representados por suas respectivas entidades de classe, em torno de aumentos salariais, condições de trabalho, benefícios sociais e horários de trabalho. O resultado dessas negociações são as convenções coletivas ou acordos coletivos de trabalho, contratos que têm vigência por um período determinado".[34] A ausência de conciliação acarreta um clima invariável de falta de entusiasmo, mesmo quando essa contingência não tem vínculo imediato com as cláusulas financeiras.

Contendas externas também podem ser resolvidas por intermédio da negociação. "A empresa precisa efetuar revisões periódicas nas suas relações com fornecedores (por meio de contratos, pedidos de compra, orçamento etc.), com agências regulamentadoras (mediante cartas patentes com órgãos fiscalizadores, projetos de preços de seus produtos para aprovação governamental etc.). Assim, o ajuste quase sempre é uma negociação quando as decisões que afetam o comportamento futuro que regerá as relações entre duas ou mais empresas em função de determinado objetivo. Mesmo quando as expectati-

---

33. SIMÕES, Roberto Porto. *Relações públicas...*, 2. ed., op. cit., p. 164.
34. DICIONÁRIO de economia. São Paulo: Abril Cultural, 1985, p. 296.

vas são estáveis, a organização não pode supor a continuidade das relações."[35]

Independentemente do tipo, as partes envolvidas devem ter claro que "uma negociação ocorre não somente porque existem divergências, mas também porque existem convergências. Quando não houver uma questão para negociar, ou se a negociação for estabelecida periodicamente, é muito importante manter contato com os interlocutores, mesmo em caráter informal, visando manter aquecido o relacionamento",[36] dilatando as possibilidades desse veículo dirigido aproximativo.

Ao término da análise individual dos veículos de Relações Públicas (massivos, dirigidos e virtuais), o emprego deste *conjunto de recursos de comunicação* nas diligências de relacionamento da companhia, devem-se considerar os pressupostos de que a mensagem é um estímulo que proporciona uma reação; há o predomínio da comunicação direta nas organizações menos complexas; as atitudes são transmitidas e interpretadas pela composição da linguagem verbal e não-verbal.

A administração das atividades de Relações Públicas, pela *função de planejamento*, e a prescrição dos veículos utilizados para cumprir a *função de execução*, concretizada na fase do *amplo programa de informações* do *terceiro momento* do seu processo, têm implicações estratégicas na medida em que incorporam grupos aos interesses econômicos e sociais da

---

35. CHIAVENATO, Idalberto. *Administração de empresas*: uma abordagem contingencial. São Paulo: McGraw-Hill, 1982, p. 168.
36. PINTO, Eder Paschoal. *Negociação orientada para resultados*. São Paulo: Atlas, 1991, p. 52.

organização e são firmados competentes relacionamentos com os públicos.

A seqüência de desdobramento do processo de Relações Públicas será encerrada com a apresentação de sua sexta fase. Apesar de estar no final, a influência do *controle* e da *avaliação dos resultados* é sentida permanentemente, já que procura assegurar a consistência institucional das propostas de relacionamento.

13

CONTROLE E AVALIAÇÃO DOS RESULTADOS

Após executar as programações de relacionamento com os públicos de uma organização, o processo de Relações Públicas chega à sua última fase, que "consiste em controlar o desenvolvimento das outras etapas, bem como avaliar os resultados de todo o processamento".[1]

O *controle e a avaliação dos resultados* do trabalho de Relações Públicas constituem tarefa difícil, uma vez que a sua repercussão não é facilmente quantificada em números, os quais, às vezes, não exprimem qualitativamente o reposicionamento conceitual obtido. "Os números alcançados podem ser importantes e expressivos, mas é decisivo verificar se as atitudes e opiniões dos públicos se alteraram em face dos programas cumpridos."[2]

Inicia-se essa fase posteriormente à realização das atividades de relacionamento, conhecendo-se "quem leu nossas

---

1. ANDRADE, Cândido Teobaldo de Souza. *Para entender relações públicas*. 4. ed. São Paulo: Loyola, 1993, p. 100.
2. ANDRADE, Cândido Teobaldo de Souza. *Curso de relações públicas*: relações com os diferentes públicos. 5. ed. São Paulo: Atlas, 1994, p. 53.

publicações e notícias ou recebeu nossas mensagens por intermédio dos veículos de comunicação massiva".[3]

Em seguida, refazem-se as pesquisas para novamente apreciar o comportamento dos grupos, com a intenção de corroborar a eficácia das medidas adotadas e aquilatar as modificações "de alguma atitude e forma de pensar de nosso público",[4] amoldando os valores agora presentes na opinião pública. "Na realidade, a determinação do sucesso ou fracasso de um trabalho de Relações Públicas está na relação estreita e direta com a precisão com que os seus objetivos foram esclarecidos."[5]

Percebe-se claramente uma árdua missão: colocar as questões de relacionamento em uma escala de valores que dimensione e forneça o sentido do conceito público da empresa. "Por isso, recomenda-se para esses trabalhos a determinação mais específica possível quanto aos objetivos que se desejam alcançar. Um objetivo bem determinado permite uma avaliação mais correta."[6]

Para acelerar esse estágio do processo de Relações Públicas, aplicam-se as funções de *controle* e de *avaliação* que praticamente se confundem com a própria fase.

FUNÇÃO DE CONTROLE

O processo de Relações Públicas intensifica o entendimento dos problemas administrativos e fixa parâmetros para a

---

3. ANDRADE, Cândido Teobaldo de Souza. *Para entender...*, op. cit., p. 53.
4. Id., ibid., p. 53.
5. PENTEADO, José Roberto Whitaker. *Relações públicas nas empresas modernas*. 3. ed. São Paulo: Pioneira, 1984, p. 196.
6. Id., ibid., p. 196.

tomada de decisões. Apresenta as vantagens de unificar os propósitos corporativos, apurar a segmentação dos negócios da empresa e introduzir um pensamento disciplinado e condizente com prazos mais longos.

Para que esses objetivos sejam conseguidos, prescreve-se a *função básica de controle* das atividades de Relações Públicas, no sentido de *acompanhar e exercer uma vigilância atenta* sobre as atividades das pessoas e dos departamentos envolvidos nas programações ou ações de relacionamento, para que não se desviem do que foi estabelecido nos projetos.

A função de controle também acompanha as incumbências previstas nas outras funções básicas, com destaque à coordenação, "permitindo detectar falhas ou desvios em qualquer fase do processo e providenciar a devida correção".[7]

Semanticamente, é difícil separar o ato de "controlar" e de "avaliar". Ao distinguir essas duas ações, o que se pretende é criar um espaço de tempo em que ainda é possível fazer alterações no plano de Relações Públicas, sem as quais os resultados pretendidos poderiam ficar comprometidos, trazendo conseqüências conceituais negativas.

Desse modo, controla-se o exercício das demais funções básicas durante a execução do processo de Relações Públicas; quando termina a sua aplicação, avaliam-se, conclusivamente, os resultados obtidos.

Para controlar as ações empreendidas "estão disponíveis a agenda, o arquivo, o fluxograma e o cronograma, esse último em seus diversos modelos".[8] Além desses, algumas providências podem ser adotadas:

---

7. PINHO, J. B. *Propaganda institucional*. São Paulo: Summus, 1990, p. 54.
8. Id., ibid., p. 54.

- *clipping*, pelo qual são feitas análises do conteúdo, do número de menções ou inserções e do aproveitamento de *releases*, que resultam em gráficos de controle – se os resultados não são os estimados, localiza-se o problema e adotam-se medidas reparadoras, pois, talvez, o que se envia para a imprensa não seja efetivamente uma "notícia";
- *registro de visitas ou números de participantes em acontecimentos especiais*, como é o caso de visitas dirigidas, feiras, mostras e exposições – se for uma seqüência de eventos, ainda é possível verificar o perfil dos públicos participantes para detectar os pontos que estão desestimulando a participação e derrubando as expectativas numéricas previstas no projeto de Relações Públicas;
- *conversas informais*: informações prestadas por meio de simples "bate-papos" – se o "clima" pretendido com a ação proposta não for o esperado, novas formas de comunicação poderão ser estabelecidas para alterar as expectativas negativas;
- *correspondências recebidas* (tradicionais ou virtuais): semelhante ao acompanhamento feito por meio do *clipping* – se a proposta de relacionamento motiva as pessoas a escrever criticando o que está sendo encetado, providências urgentes deverão ser tomadas, sob pena de fracasso total.[9]

As sugestões de relacionamento público devem ser viáveis (exeqüíveis e controláveis) e podem estar listadas em um

---

9. ALBUQUERQUE, Adão Eunes. *Planejamento das relações públicas*. 2. ed. Porto Alegre: Sulina, 1983, p. 83.

calendário-programa, direcionado a permitir a sua visualização e proporcionar os meios para o desdobramento pleno de suas estratégias.

Burocracia

Uma das finalidades de um plano de Relações Públicas é inserir suas propostas no planejamento geral da empresa e nos diferentes sistemas administrativos em que se implanta. Contudo, um risco sempre presente é a *excessiva burocratização* que emperra as ações da companhia e acaba influenciando inclusive o desempenho do serviço de Relações Públicas.

A burocracia, a rotina inflexível e os fluxos formais de comunicação conduzem à idéia de que o planejamento é um fim por si só, o que acarreta o abandono das atitudes inovadoras e a diminuição da habilidade de detectar oportunidades.

A criatividade organizacional – que deveria surgir como efeito dos esforços despendidos na formatação do planejamento – pode ser sufocada pela hierarquia que impõe uma carga de regulamentos rígidos, perdendo-se, com isso, a integração dos vários componentes das equipes estabelecidas na empresa. Há formas de prevenir essa situação indesejável:

- *rever periodicamente* os programas de ação e todos os passos do processo de planejamento, eliminando, por exemplo, processos duplicados, documentação desnecessária, centralização excessiva de providências em uma única pessoa etc.;
- *identificar seletiva e periodicamente* as unidades de planejamento que merecem maior vigilância, ou por motivos de mudanças ambientais, ou pelo alcance de

assuntos organizacionais internos, por exemplo: novas tecnologias de manufatura, ampliação das transações atingindo o mercado internacional, aumento do valor agregado dos produtos da empresa para os consumidores, canais alternativos de distribuição etc.[10]

Apesar de seus méritos, o processo de planejamento corporativo ou de negócios tende a sofrer restrições, logo após a sua formulação, se a opção for por uma disciplina rigorosa, na qual não há possibilidade de revisões periódicas, necessárias ao próprio enriquecimento das estratégias incrementadas.

Coordena-se o curso do planejamento pela execução estável de todas as suas tarefas e pela busca da compatibilidade das atividades com os níveis hierárquicos, o que gera uma inquietude contínua e criativa. Se houver falta de harmonia e de complementaridade, isso será um sinal de desordem que as Relações Públicas não podem tolerar quando se associam, obrigatoriamente, ao processo de planejamento das organizações onde atuam.

Por conseguinte, uma organização empresarial sem uma perspectiva estratégica, além de não desenvolver uma visão mercadológica competente, também não contempla os interesses dos públicos. Como um dos componentes do processo de relacionamento estratégico, as Relações Públicas analisam alternativas de cursos para chegar aos públicos, pôr em prática as medidas cabíveis e fornecer as respostas esperadas de formação dos públicos das instituições.

---

10. HAX, Arnoldo C.; MAJLUF, Nicolás S. *Strategic management*: an integrative perspective. Englewood Cliffs, Nova Jersey: Prentice Hall, 1984, p. 65-70.

FUNÇÃO DE AVALIAÇÃO

A justificativa de priorizar a administração de controvérsias públicas no processo de Relações Públicas está no resultado final desse processo, que é a formação de públicos, quando após as discussões sobre o tema controverso chega-se ao consenso e parte-se para a ação conjugada, por meios adequados e legítimos.

Na última fase do processo, a *função básica de avaliação* é desenvolvida "mediante nova apreciação do comportamento dos grupos, a fim de verificar a eficácia das medidas tomadas".[11] Essa função, embora seja realizada após todas as outras, "compreende as mesmas tarefas consignadas na função de pesquisa – uma fonte permanente de informações sobre a própria empresa, sobre seus públicos, sobre as tendências sociais, políticas e econômicas, tendo em vista obter uma série de conhecimentos e informes adequados, que permitam escolher com acerto a decisão a ser tomada".[12]

À frente da coordenação-geral do processo estratégico empresarial, a presença do profissional de Relações Públicas é fundamental. Ao dar suporte à pormenorização dos programas de ação, proporciona um ponto de vista crítico sobre os planos e projetos resultantes, no intuito de reformulá-los se vierem a afetar o interesse dos públicos.

A função de avaliação começa a ser "pensada" ainda durante a função de planejamento das ações de Relações Públicas. Para isso, são apontadas várias formas de recensear o

---

11. ANDRADE, C. T. S. *Para entender...*, op. cit., p. 90.
12. ANDRADE, C. T. S. *Curso de...*, op. cit., p. 33, 49-50.

êxito de planos, programas e projetos de Relações Públicas, as quais incluem principalmente:

- a quantificação dos objetivos traçados no projeto, o que permite aferir se os resultados pleiteados foram alcançados;
- o processamento e acompanhamento permanente de todos os informes, comentários e as notícias recolhidas pelo profissional durante o desenvolvimento de cada proposta que possam auxiliar a compor um quadro sobre o andamento do plano;
- os inquéritos com os públicos, começando nas primeiras etapas da execução dos projetos;
- a ponderação de como a equipe trabalhou e se foi eficiente;[13]
- reuniões com as pessoas envolvidas nos projetos;
- número de pessoas presentes aos eventos promovidos;
- registros em livros de visitantes;
- correspondências recebidas.[14]

Nas grandes organizações, esses problemas são equacionados com dificuldades. Nas de menor porte, a ênfase a ser dada é a proximidade, isto é, executar atividades que estimulem a aproximação com os grupos de interesse, uma vez que a composição desses públicos é menos complexa.

Encara-se esse método como um exercício de avaliação, porque o profissional estará em relacionamento pessoal com os grupos, o que lhe permite, na prática, pesquisas sucessivas

---

13. ALBUQUERQUE, Adão Eunes. *Relações públicas*: enquete mostra como profissionais encaram o planejamento em suas empresas. Porto Alegre: 1982, p. 23.
14. PINHO, op. cit., p. 55.

para estimar reações positivas ou negativas, a respeito das iniciativas empresariais.

Dessa maneira, dos métodos considerados pertinentes aos procedimentos para avaliar as programações de relacionamento público, o mais freqüente é o contato direto com as pessoas que foram alvo dos projetos, realizado depois de ser firmado algum tipo de intercâmbio com os grupos de interesse da instituição. Assim, alguns desses contatos podem ser destacados.[15]

Visitas informais

Para verificar: "Como as pessoas se tratam umas às outras? Quais são os indícios de *status* ou cargo – roupa, estacionamento, locais de alimentação? Como as pessoas se reúnem – em escritórios fechados, no corredor? O que há nos quadros de avisos? A caixa de sugestões parece estar sendo usada? Há alguns motivadores nas paredes – letreiros, cartazes etc.? As pessoas parecem atarefadas e felizes no trabalho?".

Pesquisa no refeitório

Para avaliar se há "discussões informais à mesa de almoço, próximo à vendedora automática, no toalete. As pessoas conversam sobre o quê? Preocupam-se com o quê? O que dizem os boatos?"

Entrevistas em grupos específicos

Para conhecer "quais são as preocupações internas e externas das pessoas quando você as reúne? Como as pessoas reagem quando você traz à tona certos assuntos?"

---

15. Todas as sugestões desse item são transcritas de: CORRADO, Frank M. *A força da comunicação*. São Paulo: Makron, 1994, p. 218.

Material de leitura e visuais

Para analisar se "o boletim informativo está saindo na data certa. Que tipo de assunto traz: classificações em jogos ou relatórios de produção? Qual é a aparência dos recortes de imprensa?"

Casos (que as pessoas contam)

Para aquilatar se "há algum padrão naquilo que as pessoas estão dizendo. Os casos falam de sucessos ou de fracassos?"

Canais de feedback

Para apurar "o que há na caixa de sugestões. O que há na linha '0800'? O que diz o pessoal de vendas/força de campo?"

Como método indireto, "o aproveitamento das matérias pela imprensa é um deles, possibilitando uma avaliação tanto qualitativa como quantitativa. A avaliação quantitativa é feita pelo levantamento do volume de matéria publicada, enquanto a avaliação qualitativa examina o prestígio do veículo no qual a matéria foi inserida, a localização da mesma dentro do jornal, o tamanho dos títulos e das fotos, dentre outros aspectos".[16]

O melhor e mais concreto recurso de avaliação, entretanto, é a pesquisa de avaliação. Utiliza o método científico, prevendo a definição do problema, o planejamento da pesquisa, a execução (coleta dos dados, processamento, análise e interpretação) e a comunicação dos resultados.

---

16. PINHO, op. cit., p. 55.

A pesquisa de avaliação, muitas vezes, vale-se dos mesmos instrumentos de coleta de dados anteriormente utilizados pela pesquisa de opinião ou de atitude na fase inicial do processo de Relações Públicas.

Resultados

Em uma pesquisa[17] aplicada durante dez anos, com a intenção de avaliar a opinião e a atitude dos funcionários em relação aos processos de comunicação tentados pelas empresas, foram entrevistados cerca de 90 mil empregados de organizações norte-americanas, de diversos pontos do país, de vários ramos e de todos os portes.

A análise dos dados demonstrou:

- a maioria dos gerentes percebe que se deteriora a qualidade da comunicação interna nas companhias;
- os operários reclamam de que não são informados adequadamente, de que os gerentes não estão propensos a escutá-los e de que os rumores representam a sua única fonte de informações;
- os empregados querem ter comunicação exata no momento oportuno, e pretendem que os informes cheguem a eles diretamente, por meio de seus supervisores e das classes intermediárias de comando.

Os entrevistados salientaram, ainda, que se for elevada a qualidade da comunicação a produtividade aumenta, porque

---

17. MORGAN, Brian, SCHLIEMANN, William A. Por que la comunicación se desmorona. *Relaciones Públicas Interamericanas*, Buenos Aires, jul. 1983, p. 14.

os funcionários passam a saber qual é a sua contribuição individual para o sucesso da empresa, dele tirando proveito.

As conclusões gerais dessa ampla investigação reafirmaram o fato de que os servidores anseiam participar e, conseqüentemente, almejam comunicar-se de modo efetivo com seus superiores. Comprovou-se que os meios rotineiramente empregados nas organizações maiores dificultam a integração entre os colaboradores e a equipe diretiva.

Sem dúvida, o material escrito tem um papel preponderante nos programas de comunicação das empresas. Administram abundantes informações sobre temas simples ou complexos a um só tempo e para grande número de trabalhadores. Porém, por melhores que sejam o jornal da companhia e seus recursos audiovisuais, esses veículos não podem satisfazer plenamente a carência de informações dos empregados nas organizações atuais.

O levantamento ofereceu sugestões para melhorar a comunicação entre as chefias de nível médio e os funcionários, mediante o emprego de proposições específicas:

- promover encontros regulares com os operários;
- não restringir os contatos pessoais às reuniões formais, relacionando-se cotidianamente com os empregados;
- responsabilizar os gerentes por uma comunicação firme, levando-os a tratá-la como um objetivo a ser atingido;
- conscientizar os chefes de que os encarregados dispõem das informações necessárias para manter o diálogo com os seus servidores.

Embora tenha perscrutado diferentes categorias de organizações, a pesquisa reforçou a premência de uma atividade completa e consistente das Relações Públicas. É preciso promover o correto entendimento com os funcionários e transformá-los em público interno, para, depois, assentar relacionamentos com os demais públicos e firmar, então, o conceito público da empresa.

Ao desrespeitar essas orientações, a companhia perde o seu esforço de comunicação, muitas vezes único e isolado, visto não ter sido ponderado o que sustenta os organismos empresariais, ou seja, o seu quadro de pessoal.

As funções de *pesquisa*, de *controle* e de *avaliação* realizadas de modo constante e devidamente coordenadas apóiam as funções de *planejamento* e de *assessoramento*, todas voltadas à função de *execução* do relacionamento público da organização.

No empenho de avaliar as propostas desenvolvidas no âmbito das Relações Públicas, os altos escalões das instituições são envolvidos, em busca de métodos e procedimentos estrategicamente mais eficazes. Adotam-se providências que não sejam apenas reativas, mas preparadas com a finalidade de ser um trabalho preventivo.

Conclui-se, depois do exame da última fase, o *controle e a avaliação dos resultados*, no *quarto momento* do processo, com as funções básicas de *controle* e de *avaliação*, que as Relações Públicas estão dirigidas a estabelecer uma visão apurada da empresa, à compreensão e condição dos objetivos corporativos e aos impulsos estratégicos.

Cumprem essa missão definindo valores e filosofia, identificando as esferas de ação nas quais a companhia opera, reconhecendo as tendências técnicas e de mercado e sugerindo a alocação de recursos no sentido de priorizar o coletivo e não o individual.

14

SÍNTESE E CONTINUIDADE

Ao completar-se o desenvolvimento do processo de Relações Públicas, evidencia-se a conjugação de esforços de todos os níveis da empresa para melhor alcançar os objetivos dos negócios e do relacionamento institucional da organização.

A missão e o objetivo de formar os públicos das organizações, embora sejam da competência das Relações Públicas, devem permear as atividades administrativas e operacionais, como condição básica para firmar o conceito a ser levado aos grupos visados pela instituição e, também, àqueles que por ela se interessam.

O futuro já está delineado. A tecnologia e o instrumental de Relações Públicas deverão amoldar-se aos tempos vindouros, ao manter e respeitar os valores éticos do século XXI, ao estabelecer um sistema mais aberto de relacionamento com os grupos e públicos, representando-os no momento das decisões empresariais que possam afetar seus interesses. A ecologia terá um papel de maior relevo na definição das estratégias de Relações Públicas e a presença no ciberespaço, assim como em outras esferas de ação, constituirá uma prioridade para o profissional da área.

Diante de tais tendências, as Relações Públicas do futuro deverão preparar as companhias para enfrentar os diversos desafios e as influências macroambientais que surgem continuamente.

Cotejado pelo ângulo da aplicação de tecnologia, a informática passou a apoiar efetivamente várias tarefas de relacionamento, permitindo um comportamento proativo da empresa perante seus públicos, oferecendo-lhes produtos, serviços e oportunidades inéditas de diálogo. É preciso tentar "encantá-los", muito mais do que simplesmente satisfazer suas necessidades e seus desejos.

Nesse contexto, destacam-se os "consumidores massificados", aqueles que buscam com sofreguidão as novidades do mercado, mas outros três tipos podem ser observados. Os "consumidores desmassificados", preocupados com a qualidade e com a não-padronização do que lhes é oferecido, pois querem ser únicos. Os "consumidores em potencial" podem adquirir os produtos e serviços oferecidos, mas não o fazem porque falta um relacionamento mais consistente que destrua as barreiras existentes entre eles e os produtos dos bens comercializados. Por fim, os "consumidores resistentes", que rejeitam a princípio o que está no mercado e constituem uma faixa particularmente atenta à preservação do meio ambiente.[1] O somatório dessas características perfaz o quadro mercadológico da era da globalização.

---

1. FORTES, Waldyr Gutierrez. *Transmarketing*: estratégias avançadas de relações públicas no campo do marketing. São Paulo: Summus, 1999, p. 38.

Com essas perspectivas, a contribuição plena de Relações Públicas será intermediar os problemas internos da companhia e administrar enfaticamente a comunicação com os públicos. Para isso, a tecnologia de comunicação deverá prever a possibilidade da reação imediata e interativa, ampliando a confiança na resposta dada pelo segmento contatado.

A organização dependerá cada vez mais de um melhor entendimento das questões de Relações Públicas para obter os resultados financeiros positivos esperados e, ao evoluir, reposicionar a idéia de troca econômica perante o conceito de troca de valores.

Ao final do trabalho de Relações Públicas a organização deve responder, com segurança, se contempla como um princípio as suas responsabilidades sociais, sendo *ecológica* (seus processos produtivos não oferecem riscos ao meio ambiente), *socialmente responsável* (promove e abre espaços às iniciativas sociais dos funcionários apoiando-as sistematicamente), *flexível* (valoriza sobremaneira o bem-estar pessoal de seus colaboradores funcionais), *interessada* (a percepção das aspirações de seus públicos é uma prática integrada ao dia-a-dia empresarial), *saudável* (não oferece riscos à saúde de seus funcionários e, ademais, favorece programas de prevenção), *educativa* (enfatiza a disseminação de seus conhecimentos técnicos e operacionais), *comunitária* (está plenamente integrada à sua vizinhança) e *íntegra* (não adota práticas comerciais questionáveis).[2]

Exige-se um *equilíbrio de poder* entre o homem de empresa e os públicos – aqueles que motivam os programas e

---

2. BUSINESS FOR SOCIAL RESPONSIBILITY. Disponível em: <http://www.bsr.org>. Acesso: junho 2002.

determinam as atividades de relacionamento. A emergência dessa política administrativa demonstra que, por mais ambiciosas que sejam as propostas de Relações Públicas, sempre haverá espaços originais a serem percorridos, no sentido de minimizar ou fazer desaparecer os fatores que impedem os processos de troca.

BIBLIOGRAFIA

ABELL, Derek F. *Definição do negócio*: ponto de partida do planejamento estratégico. São Paulo: Atlas, 1991.
ABREU, Romeu Carlos Lopes de. *CCQ*: círculos de controle de qualidade. 2. ed. Rio de Janeiro: Qualitymark, Petrobras, 1991.
ADMINISTRAÇÃO *de empresas*: enciclopédia de direção, produção, finanças e marketing. São Paulo: Nova Cultural, 1986.
ALBUQUERQUE, Adão Eunes. *Planejamento das relações públicas*. 2. ed. Porto Alegre: Sulina, 1983.
_____. Relações públicas: enquete mostra como profissionais encaram o planejamento em suas empresas. Porto Alegre, 1982.
ALMANAQUE Abril. 4. ed. São Paulo: Abril Multimídia, 1997. 1 CD-ROM.
ALVES, Sérgio. *Revigorando a cultura da empresa*: uma abordagem cultural da mudança nas organizações na era da globalização. São Paulo: Makron, 1997.
AMARAL, Caio Augusto do. *Filosofia de vida ou ciência do equilíbrio social*. Rio de Janeiro: [1985].
ANDRADE, Cândido Teobaldo de Souza. *Administração de relações públicas no governo*. São Paulo: Loyola, 1982.
_____. *Como administrar reuniões*. 2. ed. São Paulo: Loyola, 1995.
_____. *Curso de relações públicas*: relações com os diferentes públicos. 5. ed. São Paulo: Atlas, 1994.
_____. *Dicionário profissional de relações públicas e comunicação e glossário de termos anglo-americanos*. 2. ed. São Paulo: Summus, 1996.
_____. *Para entender relações públicas*. 4. ed. São Paulo: Loyola, 1993.

ANDRADE, Cândido Teobaldo de Souza. Participação programada para o diálogo. *Comunicação & Sociedade*, São Bernardo do Campo, v. 6, n. 12, pp. 117-9, out. 1985.
_____. *Psicossociologia das relações públicas*. 2. ed. São Paulo: Loyola, 1989.
_____. Relações públicas na ótica econômica. *O Público*, São Paulo, junho 1989, p. 4.
_____. Relações públicas na sociedade em mudança. *Comunicarte*, Campinas, v. 2, n. 3, p. 23-8, primeiro semestre 1984.
ANDRADE, Zilda Aparecida Freitas de. *Interatividade e relacionamento virtual*: um estudo em home pages de consultorias de relações públicas. 2001. Dissertação (Mestrado em Comunicação e Semiótica) – Pontifícia Universidade Católica de São Paulo, São Paulo.
ANSOFF, H. Igor. *A nova estratégia empresarial*. São Paulo: Atlas, 1990.
ANSOFF, H. Igor; DECLERCK, Roger P.; HAYES, Robert L. (Org.). *Do planejamento estratégico à administração estratégica*. São Paulo: Atlas, 1987.
ANSOFF, H. Igor; MCDONNELL, Edward J. *Implantando a administração estratégica*. 2. ed. São Paulo: Atlas, 1993.
BACCARO, Archimedes. *Introdução geral à administração*: administração ontem e hoje. Petrópolis: Vozes, 1986.
BALDIO, Marcelo. Internet, a mídia on-line. *Revista de Comunicação*, Rio de Janeiro, n. 47, p. 28, mar. 1997.
BELTRÃO, Odacir; BELTRÃO, Mariúsa. *Correspondência*: linguagem e comunicação. 19. ed. São Paulo: Atlas, 1997.
BENNETT, Steven J. *Ecoempreendedor*: oportunidades de negócios decorrentes da revolução ambiental. São Paulo: Makron, 1992.
BEZERRA, Wagner. *Manual do telespectador insatisfeito*. São Paulo: Summus, 1999.
BIRCH, John. Como sobreviver na crise. *Propaganda*, São Paulo, n. 486, p. 9, ago. 1993.
BONILLA, José A. *Resposta à crise*: qualidade total e autêntica para bens e serviços. São Paulo: Makron Books, 1993.
BREU, Romeu Carlos Lopes de. *Círculos de controle de qualidade*: a integração trabalho-homem-qualidade total. 2. ed. Rio de Janeiro: Qualitymark, Petrobras, 1991.
BUSINESS FOR SOCIAL RESPONSIBILITY. Disponível em: http://www.bsr.org. Acesso: junho 2002.
CALAZANS, Flávio. *Propaganda subliminar multimídia*. São Paulo: Summus, 1992.
CANFIELD, Bertrand R. *Relações públicas*: princípios, casos e problemas. 4. ed. São Paulo: Pioneira, 1987.

CAVALCANTI, Sérgio. O relacionamento empresa/imprensa. *Conrerp Informa*, São Paulo, maio/jun. 1985. Cadernos de Relações Públicas.

CAYWOOD, Clarke L. (Ed.). *The handbook of strategic public relations and integrated communications*. Nova York: McGraw-Hill, 1997.

CERTO, Samuel C.; PETER, J. Paul. *Administração estratégica*: planejamento e implantação da estratégia. São Paulo: Makron, 1993.

CESCA, Cleusa Gertrudes Gimenes. *Comunicação dirigida escrita na empresa*: teoria e prática. São Paulo: Summus, 1995.

_____. *Organização de eventos*: manual para planejamento e execução. São Paulo: Summus, 1997.

CESCA, Cleuza Gertrudes Gimenes; CESCA, Wilson. *Estratégias empresariais diante do novo consumidor*: relações públicas e aspectos jurídicos. São Paulo: Summus, 2000.

CHIAVENATO, Idalberto. *Administração de empresas*: uma abordagem contingencial. São Paulo: McGraw-Hill, 1982.

_____. *Administração*: teoria, processo e prática. São Paulo: Makron, 1994.

COBRA, Marcos, SWARG, Flávio A. *Marketing de serviços*: conceitos e estratégias. São Paulo: McGraw-Hill, 1986.

COLEÇÃO Harvard de Administração. São Paulo: Nova Cultural, 1986.

CORRADO, Frank M. *A força da comunicação*. São Paulo: Makron, 1994.

CORRÊA, Tupã Gomes. *Contato imediato com a opinião pública*: os bastidores da ação política. 2. ed. São Paulo: Global, 1993.

COSTA, Alcir Henrique da. *Um país no ar*: história da TV brasileira em três canais. São Paulo: Brasiliense/Funarte, 1986.

DA VIÁ, Sarah Chucid. *Opinião pública*. São Paulo: Loyola, 1983.

DANTAS, Edmundo Brandão. Atendimento ao público: vícios e pecados. *Marketing*, São Paulo, n. 230, p. 76-9, set. 1992.

DE SALVO, Antônio. Relações públicas não é só comunicação, é um problema administrativo, e complexo. *Marketing*, São Paulo, n. 88, p. 56-7, mar. 1981. Entrevista.

DIAS, Vera. *Como virar notícia e não se arrepender no dia seguinte*. Rio de Janeiro: Objetiva, 1994.

DICIONÁRIO de economia. São Paulo: Abril Cultural, 1985.

DICIONÁRIO de sociologia. 8. ed. Porto Alegre: Globo, 1981.

DOBLINSKI, Suzana. *Negócio fechado*: guia empresarial de viagens. Rio de Janeiro: Campus, 1997.

DOTY, Dorothy I. *Divulgação jornalística e relações públicas*. São Paulo: Cultura, 1995.

DOUCHY, Jean-Marie. *Em direção ao zero defeito na empresa*. São Paulo: Atlas, 1993.

DRUCKER, Peter F. *Introdução à administração*. 2. ed. São Paulo: Pioneira, 1991.

ESTEVES, Sérgio A. P. (Org.). *O dragão e a borboleta*: sustentabilidade e responsabilidade social nos negócios. São Paulo: Axis Mundi/AMCE, 2000.

EXAME. São Paulo: Abril, 1967. Quinzenal.

EXAME Informática. São Paulo: 1985-1997.

FARIAS, Luiz Alberto Beserra de. Relacionamento nas organizações. *Comunicare*, São Paulo, v. 1, n. 1, p. 139-47, segundo semestre 2001.

FERNANDES, Ismael. *Memória da telenovela brasileira*. 3. ed. São Paulo: Brasiliense, 1994.

FERREIRA, Aurélio Buarque de Holanda. *Novo dicionário Aurélio:* século XXI. Rio de Janeiro: Nova Fronteira, 1999. CD-ROM.

FIGUEIREDO, José Carlos. *Comunicação sem fronteiras*. São Paulo: Gente, 1999.

FLEURY, Maria Teresa Leme; FISCHER, Rosa Maria (Org.). *Cultura e poder nas organizações*. São Paulo: Atlas, 1989.

FORTES, Waldyr Gutierrez. *Pesquisa institucional*: diagnóstico organizacional para relações públicas. São Paulo: Loyola, 1990.

_____. *Transmarketing*: estratégias avançadas de relações pública no campo do marketing. São Paulo: Summus, 1999.

_____. *Você sabe que dia é hoje?* Datas comemorativas para eventos e programações de relações públicas e calendário promocional em marketing. 2. ed. Londrina: Editora da UEL, 2002.

FRANCO, Marcelo Araújo. Internet: reflexões filosóficas de um informata. *Transinformação*, Campinas, v. 9, n. 2, p. 45-8, maio/ago. 1997.

FREITAS, Antônio de Lisboa Mello e. *Relações públicas*: casos atuais, perspectivas futuras. Porto Alegre: Sulina, 1985.

FREITAS, Maria Ester. *Cultura organizacional*: formação, tipologias e impactos. São Paulo: Makron, 1991.

FREITAS, Ricardo Ferreira; LUCAS, Luciene. *Desafios contemporâneos em comunicação*: perspectivas de relações públicas. São Paulo: Summus, 2002.

FREITAS, Sidinéia Gomes. Formação e desenvolvimento da opinião pública. *Comunicarte*, Campinas, v. 2, n. 4, p. 177-84, segundo semestre 1984.

GAJ, Luís. *Administração estratégica*. São Paulo: Ática, 1987.

_____. *Tornando a administração estratégica possível*. São Paulo: McGraw-Hill, 1990.

GARLAND, Ron. *Administração e gerenciamento para a nova era*. São Paulo: Saraiva, 1992.

GIANGRANDE, Vera. A contribuição de relações públicas como instrumento de gestão empresarial. *Conrerp Informa*, São Paulo, n. 10, p. 3, out. 1982.

GIANGRANDE, Vera; FIGUEIREDO, José Carlos. *O cliente tem mais do que razão*. São Paulo: Gente, 1997.

GIL, Antônio de Loureiro. *Auditoria de qualidade*. 2. ed. São Paulo: Atlas, 1997.

GOLDFEDER, Miriam. *Por trás das ondas da Rádio Nacional*. Rio de Janeiro: Paz e Terra, 1980.

GRACIOSO, Francisco. *Propaganda institucional*: nova arma estratégica da empresa. São Paulo: Atlas, 1995.

GRUNIG, James E. *Excellence in public relation and communication management*. Nova Jersey: Hillsdale/Erlbaum, 1992.

HAX, Arnoldo C.; MAJLUF, Nicolás S. *Strategic management*: an integrative perspective. Englewood Cliffs, Nova Jersey: Prentice Hall, 1984.

HOINEFF, Nelson. *A nova televisão*: desmassificação e o impasse das grandes redes. Rio de Janeiro: Relume Dumará, 1996.

IANHEZ, João Alberto. Relações públicas como ferramenta de administração. *Mercado Global*, São Paulo, n. 93, primeiro trimestre 1994.

INFO EXAME. São Paulo: Abril, 1985. Mensal.

KOTLER, Philip. *Administração de marketing*: análise, planejamento, implementação e controle. 5. ed. São Paulo: Atlas, 1998.

KOTLER, Philip; FOX, Karen F. A. *Marketing estratégico para instituições educacionais*. São Paulo: Atlas, 1994.

KOTLER, Philip; ROBERTO, Eduardo L. *Marketing social*. Rio de Janeiro: Campus, 1992.

KOTTER, P.; HESKETT, James L. *A cultura corporativa e o desempenho empresarial*. São Paulo: Makron, 1994.

KUNSCH, Margarida Maria Krohling (Coord.). *Os grupos de mídia no Brasil e as mediações das assessorias de comunicação, relações públicas e imprensa*. São Paulo: Universidade de São Paulo, 1999. Relatório de pesquisa apresentado ao CNPq, à Fapesp, à USP.

_____ (Org.). *Obtendo resultados com relações públicas*. São Paulo: Pioneira, 1997.

_____. *Planejamento de relações públicas na comunicação integrada*. 3. ed. São Paulo: Summus, 1995.

LANE, Robert E.; SEARS, David O. *A opinião pública*. Rio de Janeiro: Zahar, 1966.

LEAL FILHO, Laurindo. *Atrás das câmaras*: relações entre a cultura, Estado e televisão. São Paulo: Summus, 1991.

LEAL, Ondina Fachel. *A leitura social da novela das oito*. Petrópolis: Vozes, 1986.

LESLY, Philip (Coord.). *Os fundamentos de relações públicas e da comunicação*. São Paulo: Pioneira, 1995.

_____ (Ed.). *Lesly's public relations handbook*. Englewood Cliffs, Nova Jersey: Prentice Hall, 1971.

LIMA, Gérson Moreira. *Releasemania*: uma contribuição para o estudo do press-release no Brasil. São Paulo: Summus, 1985.

LINNEMAN, Robert E.; STANTO JR., John L. *Marketing de nichos*. São Paulo: Makron, 1993.

LINS, Augusto Estellita. *Etiqueta, protocolo e cerimonial*. 2. ed. Brasília: Linha Gráfica, 1991.

LIPNACK, Jessica; STAMPS, Jeffrey. *Rede de informações*. São Paulo: Makron, 1994.

LLOYD, Herbert; LLOYD, Peter. *Relações públicas*: as técnicas de comunicação no desenvolvimento das empresas. Lisboa: Presença, 1985.

LUKASZEWSKI, James E. How vulnerable are you? *Public Relations Quarterly*, Nova York, v. 34, n. 3, p. 5-6, 1989.

MARCONI, Joe. *Marketing em época de crise*: quando coisas ruins acontecem com as boas empresas. São Paulo: Makron, 1993.

MARTINS, Gilberto de Andrade. Metodologias convencionais e não-convencionais e a pesquisa em administração. *Caderno de Pesquisa em Administração*, São Paulo, v. 0, n. 0, segundo semestre 1994.

MATHIAS NETO, Gualter. Como emplacar releases, ou a arte de vender o peixe. *Revista de Comunicação*, Rio de Janeiro, n. 48, p. 34, maio 1997.

MATTOS, Sílvia. *A revolução dos instrumentos de comunicação com os públicos*. Porto Alegre: Comunicação Integrada, ABRP – RS/SC, 1995.

MEDEIROS FILHO, Benedito Cabral. *Revolução na cultura organizacional*. São Paulo: STS, 1993.

MELO, José Marques de. *As telenovelas da Globo*: produção e exportação. São Paulo: Summus, 1994.

MELO NETO, Francisco Paulo de; FROES, César. *Responsabilidade social e cidadania empresarial*. Rio de Janeiro: Qualitymark, 1999.

MENDONÇA, Luís Carvalheira de. *Participação na organização*: uma introdução aos seus fundamentos, conceitos e formas. São Paulo: Atlas, 1987.

MORGAN, Brian; SCHLIEMANN, William A. Por que la comunicación se desmorona. *Relaciones Públicas Interamericanas*, Buenos Aires, jul. 1983.

MOSS, Danny; MACMANUS, Toby; VERCIC, Dejan. *Public relations research*: an international perspective. Boston: Thomson, 1997.

MOTA, Carlos Guilherme. A sociedade civil reage. *O Estado de S. Paulo*, São Paulo, 5 mar. 2002. Espaço Aberto.

MOTTA, Fernando C. Prestes; CALDAS, Miguel P. (Org.). *Cultura organizacional e cultura brasileira*. São Paulo: Atlas, 1997.

NEGÓCIOS EXAME. São Paulo: Abril, 2000-2001.

NOGUEIRA, Nemércio (Coord.). *Jornalismo é...* [São Paulo]: Xenon, [1997].

_____. *Media training*. São Paulo: Cultura, 1999.

_____. *Opinião pública e democracia*: desafios à empresa. São Paulo: Nobel, 1987.

_____. Sumário profissional, aspectos jurídicos e atividades especiíficas de relações públicas. *Propaganda*, São Paulo, n. 271, p. 30-6, fev. 1979.

NUNES, Marina Martinez. *Cerimonial para executivos*: um guia para execução e supervisão de eventos empresariais. Porto Alegre: Sagra-Suzzatto, 1996.

_____. *Redação em relações públicas*. Porto Alegre: Sagra, 1995.

OLIVEIRA, Celso Feliciano de. Turismo e comunidade. *RP em Revista*, São Paulo, n. 57, pp. 16-9, nov. 1976.

OLIVEIRA, Celso Feliciano de; VASCONCELOS, Antônio Telles de. Um processo para determinar o interesse público. *O Público*, São Paulo, mar./abr. 1981, p. 1.

OLIVEIRA, Djalma de Pinho Rebouças de. *Estratégia empresarial*: uma abordagem empreendedora. 2. ed. São Paulo: Atlas, 1991.

_____. *Excelência na administração estratégica*. 3. ed. São Paulo: Atlas, 1997.

_____. *Planejamento estratégico*: conceitos, metodologia e prática. São Paulo: Atlas, 1987.

_____. *Sistemas de informações gerenciais*. São Paulo: Atlas, 1993.

OLIVEIRA, José Xavier. *Usos e abusos de relações públicas*. Rio de Janeiro: Fundação Getúlio Vargas, 1971.

OLIVEIRA, Marcos Antônio Lima de. *Qualidade*: o desafio da pequena e média empresa. Rio de Janeiro: Qualitymark; Fortaleza: Sebrae, 1994.

ORTRIWANO, Gisela Swetlana. *A informação no rádio*: os grupos de poder e a determinação dos conteúdos. 2. ed. São Paulo: Summus, 1985.

OTTMAN, Jacquelyn A. *Marketing verde*. São Paulo: Makron, 1994.

PENTEADO, J. R. Whitaker. *Relações públicas nas empresas modernas*. 3. ed. São Paulo: Pioneira, 1984.

PINHO, J. B. *O poder das marcas*. São Paulo: Summus, 1996.

_____. *Propaganda institucional*. São Paulo: Summus, 1990.

_____. *Publicidade e vendas na internet*. São Paulo: Summus, 2000.

PINTO, Eder Paschoal. *Negociação orientada para resultados*. São Paulo: Atlas, 1991.

POLITO, Reinaldo. *Recursos audiovisuais nas apresentações de sucesso*. 4. ed. São Paulo: Saraiva, 1999.

RADFAHRER, Luli. Esoterismo terapêutico. *Propaganda*, São Paulo, n. 574, p. 74, abr. 1999.

RAMOS, Roberto. *Grã-finos na Globo*: cultura e merchandising nas novelas. 2. ed. Petrópolis: Vozes, 1987.

RASMUSSEN, Uwe Waldemar. *Manual da metodologia do planejamento estratégico*. São Paulo: Aduaneiras, 1990.

ROCHA, Marco A. *Imprensa e empresas em busca do* lead. Brasília: Banco do Brasil, 1994. Disponível em: <http://www1.bb.com.br/por/noticias/publicações/seminario/l2buscalead.asp>. Acesso em: fev. 2002.

ROSA, José Antônio. *Manual de montagem do programa de integração de novos empregados*. São Paulo: Síntese, 1989.

ROSSETTI, José Paschoal et al. *Transição 2000*: tendências, mudanças e estratégias. São Paulo: Makron, 1993.

RUMMLER, Geary A.; ABRAHE, Allan P. *Melhores desempenhos das empresas*: ferramentas para a melhoria da qualidade e da competitividade. São Paulo: Makron, 1993.

RUSCHMANN, Doris van de Meen. *Marketing de turismo*: um enfoque promocional. Campinas: Papiro, 1991.

SAMARA, Beatriz Santos; BARROS, José Carlos. *Pesquisa de marketing*: conceitos e metodologia. São Paulo: Makron Books, 1994.

SCHNEIDER, Sérgio Paulo. *Cerimonial e protocolo*. Porto Alegre: Sulina, 1995.

SCHWARTZ, Tony. *Mídia*: o segundo deus. São Paulo: Summus, 1993.

SERRA, Floriano José Dragaud. *O que toda empresa pode fazer com o videocassete*. São Paulo: Summus, 1993.

SIMÕES, Roberto Porto. A variável relações públicas no processo de marketing. *O Público*, São Paulo, jan./fev. 1981, p. 3.

_____. *Relações públicas e micropolítica*. São Paulo: Summus, 2001.

_____. Relações públicas, antes de tudo, um processo. *O Público*, São Paulo, ago. 1979, p. 4.

_____. *Relações públicas*: função política. 2. ed. Porto Alegre: Sagra/Feevale, 1987.

_____. _____. 3. ed. São Paulo: Summus, 1995.

SIMON, Raymond. *Public relations*: concepts and practices. 2. ed. Columbus, Ohio: Grid Publishing, 1980.

SLOMA, Richard S. *Planejamento descomplicado*. São Paulo: Círculo do Livro, s/d.

SOCIAL ACCOUNTABILITY INTERNATIONAL. *Setting standards for a just world*. Disponível em: <http://www.cepaa.org>. Acesso em: jun. 2002.

SPEERS, Nelson. *Cerimonial para municípios na óptica das relações públicas*. São Paulo: Hexágono Cultural, 1994.

_____. *Cerimonial para relações públicas*. São Paulo 1984.

SZTUTAMN, Guilherme. O papel das atividades de relações públicas no mix da comunicação. *Conrerp Informa*, São Paulo, v. 6, n. 4, jul. 1984. Cadernos de Relações Públicas.

TARDE, Gabriel. *A opinião e as massas*. São Paulo: Martins Fontes, 1992.

TÁVOLA, Artur da. *A telenovela brasileira*: história, análise e conteúdo. São Paulo: Globo, 1996.

THAYER, Lee Osborne. *Princípios de comunicação na administração*. São Paulo: Atlas, 1972.

THÉVENET, Maurice. *Cultura de empresa*: auditoria e mudança. Lisboa: Monitor, 1990.

THIOLLENT, Michael. *Metodologia da pesquisa-ação*. São Paulo: Cortez, 1986.

THOMAS, H.; GARDNER, D. (Ed.). *Strategic marketing and management*. Nova York: John Wiley, 1985.

THUROW, Lester C. *O futuro do capitalismo*: como as forças econômicas de hoje moldam o mundo de amanhã. Rio de Janeiro: Rocco, 1997.

TOLEDO, Geraldo Luciano; FORTES, Waldyr Gutierrez. Relações públicas e marketing: uma abordagem estratégica. *Revista de Administração*, São Paulo, v. 24, n. 3, p. 3-10, jul./set. 1989.

TOMEI, Patrícia Amélia. O marketing da gerência de recursos humanos dentro das organizações. *Revista de Administração*, São Paulo, v. 27, n. 4, p. 74-8, out./dez. 1992.

TOMEI, Patrícia Amélia; BRAUNSTEIN, Marcelo Lomacinski. *Cultura organizacional e privatização*. São Paulo: Makron, 1993.

TORQUATO, Gaudêncio. *Comunicação empresarial, comunicação institucional*: conceitos, estratégias, sistemas, estrutura, planejamento e técnicas. São Paulo: Summus, 1985.

TRUJILLO FERRARI, Alfonso. *Fundamentos de sociologia*. São Paulo: McGraw-Hill do Brasil, 1983.

VASCONCELLOS, Eduardo; HEMSLEY, James R. *Estrutura das organizações*. São Paulo: Pioneira/Edusp, 1986.

VASCONCELOS FILHO, Paulo; FERNANDES, Marcos Antônio da Cunha; DIAS, José Maria A. M. *Planejamento empresarial*: teoria e prática. Rio de Janeiro: LTC, 1982.

VEJA. São Paulo: Abril, 1968. Semanal.

VILLELA, Regina. *Quem tem medo da imprensa?* Rio de Janeiro: Campus, 1998.

VINADÉ, Gelson. *Planejamento e organização de eventos ao alcance de todos*. Porto Alegre, 1996.

WEINBERG, David; LOCKE, Christopher; LEVINE, Rick. *O manifesto da economia digital.* Rio de Janeiro: Campus, 2000.
WEY, Hebe. *O processo de relações públicas.* São Paulo: Summus, 1983.
WOORD JR., Thomaz. *Mudança organizacional.* São Paulo: Atlas, 1996.
XIFRA-HERAS, Jorge. *A informação:* análise de uma liberdade frustrada. Rio de Janeiro: Luz, 1974.
ZACCARELLI, Sérgio B. *Administração estratégica da produção.* São Paulo: Atlas, 1993.

WALDYR GUTIERREZ FORTES

Profissional de Relações Públicas, defendeu sua dissertação de mestrado na Escola de Comunicações e Artes da Universidade de São Paulo – ECA/USP, em 1987, e doutorou-se em 1993.

Atuou em empresas de São Paulo e no magistério superior de Relações Públicas, tendo ingressado em 1977 como docente do Departamento de Comunicação da Universidade Estadual de Londrina, na qual tem ocupado vários cargos acadêmicos e administrativos. Professor de pós-graduação em cursos de especialização, é também conferencista e pesquisador do CNPq, com trabalhos sobre *Cultura Organizacional*.

É autor de *Pesquisa institucional*: diagnóstico organizacional para relações públicas, 1990, Edições Loyola; *Transmarketing*: estratégias avançadas de relações públicas no campo do marketing, 1999, Summus Editorial; *Você sabe que dia é hoje? Datas comemorativas para eventos e programações de relações públicas e calendário promocional em marketing*, 2. edição, 2002, publicado pela Editora da Universidade Estadual de Londrina.

Para mais informações e/ou contatos com o autor, e-mail: wgfortes@tdkom.net

IMPRESSO NA

sumago gráfica editorial ltda
rua itauna, 789   vila maria
02111-031   são paulo   sp
telefax 11 **2955 5636**
sumago@terra.com.br

Leia Também

TRANSMARKETING
Estratégias avançadas de relações públicas no campo do marketing
Waldir Gutierrez Fortes

O livro mostra a interligação prática entre relações públicas e marketing, explicando o conceito de Transmarketing e seu campo de ação. Expõe e direciona as instituições para que sejam receptivas às influências ambientais e de seus públicos. Propõe novas maneiras de se praticar relações públicas, preparando as empresas para atender todos os seus interessados. REF. 10682.

DESAFIOS CONTEMPORÂNEOS EM COMUNICAÇÃO
Perspectivas de Relações Públicas
Ricardo Ferreira Freitas, Luciane Lucas (orgs.)

Esta coletânea explora várias possibilidades na área de Relações Públicas, trazendo informações claras quanto aos novos usos de antigos instrumentos, bem como novas alternativas e contribuições para a teoria, a prática e a avaliaçãso crítica da força política e social da área de RP. Mostra novas possibilidades de ação e atuação, discute abertamente alguns conceitos polêmicos e propõe uma reflexão sobre o conceito e a filosofia de RP. REF: 10761.

ESTRATÉGIAS EMPRESARIAIS DIANTE DO NOVO CONSUMIDOR
Relações públicas e aspectos jurídicos
Cleuza G. Gimenes Cesca e Wilson Cesca

O livro traz sugestões de formas para melhorar a relação entre empresa e consumidor sob a nova Lei do Consumidor. Mostra o papel das relações públicas e a importância deste departamento numa empresa. Apresenta a relação empresa/consumidor e sugere o *ombudsman* para auxiliar nesta relação. Estuda alguns aspectos relevantes da Lei do Consumidor citando casos concretos de interpretação e aplicação da Lei. REF. 10751.

PUBLICIDADE E VENDAS NA INTERNET
Técnicas e estratégias
J. B. Pinho

A Internet transformou-a num fenômeno marcado pela maciça presença de organizações, instituições e empresas comerciais, industriais e de serviços. Este livro discute de maneira prática os procedimentos para promover a presença – em suas diversas formas – e as vendas de pequenas, médias e grandes empresas na rede. REF. 10746.

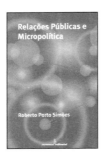

RELAÇÕES PÚBLICAS E MICROPOLÍTICA
Roberto Porto Simões

Este livro é um convite a todos os interessados em revitalizar o tema Relações Públicas e refletir cientificamente sobre os conhecimentos teóricos dessa atividade. A partir de um exame sobre o significado da teoria e do processo da disciplina, faz uma revisão de sua função política comparando seus princípios científicos com a micropolítica, constatando sua semelhança. REF. 10757.

RELAÇÕES PÚBLICAS E MODERNIDADE
Novos paradigmas em comunicação organizacional
Margarida Maria Krohling Kunsch

Esta obra aborda as regiões de contato entre Relações Públicas e comunicação empresarial. Com base em referencial atualizado, o tema é analisado segundo a teoria de "comunicação excelente", sugerindo paradigmas novos capazes de colocar a comunicação empresarial efetivamente no caminho da modernidade em uma sociedade cada vez mais globalizada. REF. 10604.

---------- dobre aqui ----------

CARTA-RESPOSTA
NÃO É NECESSÁRIO SELAR

O SELO SERÁ PAGO POR

AC AVENIDA DUQUE DE CAXIAS
01214-999 São Paulo/SP

---------- dobre aqui ----------

RELAÇÕES PÚBLICAS – PROCESSO, FUNÇÕES, TECNOLOGIA E ESTRATÉGIAS

summus editorial
CADASTRO PARA MALA-DIRETA

Recorte ou reproduza esta ficha de cadastro, envie completamente preenchida por correio ou fax, e receba informações atualizadas sobre nossos livros.

Nome: _____ Empresa: _____
Endereço: ☐ Res. ☐ Coml. _____ Bairro: _____
CEP: _____ - _____ Cidade: _____ Estado: _____ Tel.: ( ) _____
Fax: ( ) _____ E-mail: _____
Profissão: _____ Professor? ☐ Sim ☐ Não Disciplina: _____ Data de nascimento: _____

1. Você compra livros:
☐ Livrarias ☐ Feiras
☐ Telefone ☐ Correios
☐ Internet ☐ Outros. Especificar: _____

2. Onde você comprou este livro? _____

3. Você busca informações para adquirir livros:
☐ Jornais ☐ Amigos
☐ Revistas ☐ Internet
☐ Professores ☐ Outros. Especificar: _____

4. Áreas de interesse:
☐ Educação ☐ Administração, RH
☐ Psicologia ☐ Comunicação
☐ Corpo, Movimento, Saúde ☐ Literatura, Poesia, Ensaios
☐ Comportamento ☐ Viagens, *Hobby*, Lazer
☐ PNL (Programação Neurolingüística)

5. Nestas áreas, alguma sugestão para novos títulos? _____

6. Gostaria de receber o catálogo da editora? ☐ Sim ☐ Não
7. Gostaria de receber o Informativo Summus? ☐ Sim ☐ Não

Indique um amigo que gostaria de receber a nossa mala-direta

Nome: _____ Empresa: _____
Endereço: ☐ Res. ☐ Coml. _____ Bairro: _____
CEP: _____ - _____ Cidade: _____ Estado: _____ Tel.: ( ) _____
Fax: ( ) _____ E-mail: _____
Profissão: _____ Professor? ☐ Sim ☐ Não Disciplina: _____ Data de nascimento: _____

summus editorial
Rua Itapicuru, 613 – 7º andar 05006-000 São Paulo - SP Brasil Tel.: (11) 3872 3322 Fax: (11) 3872 7476
Internet: http://www.summus.com.br e-mail: summus@summus.com.br